Beck'scheReihe

BsR 261

Die Welt des Judentums ist die Geschichte und die Gegenwart einer Religion, eines Volkes und einer Lebensweise zugleich. Leo Prijs versteht es wie kaum ein zweiter, aus vielen Mosaiksteinen ein farbiges Bild des Judentums entstehen zu lassen, von der Offenbarung am Sinai über große Persönlichkeiten des Mittelalters und der Neuzeit bis zu den politischen Problemen der Gegenwart: ein Buch, das zum Verständnis und zur Verständigung führt.

Leo Prijs, 1920 in Breslau geboren, wuchs in München auf, wo sein Vater an der jüdischen Gemeinde als Rabbiner und an der Universität als Dozent für Judaistik wirkte. Leo Prijs besuchte in München die jüdische Volksschule und drei Klassen des Wilhelmsgymnasiums. 1933 emigrierte die Familie nach Basel, wo Leo Prijs nach Absolvierung des Abiturs semitische Sprachen studierte. Promotion 1948 mit der Arbeit „Jüdische Tradition in der Septuaginta". 1957–1960 Dozent für Bibelwissenschaft an der Bar-Ilan Universität bei Tel Aviv. Seit 1962 Dozent und seit 1968 Professor für Judaistik an der Universität München, lebt Leo Prijs seit seiner Emeritierung 1987 in London. Zahlreiche wissenschaftliche Bücher und Artikel zur mittelalterlichen jüdischen Bibelexegese. In der Beck'schen Reihe (Band 419) liegt von ihm vor: „Worte zum Sabbat. Über die jüdische Religion."

LEO PRIJS

Die Welt des Judentums

Religion, Geschichte, Lebensweise

VERLAG C.H. BECK

Mit 38 Abbildungen

Zum Umschlagbild: „Und du sollst sie (die Worte Gottes) einschärfen deinen Kindern" (Deut. 6,7). Tora-Unterricht im „Cheder" (vgl. XIII, 2). Foto: „Palphot", Herzlia, Israel.

Die Deutsche Bibliothek – CIP-Einheitsaufnahme

Prijs, Leo
Die Welt des Judentums : Religion, Geschichte, Lebensweise / Leo Prijs. – Orig.-Ausg., 4., unveränd. Aufl. – München : Beck, 1996
    (Beck'sche Reihe ; Bd. 261)
    ISBN 3 406 36733 X
NE: GT

Originalausgabe
ISBN 3 406 36733 X

4., unveränderte Auflage. 1996
Umschlagentwurf: Uwe Göbel, München
© C.H.Beck'sche Verlagsbuchhandlung (Oscar Beck), München 1982
Gesamtherstellung: Appl, Wemding
Gedruckt auf säurefreiem, alterungsbeständigem Papier
(hergestellt aus chlorfrei gebleichtem Zellstoff)
Printed in Germany

Inhaltsverzeichnis

Zum Geleit

Judentum ist *Religion,* – die Religion, die der Menschheit die zehn Gebote geschenkt hat. Judentum ist auch *Volk,* zunächst im eigenen Land Israel, dann durch Jahrhunderte hindurch zerstreut in aller Herren Länder, und nun wieder zum Teil im eigenen Land. Judentum ist aber auch eine *Lebensweise,* es „greift hinein ins volle Menschenleben" und kann daher ebensowenig systematisiert und schematisiert werden wie das Leben. Dieser Band zeigt in loser Folge die vielseitigen Aspekte des Judentums, sozusagen in Momentaufnahmen. Er will einführen in die eigenartige *Welt des Judentums.*

Vorbemerkung

Einige ständig wiederkehrende *Bezeichnungen:*

Tora („Lehre") in engerem Sinn: 5 Bücher Moses; in weiterem Sinn: das gesamte jüdische Religionsgesetz; vgl. Abschn. 1, Kap. 2; Abschn. 4, Kap. 2.

„Talmud" (schlechthin, ohne Zusatz): der ca. 500 n. Chr. abgeschlossene Babylonische Talmud, nach der Bibel das wichtigste Werk der jüdischen Literatur. Ferner existiert der kürzere, ca. 360 n. Chr. abgeschlossene Jerusalemer Talmud (auch genannt: Palästinensischer Talmud); vgl. Abschn. 4, Kap. 4; Abschn. 10, Kap. 2.

Midrasch: das nach dem Talmud zweitwichtigste Werk der nachbiblischen jüdischen Traditionsliteratur, entstanden etwa zur gleichen Zeit wie der Talmud.

Halacha: gesetzlicher, *Agada:* erzählender Teil der Traditionsliteratur.

Die *Abkürzungen* für die Bücher des Alten und Neuen Testamentes sind die üblichen: Gen., Ex., Lev., Num., Deut. = 1. bis 5. Buch Moses; Jos. = Josua etc.; Matth. = Matthäus, Mark. = Markus etc.

Zitate aus dem Babylonischen Talmud: Baba kamma 113 a = Traktat Baba kamma, Blatt 113 a; Ketubot 77 b = Traktat Ketubot, Blatt 77 b.

Bei Zitaten aus dem Jerusalemer Talmud geht dem Namen des Traktates die Bezeichnung „Jer." voraus.

Zitate aus dem Midrasch sind als solche gekennzeichnet, wie natürlich auch Zitate aus anderen, hier nicht aufgezählten Traditionswerken.

Weiterführende Literatur findet sich in den Anmerkungen zum Text.

I. Vom Glauben

1. Glaubensgrundlagen

Im Vergleich mit der christlichen Religion legt die jüdische Religion bis heute kein besonderes Gewicht auf eine bis ins letzte systematisch ausgebildete Dogmatik. Diese scheinbare Vernachlässigung der Glaubenstheorie im Judentum ist teilweise darauf zurückzuführen, daß die jüdische Religion nicht den Begriff der christlichen Dreieinigkeit kennt, wodurch alle komplizierten theologischen Lehren wegfallen, die mit der Trinität zusammenhängen. Vor allem aber zeigt sich der rechte Glaube nach jüdischer Auffassung durch die rechte Tat, durch ein religiöses Leben. Was neutestamentliche Aussprüche anbelangt wie zum Beispiel (Mark. 16,16): „Wer da glaubet... wird selig" und (1. Kor. 13,2; Matth. 17,20; Mark. 11,23): „der Glaube versetzt Berge", so könnte das Judentum sie akzeptieren mit dem Zusatz: der Glaube *allein* macht nicht selig, der Glaube allein bleibt ein Fragment – ohne die damit verbundene Tat. Schon im Religionsunterricht werden dem jüdischen Kind die religionsgesetzlichen und ethischen Vorschriften der Bibel und der sich daran anschließenden Traditionsliteratur im hebräischen und aramäischen Urtext gelehrt, damit das Kind später im Leben befähigt sei, als Mensch und Jude mündig zu leben, im Geist der Gottesliebe und Menschenliebe. Selbst in den Talmud-Hochschulen bildet die Glaubenslehre kein selbständiges Lehrfach, wie etwa die christliche Dogmatik an unseren theologischen Fakultäten.

Sozusagen als Seitenlinie der jüdischen Literatur wurden aber seit dem Frühmittelalter neben den religionsgesetzlichen auch religionsphilosophische Lehren verfaßt, so von dem größten jüdischen Denker des Mittelalters, dem 1204 in Ägypten gestorbenen Maimonides. Dieser hat auch als erster eine Liste von 13 Haupt-Glaubensartikeln zusammengestellt, die zwar bezeichnenderweise nie zu einer Art Katechismus erhoben worden sind, in ihrer Zusammensetzung auch nie ganz unbestritten blieben, aber jedenfalls in ihrer präzisen Formulierung eine informative Übersicht darstellen, so daß wir sie zunächst im Wortlaut zitieren wollen. An die stereotype Anfangsformel „Ich glaube mit vollkommenem Glauben, daß . . ." schließt sich an: „. . . daß Gott, gelobt sei sein Name, Schöpfer und Lenker aller geschaffenen Wesen ist, und daß er allein der Urheber alles dessen ist, was geschehen ist, geschieht und geschehen wird"; „. . . daß ihm keine Einheit in irgend einer Beziehung gleicht und daß er allein unser Gott ist, der war, ist und sein wird"; „. . . daß Gott kein Körper ist und keinerlei körperliche Eigenschaften an sich hat, und daß es nichts gibt, das ihm gleicht"; „. . . daß Gott der Erste und der Letzte ist"; „. . . daß Gott der Alleinige ist, dem Anbetung gebührt, und daß es unstatthaft ist, ein Wesen außer ihm anzubeten"; „. . . daß alle Worte der Propheten Wahrheit sind"; „. . . daß die Offenbarung unseres Lehrers Moses – Friede mit ihm – die wahrhaftige ist, und daß er der vorzüglichste aller Propheten war, sowohl derer, die vor ihm waren, als auch derer, die ihm nachfolgten"; „. . . daß die ganze Tora, wie sie sich jetzt in unseren Händen befindet, dieselbe ist, welche unserem Lehrer Moses übergeben worden ist"; „. . . daß diese Tora nie vertauscht und daß nie eine andere Tora von Gott ausgehen wird"; „. . . daß Gott

1. *Die Bibelverse Deut. 6, 4–10 im hebr. Original, beginnend mit dem wichtigsten Glaubensgrundsatz der jüdischen Religion (V. 4): „Höre Israel, der Ewige, unser Gott, ist ein einziger Gott."*

alle Handlungen der Menschen und alle ihre Gedanken kennt, wie es (Ps. 33,15) heißt: ‚Er, der ihre Herzen allesamt gebildet, achtet auf alle ihre Handlungen'"; „... daß Gott denen Gutes erweist, die seine Gebote beobachten, und diejenigen bestraft, die seine Gebote übertreten"; „... daß der Messias kommen wird, und ob er auch lang ausbleibe, so hoffe ich doch täglich, daß er kommen wird"; „... daß dereinst eine Auferstehung der Toten stattfinden wird, zu einer Zeit, die Gott wohlgefällig ist – gelobt sei sein Name und gepriesen sein Andenken immer und in allen Ewigkeiten."[1]

Als oberster dieser Glaubenssätze kann der von der Einheit Gottes bezeichnet werden, er beruht auf dem Vers Deut. Kap. 6, V. 4: „Höre, Israel, der Ewige, unser Gott, ist ein einziger Gott." Dieser Satz wird bereits – in hebräischer Sprache – dem Kleinkind eingeprägt; mit diesem Satz auf den Lippen starben unzählige Glaubensmärtyrer, was allein beweist, daß das Nichtvorhandensein einer vielschichtigen Dogmatik dem Glauben nichts von seiner Stärke nimmt.

Es ist nur natürlich, daß so knappe Formulierungen wie die obigen dreizehn, seien sie auch noch so verständlich, doch einiger Erklärung bedürfen, zum Teil auch einer Vervollständigung. So sei hier zum 1. Grundsatz, der Gott als Schöpfer aller Wesen bezeichnet, hinzugefügt, daß nach unbestrittener Auffassung Gott die Menschen mit gutem und bösem Trieb erschaffen hat und mit der Willensfreiheit, gut und böse zu handeln, *nach* genau so wie *vor* dem Sündenfall Adam und Evas, da nach jüdischer Auffassung deren Sünde keine *Erb*sünde war, also nicht die späteren Geschlechter belastet hat.

Nach jüdischer Auffassung ist jeder Mensch sündenanfällig und daher angewiesen auf die göttliche Gnade, die tagtäglich erfleht wird, insbesondere aber am höchsten jüdischen Feiertag, dem Jom Kippur, dem Tag der Bitte um Verzeihung (wörtlich: „Bedeckung") der Sünden. Die Synagogendichter des Mittelalters gaben dieser ständigen menschlichen Hoffnung poetischen Ausdruck. Ein Beispiel ist der Auszug aus dem Gedicht des Rabbi Jomtow ben Isaak aus Joigny, das in die Jom Kippur-Liturgie aufgenommen wurde:

Wahrlich, es schalten
Finstre Gewalten
  in unserm Herz;
Rein sprech' uns Knechte
Der Allgerechte,
  Ruf erdenwärts:
  „Vergeben!"

Güt'ger, verzeihe
Stets uns aufs Neue
  Mild unsre Schuld!
Hör', Gott, mein Flehen,
Send' uns aus Höhen
  Antwort in Huld:
  „Vergeben!"

Schon' mein Verlangen!
Mein heimlich Bangen
  Laß huldreich still'n!
Trag' unsere Sünde,
Offen verkünde
  Um Deinetwill'n:
  „Vergeben!"

Hör' Du mein Stöhnen,
Sieh' wie von Tränen
  Mein Auge trüb!
Führ' meine Fehde,
Achte der Rede
  Und Antwort gib:
  „Vergeben!"[2]

2. Offenbarung am Sinai

Isidore Epstein, der 1962 verstorbene Rektor des Londoner Rabbinerseminars, schreibt in seinem Buch „Judaism" über den jüdischen Offenbarungsglauben: „Offenbarung ist eine Tatsache. Aber der Modus operandi (also: die Art und Weise) dieser göttlichen Kommunikation mit dem Menschen hat das Judentum nicht sehr beunruhigt (didn't trouble much Judaism)."[3] Etwas später bemerkt er: „Dieses Fehlen dogmatischer Formulierung" (Epstein bezieht sich hier nicht nur auf die Offenbarung, sondern ganz allgemein auf den jüdischen Glauben), „scheinbar eine Schwäche, war in Wirklichkeit die Stärke des Judentums, denn es erlaubte von frühesten Zeiten an die Anpassung aller Arten philosophischer Systeme an den jüdischen Glauben."

Wir werden daher auch hier nicht versuchen, in das *Wesen* der Offenbarung tiefer einzudringen als die Bibel selbst, die bei der Schilderung der Offenbarung Gottes am Sinai nicht einmal einen Terminus für den Begriff „Offenbarung" verwendet, sondern vom „Herabsteigen Gottes auf den Berg Sinai" spricht und von der göttlichen Verkündigung der zehn Gebote aus dem Feuer und aus der Nebel-

2. *Moses empfängt die Tafel mit den Zehn Geboten am Berg Sinai aus der Hand Gottes. Miniatur aus einem Machsor (Feiertagsgebetbuch), Parma 1450.*

wolke heraus, unter Donner, Blitz und Posaunenschall (Ex. 19; Deut. 4 u. 5).

Wichtig ist eine negative Aussage, d. h. eine Aussage über das, was *nicht* gesehen wurde, nämlich (Deut. 4,12): „Eine Stimme habt ihr gehört, ein Bild habt ihr nicht gesehen." Hier wird also die absolute Unkörperlichkeit des sich offenbarenden Gottes betont. Es besteht eine strenge Scheidung zwischen Gott und Mensch: Einerseits ist Gott, wie eben gesagt, noch bei seinem sogenannten „Herabsteigen" zu den Menschen absolut unkörperlich, andererseits ist Moses noch bei seinem Hinaufsteigen zu Gott auf den Berg Sinai absolut Mensch, auf höchster sittlicher Stufe zwar, der nach den Schlußworten des Pentateuch Gott „von Angesicht zu Angesicht gekannt hat" und nach den Worten der Legende Gott „durch einen feingeschliffenen Spiegelstein" schauen durfte, im Gegensatz zu den anderen Propheten, die ihn nur durch einen „unklaren Spiegelstein" schauten.[4] Aber Moses ist doch nur ein Wesen aus Fleisch und Blut, nicht unfehlbar und daher nicht gottgleich. Die jüdische Legendenliteratur versieht ihn sogar mit menschlich-allzumenschlichen Zügen, wenn auch nur in den Augen seiner Kritiker. Deut. 1,12 ruft Moses aus: „Wie soll ich allein tragen eure Bürde, eure Last und euren Streit?" Hierzu weiß die Legende zu berichten: „Kam Moses früh aus seinem Zelt, sagten einige: Was hat wohl den Sohn Amrams veranlaßt, so früh herauszukommen? Fühlt er sich etwa zuhause bei seiner Frau nicht wohl? Kam er spät, sagten einige: Gewiß sann er darüber nach, wie er uns erschwerende Gesetze auferlegen kann!"[5] Erzählungen dieser Art verhindern, daß Moses zu einem Halbgott, zu einem Mythos erhoben werden konnte.

Wenn wir nun nach der religionsgeschichtlichen Bedeutung der Sinai-Offenbarung in jüdischer Sicht fragen, so müssen wir im Auge behalten, daß diese Offenbarung nicht nur die zehn Gebote beinhaltet, sondern die ganze schriftliche Lehre und deren Auslegung, die Moses durch Gott während der vierzig Tage mitgeteilt wurden, die Moses auf dem Berg Sinai verbrachte. In der Gesamtheit dieser Offenbarung sieht die jüdische Tradition ein Ereignis von geradezu kosmischer Bedeutung. Dies bringt die talmudische Literatur auf ihre Art durch eine kühne Bildersprache zum Ausdruck: Die Tora, d. i. die Lehre, existierte schon vor der Weltschöpfung, sie wurde von Gott mangels anderen Materials mit schwarzem auf weißem Feuer niedergeschrieben; sie, die Tora, war die Architektin beim Schöpfungswerk, mit der sich Gott beriet, als er daran ging, die Welt zu schaffen. Nur um der Tora willen, lautet ein anderer Ausspruch, schuf Gott Himmel und Erde, und wenn nicht die Tora wäre, hätten Himmel und Erde keinen Bestand.[6] Hinter diesen Aussprüchen steht die Anschauung, daß die Offenbarung zwar als einmaliges Ereignis den Rahmen der Natur sprengte, daß aber das offenbarte Gesetz von Anfang an als Norm für den Bestand von Himmel und Erde, d. h. als Norm für die natürliche Entwicklung der ganzen Menschheit existierte. Vielleicht meint dies der Dichter von Psalm 19, wenn er mit einer Verherrlichung der Natur beginnt: „die Himmel erzählen, d. h. *bezeugen* Gottes Ehre" etc., und dann nach fünf Versen unvermittelt

3. Tafel mit den Zehn Geboten als Verzierung in der Synagoge, über dem Vorbeterpult. Galizien (Österreich), 19. Jahrhundert.

das Lob der Tora anstimmt, die das *wahre Zeugnis* Gottes sei. Für
den Dichter liegt hier keine Zäsur vor, vielmehr ist die Tora in die
Natur hineingestellt. Und wenn es im Deuteronomium (32,2) heißt:
„Es möge träufeln wie Regen meine Lehre", so wird dies von der
Tradition so erklärt: „Ebenso wie der Regen Leben für die Welt be-
deutet, so bedeutet meine Lehre, also die Tora, Leben für die Welt."[7]

3. Die Pharisäer

Es gibt kaum einen Aspekt der jüdischen Religion, über den man, ohne zuvor ein Vorurteil ausgeräumt zu haben, reden könnte. Bei den Pharisäern liegt das Vorurteil schon im Namen, das heißt im Gebrauch des Begriffes „Pharisäer" in europäischen Sprachen. Die Lexika geben unter dem Stichwort „Pharisäer" folgende Auskunft: 1) Angehöriger einer jüdischen religiösen Richtung zur Zeit Christi; 2) Heuchler. In dieser letztgenannten Bedeutung wird das Wort heute allgemein gebraucht, sogar in der Bundestagsdebatte war es einmal zu hören. Demnach scheinen die Pharisäer, über die wir heute sprechen wollen, nichts anderes als Heuchler gewesen zu sein.

Dieses Urteil (besser: Vor-Urteil) ist fest verwurzelt, zumal es durch das Neue Testament scheinbar bestätigt wird. In den Evangelien werden die Pharisäer tatsächlich als Heuchler bezeichnet, die Wasser predigen und Wein trinken, und darüber hinaus als starre Buchstabengläubige, als Feinde Jesu. Diese schroffe Ausdrucksweise ist nur aus der damaligen Kampfesstimmung heraus zu erklären. Es bestand damals, zur Zeit der Entstehung des Christentums, eine religiöse Kontroverse zwischen Christen und Juden, ursprünglich zwischen Judenchristen und Juden, also zwischen Juden und Juden, ähnlich wie etwa zur Zeit der Gegenreformation zwischen Christen und Christen, wo man mit gegenseitigen globalen Anschuldigungen ebenfalls nicht hinter dem Berg hielt. Daß gerade die Pharisäer Ziel der christlichen Anschuldigungen waren, und nicht die anderen damaligen jüdischen Richtungen, erklärt sich einfach daraus, daß der Pharisäismus am ausgeprägtesten das traditionelle, sozusagen das offizielle Judentum verkörperte, wie es sich bis zum heutigen Tage erhalten hat. Unter diesen Pharisäern gab es gewiß Heuchler und Scheinheilige – auch die jüdischen Quellen bestätigen es –, aber diese Tatsache spricht weder für noch gegen den Pharisäismus als solchen, ebensowenig wie etwa die Scheinheiligkeit des bayerischen katholischen Landtagsabgeordneten Filser – selbst wenn er wirklich und nicht nur in der Phantasie des Schriftstellers Ludwig Thoma gelebt hätte – gegen die katholische Kirche ins Feld geführt werden kann. Solche Binsenwahrheiten müssen so lange ausgesprochen und wiederholt werden, solange die Vorurteile gegen die Pharisäer existieren.

Welche Bewandtnis hat es nun wirklich mit den Pharisäern? Die wörtliche Bedeutung des Namens ist unklar, es gibt nur Hypothesen, wie: „Abgesonderte" oder „Schrifterklärer." Der Schriftsteller Flavius Josephus definiert die Pharisäer als eine philosophische Gemeinschaft, die eine mündliche Tradition kennt, als Fortsetzung der schriftlichen Lehre der Bibel. Die Gegenspieler der Pharisäer, die Sadduzäer, bezeichnet Josephus ebenfalls als eine philosophische Schule, die aber im Gegensatz zu den Pharisäern der mündlichen Überlieferung jede Autorität aberkennt und daher auch die Unsterblichkeit der Seele leugnet, die in der Bibel nicht ausdrücklich niedergelegt ist.

Wir müssen diese Angaben des Josephus insofern leicht modifizieren, als es sich hier nicht um philosophische Schulen – etwa vergleichbar mit dem Platonismus oder dem Neuplatonismus – handelt, sondern um religiöse Richtungen. In der Substanz jedoch deckt sich die Beschreibung des Josephus mit derjenigen der jüdischen Quellen; so lesen wir im 5. Kapitel des in früh-nachchristlicher Zeit entstandenen Werkes Abot de-Rabbi Natan: „Ein Ausspruch des Antigonos (lebte etwa 300 v. Chr.) lautete: ,Seid nicht, Gott gegenüber, wie Knechte, die dem Herrn dienen, um Lohn zu empfangen, sondern wie Knechte, die dem Herrn dienen, ohne Absicht, Lohn zu empfangen'". Diesen Ausspruch, heißt es in Abot de-Rabbi Natan, hätten einige Schüler des Antigonos dahingehend mißverstanden, daß es überhaupt keinen Lohn gäbe, demnach auch keine Strafe, also keine göttliche Gerechtigkeit, auch nicht nach dem Tode. Das ganze Jenseits wird dadurch gegenstandslos. Die Schüler, die diese häretische Meinung vertraten, bildeten eine Sekte und nannten sich Sadduzäer, hebräisch Zaddukim, nach Zaddók, dem Begründer der Sekte. Soweit in Abot de-Rabbi Natan die Definition der Sadduzäer als einer Sekte, die nur an das ausdrücklich im Bibelvers Gesagte glaubte, im Gegensatz zu den das offizielle Judentum vertretenden Pharisäern, für die die schriftliche Lehre der Bibel sowie deren Erweiterung durch die sogenannte mündliche Lehre eine unzertrennliche Einheit darstellen. Diese mündliche Lehre bezieht sich nun aber nicht nur auf Glaubensgrundsätze wie die Existenz eines Jenseits, sondern auch auf die Ergänzung der biblischen religiösen sowie zivil- und strafrechtlichen Gesetze zu einem Rechtssystem, das bis ins einzelne festlegt, wie der Mensch sich in seiner Beziehung zu Gott und zum Mitmenschen in allen Situationen des Lebens, von der Wiege bis zum Grabe, zu verhalten hat, in jeweiliger gewissenhafter Anwendung des allgemeinen Grundsatzes der Liebe zu Gott und zum Mitmenschen. Die Sadduzäer lehnten die nachbiblischen Erweiterungen ab; ihre Ansichten konnten sich jedoch nicht durchsetzen, und so verschwand die Sekte bereits im ersten christlichen Jahrhundert.

Geblieben sind die Pharisäer, die nun als Vertreter des Judentums schlechthin einfach „Rabbinen" genannt wurden. Die pharisäisch-rabbinische, Bibel und Talmud umfassende Lehre ist heute noch lebendig und keineswegs, wie ein weiteres Vorurteil meint, ein versteinertes starres System; vielmehr waren die Pharisäer und später die Rabbinen, wie es der anglikanische Geistliche R. Travers Herford in seinem Buch „Die Pharisäer" ausdrückt, „vor allem Lehrer, und was sie lehrten, war praktische Religion, nämlich rechtes Handeln vor Gott und den Menschen. Sie suchten die Faktoren, welche Einigkeit und Frieden unter den Menschen schaffen, nämlich den Sinn für Gerechtigkeit, Wahrheit, Reinheit, Bruderliebe, Sympathie, Mitgefühl, Nachsicht usw. zu stärken, in einem Wort, das ethische Niveau in ihrem Volk von Generation zu Generation zu heben. Das war es, was sie hauptsächlich im Auge hatten, als sie das Gesetz entwickelten und davor bewahrten, ein starres System zu werden. Sie machten das Gesetz zu einem Mittel ethischer Erziehung."[8]

4. Die religiöse Relevanz profaner Ereignisse.
Dargestellt anhand von Auszügen aus dem Tagebuch des Rabbi Asulai

Rabbi und Reiseschriftsteller – scheinen auf den ersten Blick Gegensätze, die einander ausschließen. Wir wollen hier aber in Übersetzung einige Ausschnitte aus dem hebräisch geschriebenen Reisetagebuch des palästinensischen Rabbi Ch. J. D. Asulai wiedergeben, der von 1753 an Europa bereiste und in leichtem, oft humorvollem Stil alles aufschrieb, was er sah und erlebte, bei Juden und Christen, Lustiges und Trauriges, ganz wie ein moderner Reiseschriftsteller. Uns geht es aber darum, aufzuzeigen, wie plötzlich eine kleine Bemerkung auf die Gottbezogenheit auch der scheinbar profansten Dinge hinweist, wodurch die echt religiöse Einstellung des Verfassers stärker zum Ausdruck kommt als in vielen, noch so frommen, rein religiösen Traktaten.[9]

Asulais Besuch in Paris gipfelte in einem Ausflug nach Versailles, den er zusammen mit seinem gelehrten christlichen Freund M. Fabre unternahm, einem Mitglied der Académie des Sciences, mit dem er lebhaften wissenschaftlichen Gedankenaustausch pflegte. In Versailles angekommen, tranken sie, d. h. M. Fabre und Asulai, Schokolade im Hause einer Verwandten von M. Fabre, die in Versailles wohnte, dann gingen sie ins Schloß; Asulai beschreibt genau die Spiegelgalerie und die Gemächer, auch den königlichen Thron. In einem der inneren Gemächer blieben sie an der Seite stehen, denn der König wurde mit seinem Gefolge erwartet. Erst nahten die Brüder des Königs, die sich etwa fünf Minuten bei Asulai aufhielten. „Dann kam" – wir zitieren nun Asulai wörtlich – „dann kam der König selbst mit hohen Adeligen, und ich sprach den Segensspruch: Gelobt seist du, Ewiger, unser Gott, König der Welt, der von seiner Majestät übertragen hat auf Menschen von Fleisch und Blut!"

Aus dieser beiläufig hingeworfenen Bemerkung Asulais über das Rezitieren des Königssegens spricht die in der jüdischen Religion begründete Anerkennung der weltlichen Herrschaft, hier repräsentiert durch König Ludwig XVI. Diesem hätte der von dem jüdischen Rabbi in der Sprache der Bibel gemurmelte Segen sicher gut gefallen – hätte er ihn verstanden oder auch nur gehört, was sicher nicht der Fall war. Aber Asulai ging es auch gar nicht darum, dem König zu schmeicheln, sondern nur der religiösen Pflicht Genüge zu leisten, beim Anblick eines weltlichen Herrschers durch Sprechen des „Königssegensspruches" Gott dafür zu danken, daß durch die Autorität weltlicher Herrscher die sittliche Weltordnung gewahrt bleibt – oder mindestens gewahrt bleiben kann.

Aber fern, darüber philosophische Betrachtungen anzustellen, fährt Asulai in seiner Schilderung fort, ohne weitere religiöse Anspielungen: „Der König" schreibt er, „war ganz in Rot gekleidet und mit dem ‚Ordre d'azur' behangen, auf dem seine Waffen abgebildet waren. Kaum war der König vorbeigegangen, als ein Seigneur kam und zu meinem Begleiter, M. Fabre, sagte, der König lasse fragen, von welchem Lande ich ‚ambassadeur' sei. M. Fabre antwortete: daß ich gar kein ‚ambassadeur', also gar kein Gesandter sei, sondern nur aus ‚curiosité' (Neugierde) gekommen sei. Bei unserem Rückweg wurden wir von allen ehrerbietig gegrüßt; auch einige der vorübergehenden ‚dames' machten uns ihre Reverenz nach ihrer Art. M. Fabre schenkte mir als Souvenir eine Tasse aus Porzellan, bemalt mit den Waffen des Königs, samt Untertasse. Die Verwandte von M. Fabre hatte dies von Madame la Comtesse d'Artois (also von der Schwägerin des Königs) geschenkt bekommen."

An dieser Stelle wollen wir Versailles und Paris verlassen und uns mit Asulai nach London begeben, wo er unter anderem den Tower besucht. Wir wollen Asulai diesmal in seiner Schilderung des Gesehenen nicht unterbrechen und werden sehen, wie er am Ende, spontan und ungekünstelt, die religiöse Relevanz des Gesehenen in ein paar knappen Sätzen zusammenfaßt. „Und in der Stadt London" schreibt er, „führte man mich zu einem Turm, den man Tower nennt. Dort sah ich Löwen, ferner einen hundertjährigen Adler, eine indische Katze, so groß wie ein Hund, sowie eine Kreuzung aus einer Katze und einem Raubtier; und noch andere schreckenerregende Tiere an eisernen Ketten. Des weiteren sah ich ein Gemach von etwa fünfzig Ellen Länge, untergeteilt in viele kleine Räume, deren Trennungswände aber ausschließlich aus Gewehren und sonstigen Waffen bestanden, angeordnet in vollendeter Schönheit, wie wenn es wirklich Wände wären ... Des weiteren sah ich die Figuren aller englischen Könige in Eisen, auf eisernen Rossen reitend. Beim Betrachten gewinnt es den Anschein, als ob in ihnen Lebensodem sei. Und ich sah allerlei riesengroße, erschreckliche Kriegswerkzeuge, die die Engländer auf ihren Kriegszügen in der weiten Welt erobert haben ... Und in einem etwas verdunkelten Raum war eine eiserne Scheidewand, und dahinter zeigte man die Königskrone mit den funkelnden Kronjuwelen, sternengleich, Glanz ausstrahlend, helle Blitze aussendend, und den güldenen Kelch, mit dem man den König salbt ... All dies, fürwahr, sah mein Auge."

Durch diese Schilderung zieht sich wie ein Refrain die Wendung „ich sah", „und ich sah", „und ich sah", bis zum abschließenden „all dies sah mein Auge". Asulais Augen tranken von dem „goldenen Überfluß der Welt", aber alles, was er sah, sah er sozusagen von höherer Warte aus: „All dies, fürwahr, trank mein Auge. Und ich fühlte mich sozusagen als Zaungast, ‚schauend durch die Fenster, lugend durch die Gitter' (nach Ct. 2,9), bangend und doch hoffend: wenn schon weltliches Königtum solche Pracht entfaltet, um wieviel größer wird die Pracht des göttlichen Königtums sein. Unsere Augen mögen den Gesalbten Gottes sehen, gekrönt mit der Krone aller Kronen ..." Solche Sätze, mitten in einem Reisetagebuch, das zunächst gar nicht zur Publikation bestimmt war, zeigen, wie schon die Schilderung von Versailles, ein aufrichtigeres religiöses Gefühl als manche Traktate rein religiösen Inhalts.

5. Das Problem des Leidens

Die jüdische wie die christliche Theologie kennt Fragen, auf die es nach menschlichem Verstand keine befriedigende Antwort gibt. Dazu gehört das Problem des Leidens: Warum hat Gott, der ja allmächtig ist und jedes Leiden verhindern *könnte,* und der allgütig ist und daher jedes Leiden verhindern *sollte,* trotzdem das Leiden in der Welt zugelassen? Selbst wenn wir einen positiven Sinn des Leidens als notwendige Strafe für begangene Sünden erkennen, so bleibt trotzdem noch die Frage des Leidens der Gerechten, der unschuldigen Kinder, vom biblischen Hiob bis zu den Millionen unschuldiger KZ-Opfer.

Von gläubigen Juden auf ihrem letzten Weg zur Gaskammer sowie unter den KZ-Befreiten hörte man häufig eine ergreifende Melodie, deren Text aus Ps. 119, V. 50 und 51 bestand: „Das ist mein Trost in meinem Elend, daß Dein Spruch mich belebt. Frevler verspotteten mich gar sehr, von Deinen Geboten wich ich nicht." Die

Frage nach dem Warum des Leidens wird hier gar nicht gestellt. Ein Talmudlehrer des 2. Jahrhunderts betonte die Aussichtslosigkeit der Suche nach dem Warum (Rabbi Jannai in den Sprüchen der Väter, IV,19): „Wir haben keinen Aufschluß, weder über das Glück der Frevler noch über die Leiden der Frommen."

Trotzdem wird die Frage nach dem Leiden der Gerechten in der jüdischen Traditionsliteratur gestellt, wobei immer wieder ein Begriff auftaucht, der, wörtlich aus dem Hebräischen übersetzt, lautet: „Züchtigungen der Liebe", das heißt: Züchtigungen und Leiden, die Gott über die Menschen aus Liebe zum Menschen verhängt. Eine talmudische Belegstelle für diesen Begriff besagt, im Wortlaut wiedergeben (Berachot 5 a): „Wenn der Mensch sieht, daß Leiden über ihn kommen, untersuche er zunächst gründlich seine Handlungen, denn es heißt (Thr. 3,40): ‚Laßt uns durchforschen unseren Wandel und ihn ergründen, und zu Gott zurückkehren.' Hat er seine Handlungen durchforscht und nichts Sündhaftes gefunden, führe er die Leiden auf die Vernachlässigung des Torastudiums zurück; konnte er aber auch keine Vernachlässigung des Torastudiums bei sich feststellen, ist es sicher, daß es Züchtigungen aus Liebe sind, wie es heißt (Prov. 3,2): ‚Wen Gott liebt, den züchtigt er.' " Der Talmud äußert sich nicht über die Natur dieser „Leiden aus Liebe". Vielleicht ist beabsichtigt, daß der Fromme dadurch noch mehr Lohn erhält, als ihm eigentlich zusteht, in dieser Welt oder im Jenseits (so der Talmud-Kommentator Raschi zur zitierten Stelle); mag auch sein, daß diese Leiden Versuchungen darstellen, die den Charakter der Frommen erproben und läutern sollen; mag sein endlich, daß (wie der Talmud-Erklärer Maharscha dazu erklärt) der Gerechte stellvertretend für die ganze Welt leidet und dadurch die Sündenlast der ganzen Welt verringert. Mag sein auch, daß alle genannten Momente zusammenwirken.

Etwas weiter im Talmud-Text finden wir folgende Aussage: „Drei schöne Geschenke hat Gott Israel gegeben, und alle drei hat er ihnen erst nach Leiden gegeben, und zwar sind dies: Das Studium der Tora, das Land Israel und das Jenseits." Soweit die Aussage, die von keiner näheren Erklärung begleitet ist. Sind hier auch „Leiden aus Liebe" gemeint? Um die Geschenke wertvoller erscheinen zu lassen? Dies bleibt offen. Etwas weiter im Text berichtet der Talmud, daß Rabbi

Jochanan (er lebte um 200 n. Chr.) leidgeprüften Menschen einen Knochen, den er stets bei sich hatte, zu zeigen pflegte mit den Worten: „Dies ist ein Knochen meines zehnten Sohnes." Er wollte damit den Leidgeprüften (im Sinn des deutschen Sprichwortes: Geteiltes Leid ist halbes Leid) mit dem Hinweis trösten, daß er, Rabbi Jochanan, selbst schwer leidgeprüft sei, da ihm alle seine zehn Söhne weggestorben seien. Als aber Rabbi Jochanan selbst eines Tages von Schmerzen heimgesucht auf dem Krankenbett lag und von einem Besucher gefragt wurde: „Sind dir die Leiden lieb?" – antwortete er (auch dies berichtet uns der Talmud an genannter Stelle): „Weder die Leiden noch ihr Lohn!" Diese sprichwörtlich gewordene Antwort besagt: „Selbst ein allfällig zu erwartender Lohn kann mich nicht dazu bewegen, die Leiden zu lieben." Diese Antwort, vielleicht nur aus der Not des Augenblicks geboren, ist menschlich verständlich und gewiß auch theologisch zu rechtfertigen. Leiden, auch Leiden aus Liebe, werden nicht gesucht und nicht herbeigewünscht. Sind die Leiden aber einmal geschickt, sollen sie auch, da aus Liebe geschickt, in Liebe akzeptiert werden. Im gleichen Talmud-Traktat wird gegen Ende (54a, Mischna) eine allgemeine Lebensregel aufgestellt: „Der Mensch ist verpflichtet, Gott zu danken, sowohl für das Gute als für das Schlechte".

Ein deutscher Dichter, kein geringerer als Goethe, sagte das gleiche in poetischer Form:

> „Im Atemholen sind zweierlei Gnaden:
> Die Luft einziehen, sich ihrer entladen;
> Jenes bedrängt, dieses erfrischt;
> So wunderbar ist das Leben gemischt.
> Du danke Gott, wenn er dich preßt,
> Und danke ihm, wenn er dich wieder entläßt."[10]

4. Grabstein, Basel,
21. September 1313.
Hebräische Inschrift, nach
Namen und Datum:
„Seine Seele ruhe im Gar-
ten Eden mit den Gerech-
ten. Amen."

II. Die Eschatologie

1. Gedanken über das Sterben und die Überwindung des Todes

Der Tod eines Menschen wird von den Hinterbliebenen, unabhängig von ihrer religiösen Einstellung, stets als tragischer Verlust empfunden werden. Die Trauervorschriften der jüdischen Religion tragen dieser natürlichen Empfindung Rechnung, indem sie graduell abgestufte Trauerperioden vorsehen: eine Trauerwoche, einen Trauermonat und ein Trauerjahr. Die Jenseitsgläubigkeit der jüdischen wie der christlichen Religion hilft andererseits, sich mit dem Verlust abzufinden. Im Sinn dieses Glaubens wird der Friedhof im Hebräischen als „Stätte des Lebens" bezeichnet und in allen Trauergebeten die Hoffnung auf Wiederauferstehung der Toten ausgedrückt. Daß im Tode alle Menschen gleich sind, kommt in den traditionellen jüdischen Trauerbräuchen dadurch zum Ausdruck, daß die Gräber, um unterschiedlichen Blumenschmuck zu vermeiden, nicht mit Blumen geschmückt werden.

Im Tode sind alle Menschen gleich; im Leben waren sie nicht gleich, auch nicht in der Art und Weise, wie sie starben. Die jüdische Religion kennt zahllose Glaubensgenossen, die im Lauf der Jahrhunderte als Märtyrer eines qualvollen, unnatürlichen Todes gestorben sind. Das Andenken dieser Märtyrer wird natürlich in höchsten Ehren gehalten, doch wünschen die Anhänger der jüdischen, als einer das Diesseits bejahenden Religion sich und allen Menschen keinesfalls einen solchen Märtyrertod, sondern umgekehrt ein möglichst langes Leben und, wenn die letzte Stunde kommt, ein schmerzloses Hinüberschlummern in die andere Welt, ein Hinüberschlummern, das in der jüdischen Traditionsliteratur als „Sterben durch einen Kuß Gottes" bezeichnet wird. Ein solcher Tod, sagt die Legende, sei dem biblischen Moses zuteil geworden, als er im Alter von 120 Jahren diese Welt verlassen habe. Die Angaben des Bibelverses Deut. 34,5,

Moses sei „durch den Mund Gottes" gestorben, wird gewöhnlich als „Geheiß Gottes" aufgefaßt, von der Legende aber wörtlich als „Kuß Gottes".[1] Ein leichter, schmerzloser Tod im hohen Alter wird überhaupt als Privileg der Frommen angesehen, was wiederum nicht heißt, daß ein frommer Lebenswandel einen leichten Tod garantiert.

Natürlich haben sich auch die Rabbinen des Talmud ihre Gedanken gemacht über die Unvorhersehbarkeit des Zeitpunktes und der Art und Weise des Todes. So stellt der Talmud fest, ohne diese Feststellung zu begründen und ohne sie begründen zu können, daß von zwei gleichzeitig lebenden rabbinischen Führerpersönlichkeiten – sie lebten im 4. Jahrhundert – der eine ein glückliches Leben führte, dutzende freudiger Familienereignisse feiern konnte und 92 Jahre alt wurde, der andere jedoch von Schicksalsschlägen, vor allem vom Tod vieler Familienangehöriger getroffen und schon im Alter von 40 Jahren abberufen wurde.[2]

An der gleichen Stelle berichtet der Talmud aus der gleichen Zeitperiode: „Rawa saß am Bett seines schwerkranken Lehrers Rabbi Nachman. Als der letztgenannte spürte, daß seine letzte Stunde gekommen sei, sagte er zu Rawa: ‚Sage ihm' – nämlich dem Todesengel – ‚er möge mich nicht zu sehr quälen.' Da sagte Rawa zum Kranken: ‚Bist du, o Meister, denn nicht ein geachteter Mann?!' (Er wollte damit sagen, daß der Todesengel sich eher durch die Bitte eines geachteten, verdienstvollen Mannes, wie es sein Lehrer war, erweichen lassen würde). Aber der Kranke antwortete: ‚Wer ist schon geachtet, wer ist schon geschätzt, wer ist schon gehoben (in der Stunde des Todes)?!' Da bat Rawa: ‚Erscheine mir (nach dem Tode im Traum)!' Er erschien ihm tatsächlich. Da fragte Rawa: ‚Hast du viel gelitten?' ‚Es ging so leicht', war die Antwort, ‚wie wenn man ein Haar aus der Milch zieht. Wenn mir aber Gott anheimstellen würde, nochmals in die Welt zurückzukehren, aus der ich gekommen bin, würde ich es nicht wollen, denn die Furcht (vor dem Tode) ist groß.' "

Eine schöne Schilderung eines leichten, fast idyllischen Todes finden wir in einer kleinen Erzählung des hebräischen Schriftstellers Agnon.[3] Sie ist betitelt „Schalom, der Kupferschmied" und handelt vom Leben und Sterben des im Titel genannten Handwerkers, eines Urgroßonkels des Schriftstellers. „Er pflegte", schreibt Agnon, „nur

5. Einige aus dem 19. Jahrhundert stammende Grabsteine des jüdischen Friedhofes Ichenhausen (Schwaben, Landkreis Günzburg). Die Gestalt eines Hirsches auf einem der Grabsteine erinnert wohl an den Familiennamen des Verstorbenen: Hirsch. Aufnahme aus dem Jahr 1980.

einmal am Tag eine Mahlzeit einzunehmen, und aß weder Fleisch noch Fisch noch irgend etwas von einem Lebewesen Stammendes. Er trank nichts außer Wasser und rauchte nicht . . . Seine Töchter verheiratete er an Handwerker und für seine Söhne nahm er Töchter armer Kinderlehrer, die an Armut gewöhnt und daher nicht anspruchsvoll waren. Er wurde über 100 Jahre alt und war keinen Tag krank. Drei Jahre vor seinem Tod hörte er zu arbeiten auf, nachdem er noch zwei kupferne Leuchter angefertigt hatte für seinen Lesetisch. Er pflegte nun mit den kleinen Kindern seiner Enkel zu spielen. Manchmal spielt er mit ihnen Versteck. Wenn bei diesem Spiel das Kind seinen Kameraden sucht, ruft das versteckte Kind ‚Kuku', um dadurch seinen Aufenthaltsort zu offenbaren, so daß es gefunden werden kann. Ebenso pflegte Onkel Schalom seinen Kopf nach oben zu wenden und zu rufen: ‚Kuku', um sich Gott in Erinnerung zu rufen, daß er immer noch lebe, denn bereits war ihm die Welt eine Bürde und er wollte sich ausruhen. Einmal, während seines Rufens, gedachte Gott seiner und nahm ihn aus dieser Welt."

Das Gemeinsame der Schilderungen des Talmud und des religiösen Schriftstellers Agnon ist der auch von der christlichen Religion geteilte Glaube an eine Welt jenseits des Todes.

2. Die Endzeiterwartung in jüdischer Sicht

„Diese Welt gleicht einer Vorhalle für die zukünftige Welt", lautet eine Sentenz in den „Sprüchen der Väter" (IV,16), einer Sammlung ethischer Aussprüche, „rüste dich in der Vorhalle, damit du in den Königssaal eintreten kannst." Dies impliziert: Nur in dieser Welt kann der Mensch sich durch gute Werke vervollkommnen, nicht aber in der zukünftigen. Hat er aber in dieser Welt Verdienste erworben, so wird er „in den Königssaal eintreten", d.h. der Seligkeit teilhaftig werden, auch ohne vorher darüber philosophisch spekuliert zu haben.

Wenn aber auch die religiöse und sittliche Tat in dieser Welt nach jüdischem Selbstverständnis wichtiger ist als Nachdenken über die letzten Dinge des Glaubens, so läßt sich doch die jüdische Eschatologie, zusammengefaßt unter dem Namen „zukünftige Welt" (Olam ha-ba), in drei Komponenten einteilen, deren jede bereits im Alten Testament zumindest angedeutet ist. Die drei Komponenten sind: Einmal das Weiterleben der Seele nach dem Tod, angedeutet etwa in Davids Worten über sein totes Kind (II Sam. 12,23): „Ich gehe zu ihm, es wird nicht zurückkehren zu mir." Damit verbunden sind in der Traditionsliteratur niedergelegte Vorstellungen, – mehr homiletisch-volkstümlicher als dogmatischer Art – über Paradies und Hölle, wo die Seelen belohnt bzw. geläutert werden.[4] Zum zweiten ist zu nennen die Wiederauferstehung der Toten, geschildert in der Vision Ezekiels, Ez. Kap. 37. Und schließlich *die* Zukunftshoffnung schlechthin, das Erscheinen des Messias, laut Gen. 49,10 aus dem Stamm Juda stammend, laut Sach. 9,9 „demütig und auf einem Esel reitend". Als Vorbote des Messias wird (aufgrund des letzten Verses des Buches Maleachi) der Prophet Elias betrachtet, der nach dem Bericht des Königsbuches (II, Kap. 2) im feurigen Wagen mit feurigen Rossen in den Himmel gefahren und daher nach der Tradition nicht gestorben ist, vielmehr durch die Jahrhunderte weiter existiert, eine sagenumwitterte Gestalt, die sich manchmal frommen Menschen offenbart.

Eine typische Messias/Elias-Legende sei hier zitiert: „Rabbi Josua ben Lewi", berichtet der Talmud[5], „fand eines Tages den Propheten Elias am Eingang der Gruft des Rabbi Simon ben Jochai stehen... Da fragte er den Propheten: ‚Wann wird der Messias kommen?' Elias erwiderte: ‚Frag ihn doch selber.' Darauf Rabbi Josua: ‚Wo weilt er denn?' ‚An der Pforte Roms.' ‚Und woran erkennt man ihn?' ‚Er sitzt unter armen Siechen und verbindet seine Geschwüre.' Da begab sich Rabbi Josua zum Messias und begrüßte ihn mit den Worten: ‚Friede mit dir, mein Herr und Meister.' Darauf der Messias: ‚Friede mit dir, Sohn Lewis.' Rabbi Josua fragte: ‚Wann wird mein Herr erscheinen?' Jener antwortete: ‚Heute.' Da kehrte er zum Propheten Elias zurück, der ihn fragte: ‚Nun, was hat er dir gesagt?' Darauf Rabbi Josua: ‚Friede mit dir, Sohn Lewis... Er hat mich aber belogen, denn er sagte: Heute werde ich erscheinen, und ist doch nicht gekommen.' Der Prophet entgegnete ihm: Er wollte dir bloß sagen, was in Ps. 95, V. 7 steht, nämlich: ‚Er ist unser Gott und wir das Volk seiner Weide... noch heute, wenn ihr auf Seine Stimme hört.'" Soweit die Erzählung, in der auch das Motiv des leidenden Messias (nach Jes. Kap. 53) zu beachten ist. Der Messias, ja Gott selbst (nach Jes. 63,9) leidet mit der leidenden Menschheit, Gott selbst hofft sozusagen auf baldige Erlösung. Diese Hoffnung auf eine Erlösung, im Herzen gehegt, in Gebeten ausgesprochen und in Liedern gesungen, hat das jüdische Volk in der Unterdrückung des Exils moralisch aufrecht erhalten. –

Ein wesentliches Merkmal der jüdischen Messiashoffnung, wie der jüdischen Eschatologie überhaupt, ist auch ihre Universalität, ihre

Bezogenheit nicht nur auf die Juden, sondern auf alle Menschen. Ausdrücklich heißt es in einem talmudischen Ausspruch[6], der in den Gesetzeskodex des Maimonides aufgenommen wurde:[7] „Die Rechtschaffenen aller Völker haben Anteil an der kommenden Welt." Dies entspricht dem Prinzip der Gleichwertigkeit aller Menschen. Wenn es eine Auserwählung gibt, dann im Sinn der Übernahme von zusätzlichen Pflichten, wie es der Prophet Amos formuliert hat (3,2): „Nur euch habe ich erkannt von allen Geschlechtern des Erdbodens; darum will ich ahnden an euch all eure Missetaten." Der Nichtjude hat vollen Anteil an der kommenden Welt bereits bei Erfüllung der allgemeinen sittlichen Gebote, die im Talmud[8] als die „sieben noachidischen Gebote" stichwortartig zusammengefaßt sind.

Es gibt nach jüdischer Auffassung keine Zweiteilung der Menschheit in eine erlöste und unerlöste, heil-lose Menschheit, – eine Zweiteilung, die Boccaccio in seinem Decamerone[9] so schildert: „Es lebte einmal in Paris ein großer Kaufmann, ein guter Mensch, namens Gianotto de Civigni, ein rechtlicher, ordentlicher Mann, der einen großen Handel mit Tüchern aller Art betrieb und befreundet war mit einem schwerreichen Juden namens Abraham, der gleichfalls Kaufmann und auch ein rechtlicher, biederer Mann war. Als Gianotto seine Tugendhaftigkeit und Ehrlichkeit sah, dauerte es ihn, daß die Seele eines so wackeren, so klugen und so guten Menschen verdammt sein solle, nur weil er nicht den rechten Glauben hätte..."

Die zuletzt gebrauchte scharfe Formulierung widerspiegelt natürlich nicht eine offizielle theologische Ansicht, sondern nur den Volksglauben, noch dazu im ohnehin intoleranten Mittelalter. Heute gilt erfreulicherweise allgemein auf jüdischer und christlicher Seite, daß, nach einem geflügelten Wort, jeder (also auch der Angehörige der anderen Religion) nach seiner Façon selig werden kann.

Mutatis mutandis enthält auch die christliche Eschatologie die gleichen drei Elemente wie die jüdische: Weiterleben der Seele nach dem Tod, Wiederauferstehung der Toten und Glaube an einen Messias. Wenn dieser auch nach christlicher Auffassung bereits erschienen ist, so eint doch beide Religionen die Sehnsucht nach dem messianischen Zeitalter, in dem (nach Jes. 11,6) „Wolf und Schaf zusammen weiden" werden und (nach Jes. 2,4, Micha 4,3) „die Völker stumpf machen werden ihre Schwerter zu Sicheln und ihre Lanzen zu Rebenmessern und nicht erheben wird Volk gegen Volk das Schwert, und sie nicht mehr das Kriegshandwerk lernen werden." Der oben erwähnte Maimonides, die größte rabbinische Autorität des Mittelalters, warnt ausdrücklich vor einer jüdisch-partikularistischen Auslegung des messianischen Zeitalters, das nicht herbeigesehnt werde, „damit sich die Juden über die Götzendiener emporheben und sich bei Essen und Trinken freuen sollten", sondern „deshalb, damit sie sich ungehindert dem Studium der Tora und der Weisheit hingeben können." „Und zu jener Zeit", fährt Maimonides fort, „wird es weder Hungersnot noch Krieg geben, noch Neid und Mißgunst, denn des Guten wird in Überfülle vorhanden sein, und alles Köstliche so zahlreich wie Staub. Und die Beschäftigung der ganzen Welt wird in Gotteserkenntnis bestehen."[10]

3. Der Messias in der jüdischen Folklore

Wenn die Erwartung des Messias, des Welt-Erlösers, als ein Grundstein der jüdischen Religion gelten kann, so kann die Tatsache seines bisherigen Ausbleibens als ein Prüfstein bezeichnet werden, ein Prüfstein für die Echtheit des Glaubens. In Zeiten der Not und Bedrückung ist die Ungeduld der Gläubigen verständlich. Sie hat öfters im Lauf der jüdischen Geschichte zum Auftreten von falschen Messiassen geführt (wie Sabbatai Zwi, gest. 1676), nie aber hat diese Ungeduld zum Verzweifeln am letztendlichen Erscheinen des Messias geführt.

Diese „Dennoch-Hoffnung" ist nicht nur theologisch begründet, sondern war seit jeher tief im Volk verwurzelt und hat den jüdischen Volksmassen in Zeiten der Bedrückung den moralischen Rückhalt gegeben, durch alle Verfolgungen hindurch optimistisch in die Zukunft zu blicken. Ein Beweis für die Lebendigkeit dieser Hoffnung liegt in der Tatsache, daß sie im Volk folkloristische Züge angenommen hat, wie es u. a. die folgende, zufällig herausgegriffene Momentaufnahme aus einer jüdischen Kinderschule in einem osteuropäischen Städtchen vor ca. 50 Jahren belegt. Die Schilderung entnehmen wir den jiddisch geschriebenen Erinnerungen eines im ostjüdischen Milieu aufgewachsenen, nach den USA emigrierten Folklore-Forschers, namens Y. Shtern.[11] Shtern berichtet,[12] daß in seinem Heimatstädtchen Binele, die Lehrerin einer Mädchenklasse, den Unterricht oft angenehm zu gestalten pflegte durch Erzählen volkstümlicher jüdischer Sagen, wobei auch die Jungen im angrenzenden Knaben-Unterrichtsraum zuhörten. Zu den beliebtesten Erzählungen dieser Lehrerin, auf deren Tätigkeit wir später (XIII, 2) nochmals zurückkommen werden, gehörten diejenigen über den Messias (hebräisch: Maschiach): „Es hat uns angespannt lauschende Kinder gewaltig verdrossen", erinnert sich Shtern, „daß einst der Maschiach, der schon auf dem Weg zu uns war, wieder in die Wüste zurückgekehrt ist, als er von der Ferne einen Juden sah, der den Sabbat durch Holzhacken entweihte. Wir hätten diesen Holzhacker, der uns so etwas angetan hat, am liebsten in Stücke gerissen . . . Uns hat auch jener Joseph della Rina (eine kabbalistische Sagengestalt. L. P.) sehr verdrossen, der sich vom Satan hat überlisten lassen. Einst lag nämlich der Satan bereits eingesperrt in einem Kasten. Da überredete er den Joseph della Rina, ihm Weihrauch zum Riechen hinzuhalten. Dies gab dem Satan frische Kräfte, er konnte sich aus dem Kasten befreien und entlaufen, und der Maschiach ist wieder nicht gekommen. So richtig glücklich sind wir gewesen, daß wir Juden sind, als uns der Lehrer die großen Wohltaten schilderte, die Gott, gepriesen sei er, uns erweisen wird, wenn nämlich der Maschiach endlich doch kommen wird, reitend auf einem kleinen weißen Esel. Der Prophet Elias wird ihm als Herold vorangehen, das Widderhorn blasend, und die Wiederauferstehung der Toten wird stattfinden. An den Steckelchen, die man ihnen mit ins Grab gelegt hatte, werden sich die Toten aus den geöffneten Gräbern zu neuem Leben emporschwingen. Danach werden alle Juden an der großen Mahlzeit teilnehmen, die Gott, gepriesen sei er, vorbereiten wird aus dem Fleisch der speziell dafür geschaffenen Tiere, nämlich Auerochs und Leviathan. Seidene Kleider werden auf den Bäumen wachsen, und die Gerechten werden in Teichen von Balsam baden, in denen es nach Baumöl und Safran duften wird. Und die ganze Welt wird angefüllt sein von paradiesischen Düften, stammend von den wohlriechenden Gewürzen. In diesem Moment war uns Kindern die ganze diesseitige Welt keinen Schuß Pulver wert, im Vergleich zu den Vergnügungen zu Maschiach's Zeiten." Soweit der Bericht über die romantischen Messias-Vorstellungen in der ostjüdischen Kinderschule.

Das Motiv des fast erschienenen, aber im letzten Moment sich zurückziehenden Messias hat der israelische Schriftsteller Agnon aufgenommen in einer Erzählung,[13] die er in seinem Heimatstädtchen Buczacz (Galizien) spielen läßt. Dort sei der Prophet Elias, der Vorbote des Messias, einst unsichtbar in der Synagoge erschienen, gerade in dem Moment, als die Gemeinde inbrünstig den Glaubensartikel des Maimonides rezitierte, der da lautet: „Ich glaube an das Kommen des Messias; und wenn er auch zögert, so hoffe ich dennoch täglich, daß er kommen wird." Dies habe den Propheten Elias so beeindruckt, daß er sich sagte: „Dies werde ich dem Messias melden." Mit vier Flügelschlägen sei er zum Messias geflogen, der nach dieser Legende nicht in der Wüste, sondern vor den Toren Roms weilte, in eisernen Ketten, bedeckt mit Wunden. Elias habe zum Messias gesagt: „Gerechter Messias! Wenn du die Gemeinde Buczacz gesehen hättest, wie sie auf dich wartet, wie sie dir entgegenharrt, hättest du dich sicher deiner Ketten entledigt und hättest dich beeilt, das Volk zu erlösen..." Daraufhin habe sich der Messias tatsächlich auf den Weg nach Buczacz gemacht, um sich selbst zu überzeugen. Unterwegs habe er eine

6. *Der Messias, auf einem weißen Esel reitend, zieht in Jerusalem ein, gefolgt von den Exulanten. Aus der Venezianischen Haggada, 1609 (Jerusalem, Nationalbibliothek).*

Synagoge besucht, deren Beter sich ganz und gar nicht so verhielten wie die Beter in Buczacz. Im Gegenteil, es waren da einige Leute, die sich während des Gottesdienstes so laut unterhielten, daß es dem Messias trotz angestrengten Hinhorchens nicht gelang, den Worten des Vorbeters zu folgen. Da habe der Messias in seiner Enttäuschung sein Angesicht von jenen Menschen und von jener Synagoge abgewandt und sei zurückgekehrt zu den Toren Roms. Dort sitze er noch heute in eisernen Ketten, bedeckt mit Wunden.

„Und wir" so beschließt Agnon seine Legende ganz im Sinn der im Volk verwurzelten Dennoch-Hoffnung, „und wir sitzen da mit unseren Wunden und warten darauf, daß er komme."

III. Altes Testament

1. Die Erzählkunst des Alten Testaments

Wir können hier nicht die Erzählkunst des Alten Testament in umfassender Weise darstellen, wohl aber eine ihrer Eigentümlichkeiten beleuchten, nämlich die äußerste Sparsamkeit bei der Schilderung menschlicher Gefühle.

Beim Verkauf Josephs durch seine Brüder zum Beispiel heißt es nur (Gen. 37, 26 ff.): „Da sprach Juda zu seinen Brüdern: ... Kommt, laßt uns ihn verkaufen den Ismaeliten ... Da zogen sie den Joseph aus der Grube heraus und verkauften den Joseph an die Ismaeliten um zwanzig Silberstücke, und diese brachten den Joseph nach Ägypten." Kein Wort über die Reaktion Josephs, über seine Gefühle und wie er diese zum Ausdruck brachte! Daß Joseph tatsächlich seine Brüder anflehte, von ihrem Vorhaben abzulassen, erfahren wir indirekt später, als die Brüder in Ägypten in Bedrängnis geraten und darin eine Strafe für den Verkauf Josephs sehen (Gen. 42,21): „Da sprachen die Brüder, einer zum anderen: fürwahr, wir büßen um unseren Bruder, dessen Seelenangst wir sahen, indem er zu uns flehte, und wir hörten nicht; darum kommt über uns diese Not." Bei der Schilderung des Verkaufs selbst wird das Flehen nicht erwähnt, nicht weil es nicht stattfand, sondern weil es als selbstverständlich vorausgesetzt wird. Die Sparsamkeit bei der Schilderung von Gefühlen ist also ein bewußtes Stilmittel.

Ein klassisches Beispiel hierfür ist die Erzählung von der Opferung Isaaks, wo uns nach den Worten Zvi Adars[1] „die Gefühle durch den Kanal der Handlung mitgeteilt werden, das Innere durch das Äußere mitgeteilt wird, damit der Leser seinen Weg vom Äußeren zum Inneren finde." In der Tat teilen uns die Schriftverse nur mit, was Abraham *tat,* als er sich aufmachte, seinen Sohn auf Gottes Befehl zu opfern (Gen. 22,3): „Und Abraham stand morgens früh auf, sattelte seinen Esel, nahm seine beiden Diener und seinen Sohn Isaak, spaltete Holz zum Opfer und machte sich auf und ging an den Ort, den ihm Gott gesagt hatte." Der Schriftvers teilt uns auch das Zwiegespräch zwischen Abraham und Isaak mit, aber *nicht,* was die beiden dabei dachten und fühlten. Und dennoch, wenn wir auf die Formulierung des Zwiegesprächs achten, erkennen wir zwischen den Zeilen die innere Erregung von Vater und Sohn. So heißt es V.7: „Und Isaak sprach zu Abraham, seinem Vater, und sprach: ‚Mein Vater!‘ " Zweimal heißt es hier von Isaak, daß er zu Abraham „sprach": „Und Isaak *sprach* zu seinem Vater und *sprach*", – wie wenn Isaak hier einen Anlauf nimmt, um etwas ganz Wichtiges zu sagen; und was sagt er am Ende? Nur das eine Wort (in der deutschen Übersetzung sind es zwei Worte): „Mein Vater!" Dies weist auf seine Erregung; er möchte gerne etwas sagen, aber es bleibt ihm vor lauter Erregung in der Kehle stecken, – und erst als der Vater ihm antwortet: „Hier bin ich, mein Sohn!", wagt es der Sohn, seiner schrecklichen Ahnung indirekt Ausdruck zu verleihen: „Und er (Isaak) sprach: ‚Siehe, hier ist das Feuer

7. *Wissenschaftliche Erforschung des Alten Testamentes im heutigen Judentum. Der Name der Zeitschrift „Beth mikra" (hebräisch) bedeutet wörtlich: „Haus der Bibel." Titelseite des Heftes Jan.–März 1981.*

und das Holz, wo aber ist das Lamm zum Opfer?' " Diese Frage impliziert die Besorgnis: Vielleicht bin *ich* das Lamm zum Opfer? Abrahams Antwort ist scheinbar „neutral", sachlich und fern jeder Erregung: „Und Abraham sprach: ‚Gott wird sich ersehen das Lamm zum Opfer, mein Sohn!' ". Wir müssen aber den Tonfall richtig deuten: „Gott wird sich schon ersehen das Lamm zum Opfer, o mein armer Sohn!". Wenn wir dieses „mein Sohn" *so* deuten, dann verwandelt sich die unmittelbare Fortsetzung des Verses, nämlich „und sie gingen beide zusammen" von einer scheinbar trockenen Feststellung zu einer Aussage von höchster seelischer Spannung, nämlich: Obwohl nun beide wußten, was ihnen bevorstand (nämlich opfern zu müssen bzw. geopfert zu werden), „gingen beide zusammen", d.h. sie unterdrückten ihren Lebenswillen zugunsten des göttlichen Befehls. Diese seelische Spannung ist durch die scheinbar nüchterne Feststellung des „Zusammengehens" ausgedrückt.

„Gefühl zwischen den Zeilen" finden wir auch bei der Sintflut-Erzählung, als Noach die Taube zu sich in die Arche zurückholt. Noach hatte die Taube entsandt, um zu sehen, ob die Wasser der Sintflut schon gefallen seien. „Aber", heißt es dann (Gen. 8,9), „die Taube fand keine Ruhestatt für ihren Fuß und kehrte zu ihm in die Arche zurück, weil Wasser auf der Fläche der ganzen Erde war." Und nun folgen drei scheinbar überflüssigerweise angegebene Handlungen Noachs: „Und er streckte seine Hand aus, und nahm sie, und brachte sie zu sich in die Arche." Durch diese drei Handlungen soll aber zum Ausdruck gebracht werden, wie liebevoll sich Noach der Taube annimmt, die Ruhestatt für ihren Fuß suchte, aber nicht fand und nun zu ihm schutzsuchend zurückkehrt. Diese Fürsorge Noachs wird nicht dadurch ausgedrückt, daß es etwa hieße: „Und Noach erbarmte sich der Taube", sondern kommt vielmehr zum Ausdruck durch die detaillierte Angabe der Handlungen Noachs: Er streckte seine Hand aus, er nahm sie, er brachte sie zu sich in die Arche.

Daß dieser scheinbar unsentimentale, in Wirklichkeit gerade deshalb gefühlsgeladene Stil eine Eigenheit des Alten Testaments ist, zeigt zum Beispiel ein Vergleich der Bibelverse mit deren Umschreibung durch Thomas Mann in seinem Roman „Joseph und seine Brüder". In der Bibel gibt sich Joseph seinen Brüdern nur durch folgende

Worte zu erkennen (Gen. 45,3): „Ich bin Joseph, lebt mein Vater noch?" Thomas Mann sucht auf seine Weise den Gefühlsinhalt dieser Szene auszuschöpfen: „Jetzt sagte er einfach und trotz der gebreiteten Arme sogar mit einem kleinen bescheidenen Lachen: ‚Kinder, ich bin's ja. Ich bin euer Bruder Joseph.'"[2]

Der Unterschied in der Erzählkunst ist unverkennbar. Was das Alte Testament betrifft, so ist gerade die unpathetische Erzählweise eine seiner unnachahmbaren Eigentümlichkeiten.

2. Goethes Faust und das Alte Testament

Es ist bekannt, daß Goethe sich viel mit dem Alten Testament beschäftigt hat, aus dem er oft Verse zitiert und Motive verwendet. Es sei an seine Übersetzung des Hohenliedes aus dem Hebräischen ins Deutsche erinnert und an seine Anmerkungen zum west-östlichen Divan, wo die biblische Geschichte in kurzen Abrissen dargestellt wird. Wir wollen hier untersuchen, wieweit sich alttestamentliche Motive in Goethes Lebenswerk, dem Faust, finden.

Als erstes drängt sich der Vergleich mit Hiob auf. An diesem Vergleich kann kein Leser des Faust vorbeigehen, denn er stößt darauf gleich zu Beginn des ersten Teils des Faust, im Prolog, und es finden sich hier nicht etwa nur undeutliche Anspielungen, sondern die volle Übernahme der Szenerie und zum Teil des Wortlauts am Anfang des Hiob-Buches: Hier wie dort handelt es sich um einen „Prolog im Himmel" (in der Bibel wird er freilich nicht als solcher bezeichnet), hier wie dort versammeln sich Gott, die Engel und der Satan. Im Buch Hiob spricht Gott zum Satan: „Hast du dein Augenmerk auf Hiob, meinen Knecht gerichtet?" Im Faust fragt Gott den Mephisto: „Kennst du den Faust ... meinen Knecht?" Hier wie dort ist Gott zunächst, im Gegensatz zum Satan, vom Erdenbürger (Faust bzw. Hiob) sehr positiv beeindruckt. Hier heißt es: „Wenn er mir jetzt auch nur verworren dient, so werd ich ihn bald in die Klarheit führen." Dort, bei Hiob, sagt Gott: „Keiner ist so gottesfürchtig wie er im Lande." Hier wie dort erbittet der Satan von Gott die Erlaubnis, den Menschen (Faust bzw. Hiob) auf die Probe stellen zu dürfen, und erhält die Erlaubnis. Hier sagt Mephisto zu Gott: „Den sollt Ihr noch verlieren, wenn Ihr mir die Erlaubnis gebt, ihn meine Straße sanft zu führen!" Worauf Gott antwortet: „Solang er auf der Erde lebt, solange sei's dir nicht verboten." Dort, im Buch Hiob, sagt der Satan: „Schikke nur Deine Hand gegen ihn und rühre an allem, was er besitzt, – ob er Dich nicht verfluchen wird." Gott antwortet: „Sieh, alles, was er besitzt, sei in deine Hand gegeben." Diese Übereinstimmungen sind augenfällig, wir müssen aber gleich hinzufügen, daß sich die Hauptgestalten dann doch nicht in dieselbe Richtung entwickeln. Hiob wird unschuldig vom Unglück heimgesucht, behält aber, trotz zeitweiliger Zweifel an der Gerechtigkeit Gottes, letzten Endes seinen Glauben und wird dafür belohnt, indem Gott ihm sein früheres Glück doppelt wieder schenkt. Ungleich Hiob, ist Faust von vornherein nicht ein Mann der einfältigen Frömmigkeit, sondern vor allem vom Drang nach Erkenntnis des Göttlichen beseelt. Auch soll er nicht durch Unglück, sondern durch Verleitung zur Sünde gebrochen werden. Das Ende der Faust-Tragödie zeigt wieder eine auffällige Angleichung an das Buch Hiob, insofern als Faust wie Hiob sich zuletzt gegen die negativen Kräfte durchsetzen. Daß Goethe sich hier bewußt an Hiob anlehnt, ist deshalb wahrscheinlich, weil alle früheren Faust-Bearbeitungen Faust in der Hölle enden lassen, während Goethe ihn aus den Fesseln der Sünde befreien und der Hölle entrinnen läßt. Dieses bewußte Abgehen von seinen Vorlagen in einem so entscheidenden Punkt, das auch als Abkehr vom Pessimismus und Hinwendung zur optimistischen Beurteilung des Menschen bezeichnet werden kann, beruht sicher unter anderem auf dem Einfluß des Buches Hiob.

Außer Hiob dürften sporadisch noch zwei andere alttestamentliche Gestalten auf Goethes Faust eingewirkt haben, nämlich einmal Kohelet, nach der Tradition identisch mit dem König Salomo, und zum anderen Moses. Im Buch Kohelet schildert der Verfasser, wie er sich abmühte, zu höchsten Erkenntnissen zu gelangen (Koh. I, 12 f.) „Ich, Kohelet, war König über Israel in Jerusalem. Und ich richtete meinen Sinn darauf, zu forschen und nachzuspüren durch die Weisheit nach allem, was geschieht unter dem Himmel." Wie Faust ist also Kohelet von unersättlicher Wissensbegierde durchdrungen. Der Unterschied zu Faust liegt freilich in der Fortsetzung des Verses, die lautet: „Ein leidiger Drang ist es, den Gott den Menschenkindern gegeben hat, sich damit zu quälen." Hier sehen wir, daß Kohelet aus bitterer Erfahrung spricht, die er bereits gesammelt hat. Daher weiß Kohelet schon zu Beginn des Buches (I,2): „Eitelkeiten der Eitelkeiten, sprach Kohelet, alles ist eitel." Goethe hingegen zeigt den Faust in allen Stadien seiner Entwicklung; sein geistiges Ringen bildet den Hauptinhalt der Tragödie. Als Beispiel für die Übernahme einzelner Verse des Kohelet sei nur aus dem 2. Teil, 2. Akt die Stelle zitiert: „Wer kann was Dummes, wer was Kluges denken, was nicht die Vorwelt schon gedacht." Dies entspricht Koh. 1,9: „Was war, das wird sein, und was geschah, das wird geschehen; es gibt nichts Neues unter der Sonne". Was Moses anbelangt, so bezieht sich der Vergleich natürlich nicht auf dessen Eigenschaft als Führer des israelitischen Volkes und als Gesetzgeber, sondern als Mensch, der am Ende seines Lebens erkennen muß, daß er nicht ins Gelobte Land kommen wird, d. h. also sein Ideal im Diesseits nicht mehr erreichen wird. Ebenso stirbt Faust voll mit gewaltigen Plänen, die er nicht mehr verwirklichen kann. Beide sterben im hohen Alter von 120 bzw. 100 Jahren im Vollbesitz ihrer geistigen Kräfte.

Zum Abschluß soll nochmals eine bereits erwähnte Gemeinsamkeit zwischen Faust und Hiob erwähnt werden, nämlich die trotz allem optimistische Weltanschauung, die sich darin äußert, daß beide nicht im Unglück enden. Dieser Optimismus ist eine Gemeinsamkeit zwischen Goethe und dem Alten Testament überhaupt. Im Alten Testament heißt es bereits beim Schöpfungsbericht: „Und Gott sah alles, was er geschaffen, und siehe, es war sehr gut..." Dies kann auch als Motto von Goethes Weltanschauung bezeichnet werden, wie er auch den Chor im Prolog zu Faust aussprechen läßt: „Und alle Deine hohen Werke sind herrlich wie am ersten Tag."

3. Die Objektivität der biblischen Geschichtsschreibung

Im Gegensatz zur sonstigen altorientalischen Geschichtsschreibung, in der die jeweiligen Herrscher in übertriebener Weise verherrlicht werden, zeichnet sich die biblische Geschichtsschreibung durch die Objektivität der Darstellung aus. Weder die Richter (wie die ersten Führer des Volkes nach Besitznahme des Landes Kanaan genannt wurden), noch die darauf folgenden Könige werden mit einem Glorienschein umgeben, vielmehr werden umgekehrt sowohl ihre staatsmännischen als auch ihre menschlichen Schwächen schonungslos dargestellt. David ist in der Bibel nicht nur der Kriegsheld und Sänger-König, sondern auch der Sünder, der, um Batscheba heiraten zu können, deren Mann ins Schlachtgetümmel schickte, wo er umkam. Und von Davids Sohn und Nachfolger Salomo lesen wir in der Bibel nicht nur, daß er der König der Weisheit, der Gerechtigkeit und des Friedens war, sondern auch, daß er durch Zuwendung zu heidnischen Sitten sozusagen den Grundstein legte für den moralischen und sittlichen Verfall in späteren Zeiten.

Die Objektivität des Geschichtsschreibers zeigt sich vor allem in der Darstellung der nach dem Tode Salomos erfolgten Spaltung des Reiches in das von Rehabeam, dem Sohn Salomos, beherrschte Reich Juda mit Jerusalem und dem Tempel einerseits und das von Jerobeam, einem ehemaligen Offizier Salomos, beherrschte übrige Palästina andererseits, von nun an genannt: das Reich Israel. Der im Prinzip durchaus der legitimen Dynastie des Hauses David treue Geschichtsschreiber läßt sich nun keineswegs zur Schwarzweißmalerei eines legitimen Königs und eines aufständischen Offiziers hinreißen, obwohl diese Bezeichnungen an sich zutreffen. Der Verfasser des Königsbuches sucht vielmehr verständlich zu machen, warum es zum Aufstand kam, vor allem durch das Verschulden des Thronfolgers selbst, der, wie der moderne Historiker Graetz es ausdrückt, „wie alle in Purpur geborenen Königssöhne, denen keine hervorstechende Charaktergröße zuteil geworden, kurzsichtig und hochmütig war, und dabei so unselbständig, daß er sich selbst nicht raten konnte."[3]

Lassen wir aber die Bibelverse selbst zu Worte kommen, die in ihrer Klarheit keines Kommentars bedürfen (1. Könige, Kap. 12): „. . . Jerobeam und die ganze Versammlung Israels redeten zu Rehabeam also: Dein Vater hat hart gemacht unser Joch, erleichtere du nun den harten Dienst deines Vaters und sein schweres Joch, das er uns auferlegt, so wollen wir dir dienen. Und er antwortete: Geht noch weg auf drei Tage, dann kommt wieder zu mir. Und das Volk ging weg. Da beriet sich der König Rehabeam mit den Alten, welche gestanden hatten vor dem Angesicht Salomos, seines Vaters, da er am Leben war, und sprach: Wie ratet ihr, diesem Volk Antwort zu geben? Und sie redeten zu ihm also: Wenn du heute ein Knecht bist diesem Volke, und ihnen dienst und sie erhörest, und ihnen zuredest mit guten Worten, so werden sie dir Knechte sein alle Tage. Aber er verließ den Rat der Alten, den sie ihm geraten, und beriet sich mit den Jünglingen, die mit ihm aufgewachsen waren, die vor ihm standen, und sprach zu ihnen: Wie ratet ihr, daß wir diesem Volke Antwort geben, die zu mir geredet also: Erleichtere das Joch, das dein Vater uns auferlegt? Da redeten zu ihm die Jünglinge, die mit ihm aufgewachsen waren also: Du sollst so sprechen zu diesem Volke, das zu dir geredet mit den Worten: Dein Vater hat unser Joch erschwert, und du, mache es uns leichter! So rede zu ihnen: Mein kleiner Finger ist dicker als die Lenden meines Vaters. Und nun hat mein Vater euch aufgeladen ein schweres Joch, so will ich dazu tun zu eurem Joche; hat euch mein Vater gezüchtigt mit Ruten, so will ich euch züchtigen mit Skorpionen. Als Jerobeam und das ganze Volk kam am dritten Tag – so wie der König geredet und gesprochen: Kommet wieder zu mir am dritten Tag, – da fuhr der König das Volk hart an, und verließ den Rat der Alten, den sie ihm geraten, und er redete zu ihnen nach dem Rat der Jünglinge, und sprach: Hat mein Vater schwer gemacht euer Joch, so will ich dazu tun zu eurem Joch; hat mein Vater euch gezüchtigt mit Ruten, so will ich euch züchtigen mit Skorpionen."

Auf eindringliche Weise, vor Wiederholungen nicht zurückschreckend, macht der Geschichtsschreiber in diesen Versen klar, daß der Sproß aus dem Hause Davids es war, der die Mitschuld trug an der Loslösung der zehn Stämme, die daraufhin erfolgte, eine Loslösung, die freilich bereits zur Zeit Salomos von Gott vorausgesagt wurde, als

Strafe für Salomos Hinwendung zu heidnischen Sitten (1. Könige 11,11). Es könnte nun fast scheinen, daß der Geschichtsschreiber in seiner Darstellung der Ereignisse dem Hause Davids nicht nur objektiv-kritisch, sondern sogar über-kritisch gegenüber stünde, indem er in umgekehrter Schwarzweißmalerei den Sündern Salomo und Rehabeam den makellosen Jerobeam gegenüberstellt. Dies wäre aber auch wieder ein Trugschluß, denn der Verfasser des Königsbuches vergißt nicht zu erwähnen, daß der Prophet Achija den Bestand des von ihm vorausgesagten Reiches Israel ausdrücklich von der Treue zu Gott abhängig gemacht hatte, und zwar folgendermaßen: „So spricht Gott: es wird geschehen, wenn du (Jerobeam) hörst auf alles, was ich dir gebiete und gehst auf meinen Wegen und tust, was recht ist in meinen Augen, zu wahren meine Gebote und Satzungen, wie es David, mein Knecht, getan; so werde ich mit dir sein und werde dir bauen ein dauerndes Haus, so wie ich gebaut dem David, und werde dir Israel geben" (1. Könige 11,38).

Zusammenfassend können wir sagen, daß der biblische Geschichtsschreiber die Gestalten der jüdischen Geschichte, ob Könige oder Revolutionäre, einzig nach ihren Verdiensten beurteilt. In der Fortsetzung findet dann der Geschichtsschreiber, dessen Identität wir nicht kennen, nur noch Tadel für die immer sündhafter werdenden Handlungen Jerobeams und seiner Nachfolger, bis zum Untergang des Reiches Israel im assyrischen Exil. Die Könige Judas nach Rehabeam waren teils sündhaft wie er, teils gottesfürchtig. Der Verfasser des Königsbuches registriert beides gewissenhaft, bis zum babylonischen Exil.

IV. Tora und Talmud

1. Die Gesetze der jüdischen Religion

Was vom christlich-abendländischen Denken her als besonderes Kennzeichen der jüdischen Religion erscheint, ist vor allem die Tatsache, daß nicht nur die rein religiösen Vorschriften ritueller und zeremonieller Art (wie Beschneidung, Gottesdienst, Speisevorschriften) den religiösen Instanzen unterstellt sind, sondern auch das ganze Zivil- und Strafrecht. Beide Arten von Vorschriften werden in ihrer Wurzel auf das Sinaigesetz, die Tora, zurückgeführt. Mit anderen Worten: Der Rabbi entscheidet auch im Streit über mein und dein, in Fragen des Fundrechtes, Depositenrechtes, Erbrechtes etc. Für die „Länder der Zerstreuung" gilt freilich die Regel, daß allein das Zivil- und Strafgesetz des betreffenden Landes auch für die Juden Gültigkeit besitzt,[1] aber falls zwei jüdische Parteien bei einem zivilrechtlichen Streitfall sich freiwillig einem rabbinischen Schiedsgericht unterwerfen, hat auch heute noch der Rabbiner in den traditionellen Rechtskodizes, die laufend der modernen Zeit angepaßt werden, die Handhabe für einen Schiedsspruch.

Im heutigen Staat Israel besteht im Prinzip die Möglichkeit der Wiedereinführung der rabbinischen Rechtsprechung auch im zivilen Bereich, und es sind diesbezügliche Tendenzen vorhanden, jedoch hatten sich die aus Europa stammenden Einwanderer in ihrer Mehrheit so sehr an ihre Umgebung assimiliert, daß sie auch nach ihrer Einwanderung entsprechend europäischem Vorbild eine Trennung von Kirche und Staat befürworteten. Demgegenüber ist festzuhalten, daß gemäß dem traditionellen, historischen Judentum eine Trennung von Kirche und Staat seinem innersten Wesen nach unvollziehbar ist. Die Gesetze des Judentums ziehen das Weltliche in die religiöse Sphäre, so daß alle Fragen des täglichen Lebens durch die Religion gelöst werden können. Ein Grundsatz der jüdischen Religion ist also die Verflechtung des ganzen Lebens mit religiösen wie zwischenmenschlichen Vorschriften. Als Leitmotiv der religiösen Vorschriften kann der Vers betrachtet werden: „Und du sollst lieben den Ewigen, deinen Gott mit deinem ganzen Herzen und mit deiner ganzen Seele und mit deinem ganzen Vermögen." (Deut. 6,5) Als Leitmotiv der zwischenmenschlichen Beziehungen – nicht nur in bezug auf rein soziale Verpflichtungen den Armen gegenüber, sondern auch in bezug auf jede Regelung zwischen mein und dein – gilt die Nächstenliebe: „Liebe deinen Nächsten wie dich selbst" (Lev. 19,18). Dies meinte auch der kurz vor Jesus lebende Hillel, wenn er, epigrammatisch vereinfachend, die ganze Tora als *Kommentar* zur Nächstenliebe bezeichnete.[2]

Zu Recht wird also die jüdische Religion als „Gesetzesreligion" bezeichnet; zu Unrecht aber wird dieser Begriff von Außenstehenden, auch Theologen, oder z. B. dem Kulturhistoriker Toynbee, im negativen Sinn als „Erstarrung im Gesetz" verstanden.[3] Freilich birgt jedes Gesetz die Gefahr der nur rein formalistischen Erfüllung in sich, und vor dieser Gefahr haben als erste die jüdischen Propheten gewarnt; so prangert Jesaja Kap. 1 das bloße „Herumtrampeln auf den Tempelvorhöfen" an. Wenn aber Paulus von der „Last des Gesetzes" spricht, so gilt dies nicht für den gläubigen Juden, wie es ein nichtjüdischer Theologe, R. Travers Herford treffend formuliert hat: „Christen, die hauptsächlich durch Paulus über die ‚Last des Gesetzes' zu sprechen gelernt haben und über die ‚Knechtschaft', in der es diejenigen, die nach ihm leben, halten soll, kennen selten den Standpunkt derer, die während ihres ganzen Lebens Erfahrungen darüber gesammelt haben und die sich nicht, wie Paulus, davon losgesagt haben!"[4] Ferner schreibt Herford: „ ‚Dienet Gott in Freuden' ist das Motto derer gewesen, die die Halacha (also: das Gesetz) bestimmten, ebenso wie derer, die nach ihr lebten. Die Freude an den göttlichen Geboten, die aus Psalm 119 herausklingt, als ob er geradezu eine Ode auf die Halacha wäre, hat in den jüdischen Herzen aller Jahrhunderte ein Echo gefunden."[5]

Dieser „Freude am Gesetz" gab im 13. Jahrhundert der Gesetzeslehrer Rabbi Eleasar aus Worms, der bei einem Pogrom Frau und Kinder verloren hatte, in geradezu hymnischer Weise Ausdruck:

„Die Seele ist voll der Liebe zu Gott und mit Stricken der Liebe gebunden, in Freude und frohen Herzens. Er – der Chasid (der Fromme) – ist nicht wie einer, der seinem Herrn widerwillig dient, sondern selbst wenn man es ihm verwehren will, brennt in seinem Herzen die Liebe zu dienen, und er freut sich, den Willen seines Schöpfers auszuführen...Denn wenn die Seele tief über die Gottesfurcht nachsinnt, so flammt die Lohe der Herzensliebe in ihr auf, und der Jubel innerlicher Freude erquickt das Herz... Und der Liebende bedenkt nicht den Vorteil in dieser Welt... vielmehr ist ihm alles ein Nichts, außer diesem, daß er den Willen seines Schöpfers tue, an anderen Gutes tue, den Namen Gottes heilige... und alles Sinnen seiner Gedanken brennt im Feuer der Liebe zu ihm."[6]

Aber nicht nur in der Vergangenheit, sondern auch in der Gegenwart wird die Kathederweisheit von der „Erstarrung im Gesetz" widerlegt durch die lebendige Wirklichkeit, durch die stets wachsende Zahl jüdischer Intellektueller, die sich, zum Teil nach dem Abitur, in den sogenannten Jeschiwot, den Talmud-Hochschulen, dem Studium des Talmud und der Gesetzeskodizes widmen. Sie wird auch widerlegt durch den positiven Lebensrhythmus der gesetzestreuen Gemeinschaft in Israel und in der Diaspora. Dies sind eher Anzeichen einer lebensfähigen als einer erstarrten Religiosität.

2. Die Liebe des frommen Juden zur Tora

Unter Tora im engen Sinn werden die in der Tora-Rolle enthaltenen fünf Bücher Moses verstanden, deren Inhalt nach jüdischem Glauben von Moses auf Geheiß Gottes niedergeschrieben wurde. Unter Tora im weiteren Sinn wird die ganze sich daran anschließende Traditionsliteratur verstanden, gesetzlichen und ethischen Inhalts.

Das Ideal frommer Eltern seit dem Altertum war stets, die Söhne zu Tora-Gelehrten heranwachsen zu lassen und die Töchter an Tora-Gelehrte zu verheiraten, wobei der „Tora-Gelehrte" das Gesetz und die Ethik nicht nur studiert, sondern auch im täglichen Leben praktiziert, erfüllt von Liebe zu Gott und Mitmensch. Freilich glaubte im 19. Jahrhundert ein Teil der westeuropäischen und amerikanischen

Juden, das Tora-Ideal zugunsten einer Assimilation an die Umwelt aufgeben zu müssen, aber eine starke Gegenbewegung mit dem Frankfurter Rabbiner Samson Raphael Hirsch an der Spitze bewies die Möglichkeit einer Synthese von Tora und westlicher Kultur. So wird weiterhin im täglichen Morgen- und Abendgebet, wie seit 2000 Jahren, der Liebe zur Tora folgendermaßen Ausdruck verliehen (ich zitiere die konzentriertere Fassung des Abendgebetes): „Mit ewiger Liebe liebst du dein Volk, das Haus Israels; Lehre (hebr.: Tora), Gebote, Satzungen und Rechte hast du uns gelehrt, darum wollen wir, Ewiger, unser Gott, bei unserem Niederlegen und bei unserem Aufstehen von deinen Satzungen sprechen. Wir wollen uns mit den Worten deiner Lehre freuen und mit deinen Geboten immer und ewig, denn sie sind unser Leben und die Länge unserer Tage, und in ihnen wollen wir bei Tag und Nacht forschen. Deine Liebe laß nicht von uns weichen in Ewigkeit. Gelobt seist du, Ewiger, der du dein Volk Israel liebst."

Eindrücklicher als theoretische Darlegungen sind die talmudischen Berichte über berühmte Gesetzeslehrer, die zur Zeit der Religionsverfolgung durch die Römer ihr liebevolles Festhalten an der Tora mit dem Tode bezahlten. Die bekanntesten Beispiele sind Rabbi Akiba und Rabbi Chananja ben Teradjon. Von Rabbi Akiba wird berichtet: Er ließ sich während der Religionsverfolgung des Kaisers Hadrian (135 n. Chr.) nicht daran hindern, öffentlich Tora zu lehren. Vergeblich ertönten Warnrufe. Einst machte Pappus ben Jehuda, der die große Gefahr durchschaute, dem Meister Vorstellungen, wie sehr er sich durch die öffentlichen Vorträge der Lebensgefahr aussetze, aber Akiba erwiderte ihm: „Ich will dir ein Gleichnis vortragen, eine Fabel, und dann wird dir mein Benehmen klar sein. Ein Fuchs spazierte einst am Ufer eines Flusses und bemerkte eine Menge Fische, die in großer Eile hin- und herschwammen. ‚Wovor fürchtet ihr euch', fragte er sie, und sie erwiderten: ‚Vor den Netzen, die die Menschenkinder nach uns auswerfen'. ‚Dafür ist Rat', sprach der Fuchs, ‚kommt zu mir aufs Trockene heraus, und ihr sollt mit mir ein ungestörtes, glückliches Leben führen'. ‚Was', erwiderten die Fische, ‚dich nennt man das klügste der Tiere? Du bist nicht klug, sondern töricht. Wenn wir schon im Wasser, unserem Lebenselement, von sol-

8. *Tora-Rolle (Kairo, 15. Jahrhundert), aufgerollt mit Zeiger (Silber, teilweise ver-
goldet, vermutlich Wien, um 1800).*

cher Angst gequält werden, um wieviel größer wird unsere Angst
sein in einem Element, das für uns nicht geeignet ist und uns den Tod
bringt!' So auch wir", beendete Rabbi Akiba seine Worte, „wenn wir
schon jetzt in Gefahr sind, wo wir sitzen und uns mit unserem Lebenselement, der Tora befassen, von der es heißt: Denn sie ist dein
Leben und die Verlängerung deiner Tage (Deut. 30.20), um wieviel
mehr müssen wir uns zu fürchten haben, wenn wir die Tora vernachlässigten!" Bald darauf wurde Rabbi Akiba tatsächlich ins Gefängnis
geworfen. Als man auch den genannten Pappus ben Jehuda festnahm

und ihn zusammen mit Rabbi Akiba einsperrte, fragte Rabbi Akiba: „Pappus, was brachte dich hierher?" Dieser erwiderte: „Heil dir, Rabbi Akiba, daß du festgenommen worden bist wegen der Worte der Tora, und wehe mir, daß ich nur wegen vergänglicher Dinge in diese Lage versetzt worden bin." Der Märtyrertod des Rabbi Akiba, der bald darauf unter Foltern, aber ungebrochen an Geist, hingerichtet wurde, diente kommenden Geschlechtern, vor allem während der Religionsverfolgungen des Mittelalters, als Beispiel für Liebe zu Gott und zur Tora trotz widrigster Umstände.[7]

Gleich Rabbi Akiba ließ sich auch sein Zeitgenosse Rabbi Chananja ben Teradjon während der gleichen Religionsverfolgung durch die Römer nicht davon abhalten, trotz großer Gefahr öffentlich Tora zu lehren. Sein Freund Rabbi Jose ben Kisma sagte zu ihm: „Siehst du denn nicht, daß der Himmel selbst mit dem römischen Reiche ist, daß die Römer den Tempel zerstört, das Allerheiligste verbrannt, die Frommen hingerichtet und die Edlen des Volkes vernichtet haben und dennoch unversehrt dastehen? Und du handelst trotzdem ihrem Verbot, dich mit dem Tora-Studium zu beschäftigen, zuwider, ja, du trägst sogar die Tora öffentlich zur Schau und versammelst Gemeinden um dich, sie darin zu belehren!" Chananja erwiderte nur: „Der Himmel wird sich erbarmen." Sein Freund wollte ihn vor Hinrichtung und Folter bewahren und sagte: „Ich komme dir mit logischen Erwägungen und du sprichst vom himmlischen Erbarmen! Es sollte mich nicht wundern, wenn man dich samt der Torarolle verbrennte!" Genau das, was der Freund befürchtete, traf ein: Die römischen Henker umwickelten Rabbi Chananja mit seiner eigenen Torarolle und verbrannten ihn langsam samt der Torarolle. Als die Schüler bemerkten, daß der Lehrer unter den Qualen verklärten Auges aufblickte, fragen sie: „Meister, was siehst du?" Er antwortete: „Das Pergament verbrennt, aber die Buchstaben fliegen auf."[8] Dieser Ausspruch ist seither zum Motto geworden für die unzerstörbare Anhänglichkeit an die Tora, trotz der Verbrennung der Torarollen samt den Toragelehrten.

3. Zum gleichen Thema

Als typisch für die liebevolle Pflege des Tora-Studiums seit dem Altertum können die Legenden um das Leben und den Märtyrertod des Rabbi Akiba gelten. Im vorigen Kapitel berichteten wir über seinen Tod, hier soll nun seine Jugend dargestellt werden, wobei freilich die Bezeichnung „Jugend" nur in Anführungszeichen gebraucht werden kann, da bis zum 40. Lebensjahr nichts über ihn bekannt ist als daß er ein Hirte war und unwissend.

Im genannten Alter fand er bei einem reichen Mann in Jerusalem, namens Kalba Sabua Stellung als Hirte, und gewann nicht nur die Zuneigung seines Arbeitgebers, sondern auch dessen schöner Tochter Rachel. Er erhielt von Rachel das Versprechen und den Schwur des ehelichen Bundes unter der Bedingung, daß er sich von nun an ganz dem Torastudium widmen werde. Akiba willigte ein, und so wurde die Vermählung vollzogen, aber heimlich, da gegen den Willen des Vaters, der daraufhin seine Tochter enterbte und auch aus dem väterlichen Haus verstieß. Akiba, so wird erzählt, gewann Selbstvertrauen, trotz seines fortgeschrittenen Alters noch ein Gelehrter werden zu können, als er an einem Brunnen stand und einen Stein bemerkte, der ausgehöhlt war. „Wer hat diesen Stein ausgehöhlt?" fragte er einen Vorübergehenden. „Die Wassertropfen", erwiderte dieser. Aus dieser Bemerkung schloß Akiba: Wenn ein so weicher Körper wie das Wasser imstande ist, einen Stein auszuhöhlen, um wieviel mehr werden die Worte der Tora mein Herz erweichen können. So begab er sich zunächst zu einem Elementarlehrer, dann von Lehrhaus zu Lehrhaus. Während dieser Zeit fristete seine Frau kärglich ihr Leben. Es wird erzählt, daß sie ihre schönen Haarflechten verkaufte, um mit dem Erlös ihrem in der Fremde weilenden Mann Unterstützung zukommen zu lassen.

Alles wendete sich zum Guten, als Akiba als berühmter Gelehrter heimkehrte. Er wurde Vorsteher eines Lehrhauses, und sein Schwiegervater versöhnte sich in einer rührenden Szene mit ihm und mit Rachel. Es wird erzählt, daß Akiba seiner Frau aus Dankbarkeit für ihr

9. *Tora-Rolle, zugerollt, mit Silberschmuck und ange- hängtem silbernen Zeiger.*

Ausharren ein „Goldenes Jerusalem" geschenkt habe, d. i. ein weiblicher Schmuck, auf dem das Bild der Stadt Jerusalem eingraviert war. Diese Bezeichnung, „Goldenes Jerusalem" (hebr. Jeruschalajim schel sahaw) fand übrigens im heutigen Israel Verwendung als Titel eines bekannten Liedes. Soweit die Erzählung vom Werdegang Akibas, seinem Weg vom unwissenden Hirten zur Tora-Koryphäe.[9]

Es sei nun noch ein Gleichnis aus dem Midrasch zitiert, das die zentrale, ja eschatologische Bedeutung der Tora im Judentum anschaulich zum Ausdruck bringt. Der Sinaibund wird in diesem Gleichnis, nach dem Vorbild des Hoheliedes, als Hochzeit Gottes mit dem Volk dargestellt. Das Volk wird als „Fürstentochter" bezeichnet, wohl in Anspielung auf die Abstammung von Abraham. Die Tora aber ist die Heiratsurkunde, die das Volk von Gott erhält. Der Text lautet: „Ein König heiratete eine Fürstentochter und verschrieb ihr in der Heiratsurkunde eine große Morgengabe: so und soviel Prachtgewänder gebe ich dir, so und soviel Schätze gebe ich dir. Dann verließ er sie und zog nach entfernten Provinzen und verweilte dort viele Jahre. Ihre Gefährtinnen kränkten sie und sprachen zu ihr: ‚Wie lang wirst du noch sitzen? Nimm dir einen anderen Mann, solange du noch jung bist, solange du noch rüstig bist.' Sie aber ging in ihr Haus, nahm ihre Heiratsurkunde, las sie und fand darin Trost. Nach langer Zeit kam der König aus der Provinz zurück. Er sprach zu ihr: ‚Ich staune, wie du diese vielen Jahre gewartet hast.' Da antwortete sie: ‚Mein Herr, o König, wäre nicht die große Morgengabe, die du mir verschrieben hast, hätten mich meine Freundinnen dir abspenstig gemacht.'" Soweit der Wortlaut des Gleichnisses selbst. Nun die Auflösung: Gott hat nach vollzogener „Heirat" am Sinai und nach kurzem „Zusammenleben" im Lande Israel die Vermählte, die sich als treulos erwies, sozusagen im Stich gelassen, d. h. Israel den Völkern preisgegeben, die es ins Exil führten. Der Passus der Gefährtinnen, die sie ermunterten, nicht auf den Gemahl zu warten, sondern einen anderen Mann zu nehmen, wird vom Verfasser des Gleichnisses selbst folgendermaßen gedeutet: „Ebenso bedrängen die Völker der Erde die Israeliten und sprechen zu ihnen: ‚Wie lange laßt ihr euch für Gott töten, gebt euer Leben für ihn her, werdet gemordet für ihn? Wieviel Not bringt er über euch, wieviel Plünderer, wieviel Lei-

den? Kommt zu uns, wir machen euch zu Fürsten, zu Statthaltern.' "
Weiter hatte es im Gleichnis geheißen: „Und sie ging in ihr Haus,
nahm ihre Heiratsurkunde, las sie und fand darin Trost." Dies wird so
aufgelöst: „Die Israeliten aber treten in die Gotteshäuser und Lehrhäuser, nehmen die Tora und lesen darin (Lev. 26,9): Und ich wende
mich euch zu, und ich mache euch fruchtbar, und ich halte meinen
Bund aufrecht – und sind getröstet." Der Passus der Rückkehr des
Königs wird so gedeutet: „Wenn nun die Endzeit gekommen sein
wird, wird Gott zu Israel sagen: ‚Ich bin erstaunt, wie ihr alle diese
Jahre auf mich gewartet habt!' Da wird Israel vor Gott sprechen:
‚Herr der Welt, wäre nicht das Buch der Tora, das du uns geschrieben
hast, hätten uns die Völker der Welt von dir abspenstig gemacht.'
Dies ist es, was geschrieben steht (Thr. 3,21): ‚Diese (nämlich die
Tora) lege ich mir ans Herz, deshalb hoffe ich.' Und so spricht David
(Ps. 119,92): ‚Wäre nicht deine Tora mein Ergötzen, würde ich zu-
grunde gehen in meinem Elend.' "[10]

Das Gleichnis will ausdrücken, daß durch den Besitz der Tora die
Kontinuität des jüdischen Lebensweges gesichert ist, welcher, am Si-
nai beginnend, nach glücklichen Anfängen durch die Leiden des
Exils führte und einst im messianischen Zeitalter einmünden wird.

4. Der Talmud

Der Talmud (wörtlich: Die Lehre) ist nach der Bibel das bedeutendste
Werk der jüdischen Traditionsliteratur: Nachdem im Jahr 200 n. Chr.
das Religions-, Zivil- und Strafrecht der jüdischen Religion, auf
knappe Formulierungen gebracht, als sogenannte „Mischna" in hebräischer Sprache vorlag, wurde aufgrund dieser „Mischna" in den
theologischen Hochschulen Palästinas und Babyloniens weiterhin
gelernt und diskutiert, meist in aramäischer Sprache. Die Mischna
wurde erklärt und ergänzt. Fragen wurden aufgeworfen und auf verschiedene Art beantwortet, Behauptungen aufgestellt, angefochten
und verteidigt. Meist wird vom rein Juristischen ausgegangen, aber
dann vorgestoßen auf sämtliche Gebiete des menschlichen Wissens,
wie Medizin, Naturwissenschaft, Astronomie, Pädagogik, Geschich-

te, Weltanschauung etc. Manche Lehrer dieser Akademien würzten ihre Vorträge mit allerlei Sagen, Fabeln, Gleichnissen, Rätseln, Erlebnisberichten etc. All diese Vorträge und Diskussionen wurden mündlich von Generation zu Generation tradiert und schließlich durch Redaktoren zu einem Werk verarbeitet, das den Namen „Gemara" erhielt. Mischna und Gemara bilden zusammen den *Talmud*. Auf einige Zeilen Mischna folgen meist einige Seiten Gemara.

Heinrich Heine war gewiß kein talmudgläubiger Jude, er hat aber die beiden stets eng ineinander greifenden Haupt-Komponenten des Talmud, die gesetzliche, „Halacha" genannt, und die erzählende, die sog. „Hagada" (oder „Agada"), treffend miteinander verglichen. Die Halacha nennt er (in dem Gedicht: „Jehuda ben Halewy") „die große Fechterschule, wo die besten / Dialektischen Athleten / Babylons und Pumpedithas / Ihre Kämpferspiele trieben." In demselben Gedicht will er hingegen die Hagada „einen Garten nennen, / Einen Garten, hochphantastisch." In diesem Garten gäbe es „schöne, alte Sagen, / Engelmärchen und Legenden, / Stille Märthyrerhistorien, / Festgesänge, Weisheitssprüche, / Auch Hyperbeln, gar possierlich, / Alles aber glaubenskräftig, / Glaubenssprühend, – o das glänzt und / Quillt und sprießt so überschwenglich". Ein moderner Autor schreibt: „War nun auch die Agada (und dazu gehört in weiterem Sinn alles, was nicht Halacha ist)...keine Rechtsquelle, hatten ihre Aussprüche auch für das religionsgesetzliche Handeln kein normatives Ansehen,...so bot sie doch in ihrer reichen Mannigfaltigkeit und Vielseitigkeit den Menschen eine Fülle von Anregungen... und weckte... den Sinn für das Gute, Rechte und Wahre."[11]

Der Talmud existiert in zwei Fassungen, einer babylonischen und einer weniger umfangreichen palästinensischen; wenn aber vom Talmud schlechthin die Rede ist, ist der 500 n. Chr. in den babylonischen Hochschulen redigierte Babylonische Talmud gemeint, der in unseren Standardausgaben 20 Bände mit insgesamt 2947 Folioseiten umfaßt. Beide Talmude, wie bereits die Mischna, sind in 6 „Ordnungen" eingeteilt, jede Ordnung in 7–12 Traktate, jeder Traktat in Abschnitte, diese wiederum in einzelne Mischnas. Die 1. Ordnung ist „Aussaat" betitelt und behandelt die verschiedenen Abgaben vom Ertrag der Landwirtschaft an die Priester und Leviten sowie an die Waisen, die Witwen und den Fremdling. „In dieser Ordnung", schreibt Reinhold Mayer,[12] „verbinden sich das dankbare Vertrauen zu Gott, der Saat und Ernte schenkt, mit der Treue dem Mitmenschen gegenüber, die den sozial schlechter Gestellten an dem anvertrauten Gut teilhaben läßt." Die 2. Ordnung ist „Festzeiten" betitelt, ihre 12 Traktate behandeln die einzelnen Fest- und Fasttage. Die 3. Ordnung hat den Namen „Frauen" und befaßt sich mit dem Familienrecht; die 4. Ordnung, namens „Schädigungen", befaßt sich mit dem Zivil- und Strafrecht. Die beiden letzten Ordnungen, „Heiligtümer" und „Reinigungen" genannt, enthalten Traktate, die sich hauptsächlich mit dem Opferkult, den Einrichtungen des Tempels und mit der kultischen Reinheit befassen, also mit Themen, die seit der Zerstörung des Tempels im Jahre 70 n. Chr. für die jüdische Religion nur noch von theoretischem Interesse sind.

Kaum wegzudenken vom Text des Babylonischen Talmuds ist heute der hebräische Kommentar des Rabbi Salomo ben Isaak, genannt „Raschi", der alle anderen Kommentare überragt durch meisterhafte Klarheit und Eleganz des Stils bei aller Knappheit der Formulierung. Raschi lebte im 11. Jahrhundert in Frankreich, wirkte aber auch in Worms. In unseren Standardausgaben ist der Talmudtext in großen Quadratbuchstaben in der Mitte jeder Seite, der dazugehörige Raschitext jeweils in kleinen Kursivbuchstaben auf der Innenseite abgedruckt, während die äußere Kolumne, in der gleichen Kursivschrift, den „Tosafot" genannten Glossen verschiedener mittelalterlicher Autoritäten reserviert ist.

Mit großer Liebe gaben sich die Juden stets dem Talmudstudium hin, das ihnen in Zeiten der Entrechtung und Unterdrückung geistigen und moralischen Rückhalt bot. Über das Talmudstudium der mitteleuropäischen Juden im 13. Jahrhundert berichtet der Historiker Heinrich Graetz: „Bei all diesen vielfachen Quälereien, Gehässigkeiten und Verfolgungen gab es noch einen Winkel, wo die Juden in fast seliger Stimmung sich frei fühlten und der Leiden vergessen konnten. Das Lehrhaus, wo sich alt und jung zum Talmudstudium versammelte, war ein Paradies für sie. Bei der Vertiefung in den Gedankenstoff vergaßen die Talmudbeflissenen die Außenwelt mit ihrem giftigen Hasse, mit ihren hämischen Gesetzen, mit ihren Folter-

מאימתי

קורין את שמע בערבין. *משעה שהכהנים נכנסים לאכול בתרומתן עד סוף האשמורה הראשונה דברי ר' אליעזר. וחכמים אומרים עד חצות. רבן גמליאל אומר עד שיעלה עמוד השחר. מעשה ובאו בניו מבית המשתה אמרו לו לא קרינו את שמע אמר להם אם לא עלה עמוד השחר חייבין אתם לקרות ולא זו בלבד אמרו אלא *כל מה שאמרו חכמים עד חצות מצותן עד שיעלה עמוד השחר *הקטר חלבים ואברים מצותן עד שיעלה עמוד השחר *וכל הנאכלים ליום אחד מצותן עד שיעלה עמוד השחר א"כ למה אמרו חכמים עד חצות *כדי להרחיק אדם מן העבירה: גמ' *תנא היכא קאי דקתני מאימתי ותו מאי שנא (א) דתני בערבית ברישא לתני דשחרית ברישא תנא אקרא קאי *דכתיב °בשכבך ובקומך והכי קתני זמן קריאת שמע דשכיבה אימת משעה שהכהנים נכנסין לאכול בתרומתן ואי בעית אימא יליף מברייתו של עולם דכתיב °ויהי ערב ויהי בקר יום אחד אי הכי סיפא דקתני *בשחר מברך שתים לפניה ואחת לאחריה ובערב מברך שתים לפניה ושתים לאחריה לתני דערבית ברישא. תנא פתח בערבית והדר תני בשחרית עד דקאי בשחרית פריש מילי דשחרית והדר פריש מילי דערבית: אמר מר משעה שהכהנים נכנסים לאכול בתרומתן. מכדי כהנים אימת קא אכלי תרומה משעת צאת הכוכבים לתני משעת צאת הכוכבים. מלתא אגב אורחיה קמשמע לן כהנים אימת קא אכלי בתרומה משעת צאת הכוכבים והא קמשמע לן *דכפרה לא מעכבא כדתניא *°ובא השמש וטהר ביאת שמשו מעכבתו מלאכול בתרומה ואין כפרתו מעכבתו מלאכול בתרומה. *וממאי דהאי ובא השמש ביאת השמש והאי וטהר טהר יומא

דילמא

רש"י

מאימתי קורין את שמע בערבין. משעה שהכהנים נכנסים לאכול בתרומתן. כהנים שנטמאו וטבלו והעריב שמשן והגיע עתם לאכול בתרומה: עד סוף האשמורה הראשונה. שליש הלילה כדמפרש בגמ' (דף ג.) ומשם ואילך עבר זמן דלא מקרי תו זמן שכיבה ולא קרינן ביה בשכבך ומקמי הכי נמי לאו זמן שכיבה לפיכך הקורא קודם לכן לא יצא ידי חובתו. אם כן למה קורין אותה בבית הכנסת כדי לעמוד בתפלה מתוך דברי תורה והכי תניא בברייתא בברכות ירושלמי. ולפיכך חובה עלינו לקרותה משתחשך. ובקריאת פרשה ראשונה שאדם קורא על מטתו יצא: עד שיעלה עמוד השחר. שכל הלילה קרוי זמן שכיבה: הקטר חלבים ואברים. של קרבנות שנזרק דמן ביום: מצותן. להעלות כל הלילה ואינן נפסלים בלינה עד שיעלה עמוד השחר והן למטה מן המזבח דכתי' לא ילין לבקר (שמות לד): חלבים. של כל קרבנות: אברים. של עולה: וכל הנאכלים ליום אחד. כגון חטאת ואשם וכבשי עצרת ומנחות ותודה: מצותן. זמן אכילתן: עד שיעלה עמוד השחר. והוא מביאן להיות נותר דכתיב בתודה לא יניח ממנו עד בקר (ויקרא ז) וכלם מתודה ילמדו: אם כן למה אמרו חכמים עד חצות. בקריאת שמע ובאכילת קדשי': כדי להרחיק אדם מן העבירה. ואסרום באכילה קודם זמנן כדי שלא יבא לאכלן לאחר עמוד השחר ויתחייב כרת וכן בקריאת שמע לזרז את האדם שלא יאמר יש לי עוד שהות ובתוך כך יעלה עמוד השחר ועבר לו הזמן. והקטר חלבים דקתני הכא לא אמרו בו חכמים עד חצות כלל ולא נקט להו הכא אלא להודיע שכל דבר הנוהג בלילה כשר כל הלילה. והכי נמי תנן בפרק שני דמגילה (דף כ:) כל הלילה כשר לקצירת העומר ולהקטר חלבים ואברים: גמ' היכא קאי. מהיכא קא סליק דתנא ביה חובת קריאת שמע שהתחיל לשאול כאן זמן הקריאה: אקרא קאי. ושם למד חובת הקריאה: ואיבעית אימא. הא דתנא ערבין ברישא יליף מברייתו של עולם: והדר תנא בשחרית. מאימתי קורין את שמע בשחרית: משעת צאת הכוכבים. שהוא גמר ביאת השמש כדיליף לקמן (עמוד ב):

דילמא

תוספות

מאימתי קורין וכו'. פי' רש"י ואנן היכי קרינן מבעוד יום ואין אנו ממתינין לצאת הכוכבים כדמפרש בגמ' על כן פירש רש"י שקריאת שמע שעל המטה עיקר והוא לאחר צאת הכוכבים. והכי איתא בירושלמי אם קרא קודם לכן לא יצא ואם כן למה אנו מתפללין קריאת שמע בבית הכנסת כדי לעמוד בתפלה מתוך דברי תורה. תימה לפירושו והלא אין העולם רגילין לקרות סמוך לשכיבה אלא פרשה ראשונה (לקמן דף ס:) ואם כן שלש פרשיות היה לו לקרות. ועוד קשה דצריך לברך בקריאת שמע שתים לפניה ושתים לאחריה בערבית. ועוד דאותה קריאת שמע סמוך למטה אינה אלא בשביל המזיקין כדאמר בסמוך (דף ה.) ואם תלמיד חכם הוא אינו צריך. ועוד קשה דא"כ פסקינן כרבי יהושע בן לוי דאמר תפלות באמצע תקנום פי' באמצע בין שני קריאת שמע בין קריאת שמע של שחרית ובין ק"ש של ערבית. ואנן קי"ל כר' יוחנן דאמר לקמן (דף ד:) איזהו בן העולם הבא זה הסומך גאולה של ערבית לתפלה. לכן פי' ר"ת דאדרבה קריאת שמע של בית הכנסת עיקר. ואם תאמר היאך אנו קורין כל כך מבעוד יום. ויש לומר דקיימא לן כרבי יהודה דאמר בפרק תפלת השחר (דף כו.) דזמן תפלת מנחה עד פלג המנחה דהיינו אחד עשר שעות פחות רביע ומיד כשיכלה זמן המנחה מתחיל זמן ערבית. ואם תאמר היאך אנו מתפללין תפלת מנחה סמוך לחשכה ואפילו לאחר פלג המנחה. יש לומר דקיימא לן כרבנן דאמרי זמן תפלת המנחה עד הערב ואמרינן לקמן (דף כז.) השתא דלא אתמר הלכתא לא כמר ולא כמר דעבד כמר עבד ודעבד כמר עבד. מכל מקום קשיא דהוי כתרי קולי דסתרן אהדדי שהרי מאיזה טעם אנו מתפללין ערבית מיד לאחר פלג המנחה משום דקיימא לן דשעת המנחה כלה כדברי רבי יהודה ומיד הוי זמן ערבית ובזמן התפלה עצמה לא קיימא לן כרבי יהודה אלא כרבנן. על כן אומר ר"י דודאי קריאת שמע של בית הכנסת עיקר ואנו שמתפללין ערבית מבעוד יום סבירא לן כהני תנאי דגמרא דאמרי משעה שקדש היום וגם משעה שבני אדם נכנסים להסב דהיינו סעודת ע"ש והיא היתה מבעוד יום ומאותה שעה הוי זמן תפלה. וגם ראיה (לקמן כז) דרב הוי מצלי של שבת בערב שבת ומסתמא גם היה קורא קריאת שמע. מכל אותן הראיות משמע דקריאת שמע של בית הכנסת היא עיקר. והא דקאמר בירושלמי למה היו קורין בבהכ"נ וכו' אומר ר"ת שהיו רגילין לקרות ק"ש קודם תפלתם כמו שאנו רגילין לומר אשרי תחלה ואותה ק"ש אינה אלא לעמוד בתפלה מתוך דברי תורה. ומכאן נראה מי שקורא ק"ש על מטתו שאין לברך וגם אינו צריך לקרות אלא פרשה ראשונה: ליתני דשחרית ברישא. כדאשכחן בתמיד דכתיב של בקר תחלה: אי הכי סיפא דקתני שחרית ברישא. אי אמרת בשלמא דסמיך אקרא דבשכבך א"כ אינו מקפיד קרא אלא אק"ש. אלא א"א דסמיך אקרא דברייתו של עולם א"כ קפיד אכל מילי א"כ סיפא דקתני וכו': מברך שתים לפניה וכו'. (ירושלמי) ושבע ברכות הוי כנגד שבע ביום הללתיך (תהלים קיט) ולא קא חשיב יראו עינינו דההיא ברכה תקנו רבנן* כדי להמתין לחבריהם בבית הכנסת. ודוקא בבית הכנסת שלהם שהיו עומדים בשדה והם מסוכנים מן המזיקים אבל בבתי כנסיות שלנו אין צריכין להמתין לחבריהם אלא בלילה: והא קמ"ל דכפרה לא מעכבא. ול"ת הא תנינא חדא זימנא במס' נגעים (פי"ד) ומייתי לה בהערל (דף עד:) העריב שמשו אוכל בתרומה וי"ל דרגילות של משניות לאשמועינן בקוצר אף למה שמפורש כבר*:

דילמא

עין משפט נר מצוה

א א מיי' פ"א מהלכות ק"ש הלכה ט' סמ"ג עשין י"ח טור וש"ע א"ח סימן רל"ה סעיף א' ג:
ב ב ג מיי' וסמ"ג שם טוש"ע שם סעיף ג':
ג ד מיי' פ"ד מהל' מעשה קרבנות הלכה ב' סמ"ג עשין (קפ"ג) [קפ"ג]:
ד ה מיי' פ"י שם הלכה ט' [סמ"ג שם]:
ה ו מיי' פ"א מהל' ק"ש הלכה ט' סמ"ג עשין י"ח טוש"ע א"ח סי' רל"ה וסי' רל"ו סעי' א:
ו ז מיי' פ"ז מהל' תרומות הל' ב' [סמ"ג לאוין רמ"ז]:

רב נסים גאון

גמ' ובא השמש וטהר ביאת שמשו מעכבתו מלאכול בתרומה. מכלל דהאי דכתב רחמנא (ויקרא כ"ב) ואחר יאכל מן הקדשים אינו מיותר אלא בתרומה בלבד אבל דבר שהוא למעלה הימנה מן הקדשים אינו מותר לטמא לאכלן לאחר ביאת השמש בלבד אלא אחר הוא כל אותה הלילה לאכול בקדשים עד שיבא היום ויביא כפרתו ואז יהא מותר בקדשים ואיתא מפרשא במסכת יבמות בפ' הערל (דף עד) הכי אמרי הא דתנן טבל ועלה אוכל במעשר העריב שמשו אוכל בתרומה הביא כפרתו אוכל בקדשים מנלן אמר רבא אמר רב חסדא ג' קראי כתיבי כתיב (ויקרא כ"ב) לא יאכל מן הקדשים כי אם רחץ בשרו במים תלה הדבר ברחיצ' בלבד וכתי' (שם) ובא השמש וטהר [ואחר יאכל מן הקדשים] תלה הדבר גם בביאת אור השמש והיא שעת יציאת הכוכבים וכתיב (שם י"ב) וכפר עליה הכהן וטהרה תלה במיזוח' וטהר' גם בהקרבת קרבן ואלו המקראות היו נראין כסותרין זה את זה ולפי שאי אפשר להיות דברי הכתובין סותרין זה את זה כי כלם נכוחים למבין העתיקו לנו קדמונינו [illegible] סיוחד לתרומה אבל קדשי המזבח אין מותר לו לאכלן אלא א"כ הביא הכפרה שהוא מתחייב בה ואז תהי כפרתו גמורה כדכתיב וכפר עליה הכהן וטהרה: ואני אפרש לך עיקר גדול שלמדונו רבותינו ז"ל כי אלו הג' דברים המעשר והתרומה והקדשים כל אחד ואחד יש לו יתרון ויש בו חומרא שהיא מיוחדת לו ולולי חבריו ואע"פ שלשתן קראן הכתוב קדשים. המעשר כבר נאמר בו (דברים כ"ו) בערתי הקדש מן הבית ויש בו חומרא שאין מותר לאכלו חוץ [illegible]

מגילה פרק ב' דף כ:

לקמן יא.

הגהות הב"ח

(א) גמ' דתני ערבית ברישא:

גליון הש"ס [illegible]

*) [illegible]

qualen. Hier waren sie Königssöhne, die Majestät des Gedankens umstrahlte ihre Stirn, die Freudigkeit des Suchens und Findens verklärte ihre Züge."[13]

Es konnte nicht ausbleiben, daß sich die Verteufelung der Juden als „Gottesmörder", „Brunnenvergifter" etc. auch auf den Talmud übertrug. Erstmals wurden 1242 in Paris 24 Wagenladungen Talmud-Handschriften öffentlich auf den Scheiterhaufen geworfen. In Johannes Reuchlin (1455–1522), neben Erasmus das Haupt der deutschen Humanisten, entstand dem Talmud ein eifriger Verteidiger, doch hat sich bis in die Neuzeit ein Vorurteil gegenüber dem Talmud auch in gebildeten Kreisen erhalten, da infolge Unkenntnis des Hebräischen und Aramäischen und Fehlens einer Übersetzung die teils erdichteten, teils entstellten Talmudzitate nicht auf ihren Wahrheitsgehalt hin geprüft werden konnten.

Heute liegt der Babylonische Talmud in einer deutschen und einer besonders guten englischen Übersetzung vor, der Palästinensische Talmud in einer französischen Übersetzung. Jüdische und nichtjüdische Judaisten haben in jeden Winkel des Talmud hineingeleuchtet, die Ergebnisse ihrer Forschungen sind jedem zugänglich. So wird heute der Talmud in der Welt der Wissenschaft und Literatur wieder als das geschätzt, was er in Wirklichkeit darstellt: ein in keine Literaturgattung einzureihendes, in 700 Jahren (incl. Mischna 200 v. Chr. bis 500 n. Chr.) entstandenes Werk, das viele hundert Tradenten zu Wort kommen läßt und das noch heute, 1 500 Jahre nach seiner Abfassung, seinen Hauptzweck erfüllt: Erziehung zu Gottesliebe und Menschenliebe, zu Recht und Gerechtigkeit in jeder Situation, in erhebenden Momenten und im grauen Alltag.

10. Die erste Seite des babylonischen Talmuds, Standardausgabe. In der Mitte der Talmudtext, umrahmt von den (im Mittelalter verfaßten) Kommentaren.

5. Das Lehrhaus, Stätte des religiösen Studiums

Das jüdische Lehrhaus und das jüdische Bethaus, also die Synagoge, können mit Fug und Recht als Zwillings-Institutionen bezeichnet werden. In der ganzen nachbiblischen hebräischen Literatur ist der Ausdruck „Bet- und Lehrhäuser" eine stehende Wendung für Stätten frommer Hinwendung zu Gott durch Gebet bzw. durch Studium. Der Ausruf Bileams (Num. 24,5): „Wie schön sind deine Zelte, Jakob" bezieht der Talmud[14] in homiletischer Weise auf die „Bet- und Lehrhäuser".

Nicht überall ist der innere Zusammenhang zwischen Synagoge und Lehrhaus auch äußerlich so sichtbar wie heute noch in Worms, wo sich an die große Synagoge ein kleines Lehrhaus unmittelbar anschließt, man kann sagen anschmiegt. Die Synagoge stammt aus dem 11. Jahrhundert, das Lehrhaus wurde 1624 angefügt und trägt den Namen „Raschi-Kapelle", zum Andenken an den berühmten Gesetzeslehrer Raschi, der im 11. Jahrhundert in Worms lehrte (vgl. voriges Kapitel). Synagoge und Kapelle wurden von den Nazis 1938 zerstört, jedoch 1961 von der deutschen Regierung restauriert und unter Denkmalschutz gestellt.

Vom rein bautechnischen Standpunkt aus können wenige der zahllosen im Laufe der Zeiten in aller Herren Länder erbauten Lehrhäuser als bedeutend bezeichnet werden. Ihre Bedeutung liegt vielmehr in ihrer Funktion: als Herberge zu dienen für den jüdischen Geist. In Zeiten der Verfolgung war das Lehrhaus den Juden ihr „Gedankenasyl", wie der Historiker Graetz es ausdrückt.[15] Von den Juden des Mittelalters berichtet Graetz: „Das Talmudstudium, wie es Raschi aufgebaut hatte, schützte vor Verdumpfung, gedankenlosem Hinbrüten und mönchischem Wesen. Wer sich in den verschlungenen Gängen des Talmud zurechtfinden wollte, mußte das Auge für die Welt der Tatsachen stets offen haben, durfte sein Denken nicht einrosten lassen. Das tiefe Talmudstudium war der Balsam für die Wunden, welche das kreuzzüglerische Gesindel den Gemeinden der Rheingegend geschlagen hatte. Im *Lehrhaus* herrschte die Freudigkeit

11. Studenten beim Studium in „Hakerem" (Jerusalem), einer der vielen Talmud-Lehrstätten (genannt „Jeschiwa") im heutigen Israel.

gedanklichen Schaffens, hier war keine Sorge, kein Trübsinn zu bemerken. Das *Lehrhaus* wurde auf diese Weise die Welt für die Unglücklichen."[16] Ferner: „Eine Schwierigkeit im Talmud zu lösen, eine Dunkelheit aufzuhellen, etwas Neues, was den Vorfahren entgangen war, zu finden, machte ihre Seligkeit aus. Nicht Amt und Würden erwarteten sie für ihre Gedankenanstrengung, keinen greifbaren Lohn erhielten sie für ihre Nachtwachen. Sie wollten nur ihren Wissensdrang befriedigen, ihrer religiösen Pflicht genügen und allenfalls sich der himmlischen Belohnung vergewissern. Das allerwichtigste Geschäft war für sie das Lernen, und die Blüte aller Gelehrsamkeit war der Talmud. . . Der geachtetste Stand war der der Talmudbeflissenen. Ehrlosigkeit war das Los der Unwissenden. Der geweckte Jüngling brachte viele Jahre, ja bis zu seiner Verheiratung im *Lehrhaus* zu, und bis ans Lebensende war der Broterwerb Nebensache, das Talmudstudium Hauptzweck des Lebens."[17]

Graetz bringt hier sehr gut zum Ausdruck, daß das Lehrhaus nicht nur Stätte der Jugend-, sondern auch der Erwachsenenbildung war. Wir können noch hinzufügen, daß auch die Rabbiner, selbst die größten ihrer Zeit, es stets vorzogen, den schweren Stoff der Traditionsliteratur nicht für sich allein zu Hause, sondern im Lehrhaus gemeinsam mit Kollegen durchzustudieren und in scharfsinnigen und oft scharfen Diskussionen um die richtige Bibelauslegung und die richtigen Gesetzesfestlegungen zu ringen.

In richtiger Einschätzung der menschlichen Natur haben die Rabbinen die Gefahr erkannt, die in jeder sachlichen Diskussion liegt: das Abgleiten ins Persönliche. Dementsprechend empfiehlt ein Text aus dem 2. Jahrhundert n. Chr.[18] den Gelehrten, beim Hineingehen ins Lehrhaus folgendes kurzes Gebet zu sprechen: „Es sei dein Wille, Ewiger, mein Gott, daß durch mich kein Unrecht geschehe, daß mir kein Irrtum unterlaufe, worüber meine Kollegen Freude (d. h. Schadenfreude) empfinden könnten; daß aber auch meinen Kollegen kein Irrtum unterlaufe, worüber ich Freude (d. h. Schadenfreude) empfinden könnte." Diese ängstliche Stimmung wurde im Dankgebet beim Herausgehen aus dem Lehrhaus durch eine freudige und gelöste Stimmung abgelöst: „Ich danke dir, Ewiger, mein Gott, daß du mein Los hast fallen lassen zwischen diejenigen, die im Lehrhaus sitzen, und nicht zwischen diejenigen, die an den Straßenecken herumstehen; denn ich stehe früh auf und sie stehen früh auf, – aber ich stehe auf für die Worte der Tora und sie stehen auf für nichtige Reden."[19] Noch kürzer und prägnanter ist die Fassung des Rabbi Nechunja ben Hakaneh: „Beim Hineingehen bete ich, daß durch mich kein Unrecht geschehe, beim Herausgehen danke ich Gott für mein Los."[20]

Den höchsten Tribut aber zollt dem Lehrhaus (und gleichzeitig dem Bethaus) eine Legende,[21] wonach dereinst alle Bet- und Lehrhäuser der Diaspora im Lande Israel neu erstehen werden. Damit soll die Unbesiegbarkeit des Geistes, der in ihnen herrscht, zum Ausdruck kommen.

V. Einige Beispiele aus Gesetz und Brauchtum

1. Die Verkündung des Neumonds als religiöse Handlung

„Beim Anblick des Vollmonds schwingt unsere Seele mit. Ein geheimer Zauber liegt über der hell leuchtenden Mondscheibe. Während wir den Blick in die Sonne kaum eine Sekunde lang ertragen und geblendet rasch das Auge von ihr abwenden, vermögen wir uns an der Herrlichkeit des strahlenden Mondes satt zu sehen, bis wir davon trunken sind.

... Es kann bei der regelmäßigen Wiederkehr dieser Himmelserscheinung nicht wundern, daß manche antiken Völker die Bewegung des Mondes zur Grundlage ihrer Zeitrechnung gemacht haben. Zu diesen Völkern gehören auch die Juden." So schreibt Ludwig Basnizki.[1] Wir können ergänzend hinzufügen, daß das jüdische Jahr zwar ein Mondjahr ist, mit 12 Mond-Umlauf-Monaten zu je 29–30 Tagen, daß aber das dadurch entstehende Hinterherhinken hinter dem Sonnenjahr (um jährlich ca. 11 Tage) ausgeglichen wird durch Einschalten eines 13. Monats in jedem zweiten (oder dritten) Jahr. Dadurch ist gewährleistet, daß Ostern und Pfingsten, also Feste der Gersten- bzw. Weizenernte, stets, wenn auch nicht auf das gleiche Datum des Sonnenjahres, so doch immer in den Frühling fallen, und das Laubhüttenfest, das allgemeine Erntedankfest, stets in den Herbst.

Wenn nun Gott (Ex. 12,1) zu Moses vor dem Auszug aus Ägypten sagt: „Dieser Monat (nämlich der Monat, in den das Osterfest fällt) sei euch der erste der Monate", so folgerten die rabbinischen Gesetzgeber daraus, daß die Festsetzung der Monate, die ja durch die Fixierung des Neumondtages geschieht, von eminent religiöser Bedeutung ist. Die Festlegung wird heute durch genaue astronomische Vorausberechnung bis in die ferne Zukunft vorgenommen. Im Altertum aber geschah die Bestimmung und öffentliche Verkündigung des

Neumondtages durch den zentralen Gerichtshof in Jerusalem, der die Zeugen verhörte, die die dünne Sichel des neuen Mondes – erkennbar meistens nach Sonnenuntergang – in der Nacht vom 29. auf den 30. gesehen hatten und am 30. vor dem Gerichtshof erschienen, um dies zu bezeugen. Sobald der Gerichtshof überzeugt war, daß die Zeugen tatsächlich den neuen Mond, nicht etwa nur einen dünnen Wolkenstreifen gesichtet hatten, wurde dieser Tag zum ersten des neuen Monats erklärt. Der Vorsitzende des Gerichtshofs versammelte das Volk und rief das Wort „geheiligt", das die Menge zweimal wiederholte: „Geheiligt, geheiligt". Der vorausgehende Monat hatte in diesem Fall nur 29 Tage. War aber die Aussage der Zeugen nicht überzeugend oder eine Zeugenaussage infolge bedeckten Himmels unmöglich, fand keine Verkündigung statt, und der nächste Tag war automatisch der erste des neuen Monats. Der vorausgehende Monat hatte in diesem Fall 30 Tage. Der Mondmonat bestand also und besteht heute noch aus 29 oder 30 Tagen. Eine dritte Möglichkeit gab es und gibt es auch heute nicht, – mit Recht, da ja die tatsächliche Umlaufzeit des Mondes in der Mitte liegt und neunundzwanzigeinhalb Tage beträgt. Für die Zeugen, die paarweise aus Jerusalem selbst und aus der Umgebung herbeiströmten, war dies alles keine trockene Astronomie, sondern ein religiöses Erlebnis. Die Quellen schildern genau, wie die Zeugenbefragung vor sich ging. Das zuerst erschienene Paar wurde als erstes vernommen. (Ein *Paar* mußte es sein, weil nach einem allgemeinen Grundsatz der jüdischen Religion die Aussage eines *einzelnen* Zeugen keine Gültigkeit hat.) Man prüfte die beiden, indem man ihnen Abbildungen des Mondes in seinen verschiedenen Phasen und Stellungen zeigte und sie fragte: Habt ihr den Mond so oder so gesehen? etc. Wurde die Aussage des Paares für gültig befunden, bedurfte man der anderen Paare eigentlich nicht mehr, sie wurden aber trotzdem noch summarisch befragt, damit sie nicht enttäuscht davon gingen, vielmehr einen Anreiz hatten, wiederzukommen. In Anerkennung ihres frommen Eifers wurden die Zeugen auch auf das beste bewirtet. Die Neuigkeit von der Verkündigung des neuen Monats wurde in Minuten-Schnelle durch Feuersignale von Berg zu Berg im übrigen Palästina und in der Diaspora bekannt gemacht. *Kein* Feuerzeichen am 30. bedeutete: erst morgen beginnt der neue Monat. Entsprechend wurden die Feiertage in der Mitte des Monats (Ostern am 15. Nisan – Pfingsten am 7. Siwan – Laubhüttenfest am 15. Tischri) einen Tag früher bzw. später gefeiert. Nachdem aber Feinde der Juden durch falsche Feuersignale Verwirrung stifteten, half man sich durch Sendboten. Da diese oft nicht die entlegeneren Orte der Diaspora rechtzeitig vor den Feiertagen erreichen konnten, feierte man dort, um sicher zu gehen, *beide* in Frage kommenden Tage. Dieser Brauch hat sich bis heute in der Diaspora, also außerhalb Israels, erhalten.

Was heute von der Neumondverkündigung übrig geblieben ist, ist die Erinnerung daran durch ein Gebet in der Synagoge am Sabbat vor dem Neumond. „Es sei wohlgefällig vor dir, Ewiger, unser Gott", lautet das Gebet, „uns diesen Monat zum Guten und zum Segen zu erneuern; gib uns langes Leben, Leben des Friedens, Leben des Guten, Leben des Segens, Leben des Unterhalts, Leben der Stärkung der Gebeine, Leben voll Furcht des Herrn und Furcht vor der Sünde, Leben frei von Schmach und Schande, Leben des Wohlstandes und der

12. *Der Mondsegen. Holzschnitt aus einem Buch über jüdisches Brauchtum, Amsterdam 1723.*

Würde, Leben, das erfüllt sei von Liebe zur Tora und Furcht des Herrn, Leben, in dem die Wünsche unseres Herzens zum Guten erfüllt werden. Amen, Selah!"

Seit altersher gilt der Mond als Symbol des jüdischen Volkes, das, oft verfolgt und dezimiert, sich wie der Mond immer wieder regeneriert. Ein vor 1 500 Jahren verfaßter und noch heute beim Anblick des zunehmenden Mondes im Hof der Synagoge ausgesprochener Segensspruch gibt in poetischen Formulierungen der Hoffnung Ausdruck, daß sich das Volk Israel dereinst „dem Mond gleich verjüngt und seinen Schöpfer ob der Herrlichkeit seines Reiches preisen" werde.

2. Die „Jahrzeit"

Seit dem Mittelalter bezeichnet „Jahrzeit" bei den Juden den Jahrestag des Todes von Eltern und nahen Verwandten. Die Bezeichnung ist im deutschen Sprachbereich entstanden, hat aber auch, z.T. in verballhornter Form,[2] in die religiöse Terminologie der arabisch und spanisch sprechenden Juden Eingang gefunden und ist sogar ins mittelalterliche und moderne Hebräisch als Fremdwort eingedrungen.

Wichtig sind vor allem zwei Bräuche: das Rezitieren des Kaddisch und das Entzünden des Jahrzeitlichtes. Welche Bewandtnis hat es mit dem „Kaddisch"? Wir wollen etwas näher auf dieses kurze Gebet eingehen. Es ist im frühen Mittelalter abgefaßt worden und nimmt schon seiner Komposition nach eine Sonderstellung ein: Während die meisten anderen jüdischen Gebete entweder aus Bibel- (vor allem aus Psalm-)versen bestehen oder, wenn sie von den Rabbinen verfaßt sind, mit einer Benediktion beginnen („Gelobt seist du, Gott, König der Welt" etc.), – ist der Kaddisch zwar von den Rabbinen verfaßt worden, beginnt aber nicht mit einer Benediktion, sondern mit den Worten: „Es sei erhoben und geheiligt (daher der Name Kaddisch = Heiligung) sein großer Name in der Welt, die er nach seinem Willen geschaffen, und sein Reich erstehe in eurem Leben (d. h.: zu euren Lebzeiten) und in euren Tagen und in dem Leben des ganzen Hauses Israel, schnell und in naher Zeit; sprechet: Amen!" Dieser Beginn erinnert an die ersten drei Bitten des Vaterunser (Matthäus-

Evangelium 6,9 f.). Die Fortsetzung lautet: „Sein großer Name sei gepriesen in Ewigkeit und Ewigkeit der Ewigkeiten! Gepriesen und gerühmt und verherrlicht und erhoben und erhöht und gefeiert und hocherhoben und umjubelt sei der Name des Heiligen, gelobt sei er; hoch ist er über jedem Lob, jedem Gesang, jeder Verherrlichung und jeder Trostverheißung, die je in der Welt gesprochen wurden; sprechet: Amen! Fülle des Friedens und Lebens möge vom Himmel herab uns und ganz Israel zuteil werden; sprechet: Amen! Der, der Frieden stiftet in seinen Himmelshöhen, stifte Frieden unter uns und in ganz Israel; sprechet: Amen!"

Die besondere Bedeutung des Kaddisch im Rahmen der Gebetsordnung kommt dadurch zum Ausdruck, daß der Kaddisch nicht, wie die meisten anderen Gebete, auch in privater Andacht gesprochen wird, sondern nur im Gemeinschaftsgottesdienst, zu dem mindestens zehn Teilnehmer erforderlich sind. Dort rezitiert der Vorbeter den Kaddisch als Abschluß größerer Gebetsabschnitte und als Abschluß der Tora-Vorlesung. Besonderer Wert wird darauf gelegt, daß die Gemeinde das „Amen" laut mitspricht sowie die Worte „Sein großer Name sei gepriesen in Ewigkeit und Ewigkeit der Ewigkeiten!" Durch den Kaddisch, also durch die „Heiligung" Gottes mittels Anhäufung von Ausdrücken der Lobpreisung, soll rückhaltloses Bekenntnis zu Gott und Vertrauen in die göttliche Vorsehung zum Ausdruck gebracht werden. Deshalb wird dieses Gebet als „Kaddisch der Trauernden" von den Angehörigen der Verstorbenen am offenen Grabe gesprochen, dann auch beim täglichen Gemeindegottesdienst während des Trauerjahres und von da an ständig jeweils am Jahrzeitstag. Von Tod und Sterben ist freilich im Kaddisch-Gebet nicht die Rede; es ist aber für die Hinterbliebenen, trotz des erlittenen Schicksalsschlages, der Ausdruck der Anerkennung Gottes und der göttlichen Gerechtigkeit und wird auch als Akt der Pietät gegenüber dem verstorbenen Angehörigen aufgefaßt, weshalb auch ganz assimilierte Juden, die sonst kaum religiöse Gebote erfüllen, jeweils am Jahrzeitstag in der Synagoge erscheinen und nach bestimmten Gebetsabschnitten nach vorne treten und laut verkünden: „Es sei erhoben und geheiligt sein großer Name in der Welt, die er nach seinem Willen geschaffen. . ." u. s. w., sich dadurch zum Glauben an Gott bekennend, und, da sie ja den Kaddisch gerade an diesem Jahrzeitstag sprechen, zum Glauben an die Unsterblichkeit der menschlichen Seele.

Vor diesem gedanklichen Hintergrund des Jahrzeitskaddisch können wir die Tragik ermessen, die in den Worten des Dichters Heine liegt, wenn er zu Beginn seines Gedichtes „Seelenfeier" wehmütig klagt: „Keine Messe wird man singen,/keinen Kadosch wird man sagen,/nichts gesagt und nichts gesungen/wird an meinen Sterbetagen". Statt „Kadosch" soll es natürlich heißen „Kaddisch" und mit den „Sterbetagen" sind die „Jahrzeitstage" gemeint.

Außer durch Kaddisch-Sagen wird der Jahrzeitstag, wie einleitend bereits erwähnt, noch begangen durch das Anzünden des sogenannten Jahrzeitlichtes. Am Vorabend des Jahrzeitstages, wenn der Tag dämmert, wird der Docht einer kleinen Wachskerze in einem kleinem Glas- oder Blechbehälter entzündet. Man läßt das Lichtchen 24 Stunden, bis zum nächsten Abend, also bis zum Ende des Jahrzeitstages, brennen. Auch dieser Brauch hat aus Pietätsgründen weithin auch in sonst nicht religiös praktizierenden jüdischen Fami-

13. Jahrzeitkerze

lien Eingang gefunden. Das Licht soll wahrscheinlich das „Lebenslicht" symbolisieren, also das Weiterleben der Seele nach dem Tod.

Die Stimmung der Hinterbliebenen an einem Jahrzeitstag, angesichts des Jahrzeitlichtes, wird festgehalten in 8 kleinen Verszeilen des heute fast verschollenen deutsch-jüdischen Dichters Elieser Ladier. Ladier stellte eine seltene Kombination dar von tiefgründiger talmudischer Gelehrsamkeit und lyrischer Ausdruckskraft in deutscher und hebräischer Sprache. Er starb am 7. Oktober 1932 als Rabbiner der Ortschaft Stryj in Galizien. Sein Gedicht mit dem Titel „Jahrzeitlicht" sei hier wiedergegeben; es lautet:

> Ein blasses Flämmchen, leise spricht
> Erinnerung daraus,
> Mir aber ist, als haucht dies Licht
> Ein stilles Sehnen aus. —
>
> Als ob daraus wehmütig blickt
> Mir Mutters Auge nach.
> So liebevoll und erdentrückt
> Wie damals – als es brach. —[3]

3. Die Todesstrafe aus jüdischer Sicht

Die Todesstrafe ist in vielen, wenn auch nicht in allen modernen Staaten abgeschafft, darunter auch im heutigen Staat Israel. Die jüdische Tradition anerkennt im Prinzip die Todesstrafe, nach Gen. 9,6: „Wer das Blut eines Menschen vergießt – durch Menschen soll sein Blut vergossen werden, denn im Ebenbild Gottes hat er den Menschen gemacht." In der Praxis aber wurde, soweit wir die Tätigkeit der selbständigen jüdischen Gerichtshöfe im Altertum zurückverfolgen können, die Todesstrafe so selten verhängt, daß ein Gerichtshof, der einmal in sieben Jahren (nach einer anderen Meinung: einmal in siebzig Jahren) ein Todesurteil aussprach, ein „mörderischer Gerichtshof" genannt wurde. Rabbi Tarfon und der berühmte Rabbi Akiba, die im 2. Jahrhundert lebten, meinten sogar: „Wenn *wir* im Synhedrion (also: im obersten Gerichtshof) gesessen hätten, wäre es nie zu einem Todesurteil gekommen." Freilich antwortete daraufhin der ebenfalls berühmte Rabbi Gamaliel mit einem Argument, dessen sich noch heute die Befürworter der Todesstrafe bedienen, daß nämlich die Abschaffung der Todesstrafe nur die Vermehrung der Mörder zur Folge hätte.[4]

Daß es in der Praxis kaum je zu einem Todesurteil kam, ist nicht zuletzt begründet in überstrengen Maßnahmen zur Verhütung eines Fehlurteils. Schon nach biblischem Gesetz (Deut. 17,6; 19, 15) sind für das Zustandekommen eines rechtsgültigen Urteils mindestens zwei Tatzeugen nötig, ein Zeuge genügt nicht, geschweige denn ein Indizienbeweis. „Einst", berichtet Simon ben Schetach, Präsident des Synhedrions, im 2. vorchristlichen Jahrhundert, „sah ich, wie jemand einen anderen in eine Ruine verfolgte. Ich eilte ihm nach, da bemerkte ich, daß jener wieder herauskam, in der Hand das Messer von Blut triefend, während der Verfolgte in der Ruine ermordet dalag. Bösewicht! redete ich den Mörder an, wer erschlug diesen, ich oder du? Doch, was soll ich tun, da die heilige Schrift sagt: Auf die Aussage zweier Zeugen nur soll der Schuldige sterben! Aber der die Gedanken der Menschen kennt, der soll den bestrafen, der den Mann umgebracht hat."[5] Der Bericht zeigt, daß selbst ein so glaubwürdiger Zeuge wie der Präsident des Synhedrions nicht ausreichte, um eine Verurteilung zustande zu bringen. Auch muß der Mörder direkt vor der Ausübung der Tat durch zwei Zeugen (die auch identisch mit den Tatzeugen sein können) davor gewarnt worden sein, die Tat auszuüben.[6] Ohne solche sog. „Verwarnungszeugen" kann der Gerichtshof nicht die Möglichkeit ausschließen, daß es sich um eine Affekthandlung handelt, auf die ebenso wenig Todesstrafe steht wie auf versehentlichen Totschlag. In der weiterzigen Auslegung des Begriffes Affekthandlung nähert sich, nebenbei bemerkt, die jüdische Auffassung derjenigen der modernen Gerichtspsychologen. All diese weitgehenden Maßnahmen zum Schutz des Angeklagten laufen darauf hinaus, lieber einen Schuldigen durch die Maschen des Gesetzes schlüpfen zu lassen, als durch ein Fehlurteil einen Unschuldigen zu töten.

Die Achtung vor dem Leben eines Menschen, also auch vor dem Leben des Angeklagten, veranlaßte die Richter, den Zeugen vor ihrer

Aussage die Größe ihrer Verantwortung vor Augen zu führen, indem sie sie folgendermaßen ermahnten: „Vielleicht sprecht ihr nur aus Vermutung, oder vom Hörensagen oder ihr habt es von einem anderen Zeugen gehört... Wisset, daß es sich um das Leben eines Menschen handelt. Bei Geldangelegenheiten kann jemand, der einen anderen durch falsches Zeugnis um Geld gebracht hat, das Geld wiedererstatten, und es wird ihm Sühne auferlegt, bei einem Mordprozeß aber haftet am falschen Zeugen das Blut des Hingerichteten und das Blut seiner etwaigen Nachkommen bis ans Ende aller Geschlechter... Und deshalb ist nur ein einziger Mensch erschaffen worden (nämlich Adam), um dich zu lehren, daß, wenn einer eine Person vernichtet, es ihm angerechnet wird, als hätte er eine ganze Welt vernichtet."[7] Soweit die Mahnung des Gerichts an die Zeugen, gewissenhaft auszusagen. In Klammern wollen wir hier hinzufügen, daß die Frage, warum Gott nur *einen* Menschen erschaffen hat, von den Rabbinen auch so beantwortet wird: „Wegen des Friedens der Welt, damit nicht ein Mensch zum anderen sage: Mein Ahn war größer als dein Ahn (denn alle Menschen sind an Adel einander gleich, da sie ja alle von einem Menschen abstammen)."

Im Hinblick auf den weitgehenden Rechtsschutz des Angeklagten können wir abschließend feststellen, welch großer Unterschied zwischen der soeben kurz beschriebenen humanen Prozedur bei der Gerichtsverhandlung und der barbarischen, im Mittelalter üblichen Methode der Geständnis-Erpressung durch Folter besteht. Eine solche Methode wurde im Judentum nie praktiziert und ist auch, wie sich aus unseren Ausführungen ergibt, undenkbar. Ebenso hat, falls es doch einmal zu einem Todesurteil kommen sollte, dessen Vollstreckung nach jüdischem Gesetz auf möglichst humane, d. h. schmerzlose Weise zu erfolgen, wiederum im Gegensatz zu den mittelalterlichen Methoden des Ans-Rad-Flechtens und der Verbrennung auf dem Scheiterhaufen. Die Forderung nach einer möglichst schmerzlosen Hinrichtungsart wird begründet durch den Bibelvers: „Liebe deinen Nächsten wie dich selbst." „Die Nächstenliebe", sagen die Rabbinen, „muß sich sogar auf den zum Tod Verurteilten beziehen, insofern als du ihm wenn nicht das Leben, so wenigstens den Tod möglichst leicht machst."[8]

VI. Ethik

1. Die „Sprüche der Väter"

Wenn der Talmud bald nach seinem Abschluß mit einem Meer verglichen wurde, in dem zu schwimmen es einiger Übung bedarf, so ist
damit sowohl auf seinen riesigen Umfang angespielt als auch auf die
Schwierigkeit für den Anfänger, der dialektischen Darstellungsweise
des Talmud zu folgen. Freilich werden die scharfsinnigen Diskussionen immer wieder unterbrochen durch Erzählungen, Berichte und
Sentenzen aller Art, es sind dies aber eben nur Unterbrechungen. Es
gibt im großen „Meer des Talmud" aber doch ein einziges stilles Gewässer, – einen einzigen, in sich abgeschlossenen Traktat ohne stür-
mische Diskussionen, ausschließlich beinhaltend eine Anthologie
ethischer und moralischer Grundlehren des Judentums, geschrieben
in aphoristischem Stil, betitelt: Pirke awot, „Sprüche der Väter". Der
Name rührt da her, daß die „Väter" der Gemeinde, die Schriftgelehr-
ten vom Beginn des zweiten Tempels bis zum Jahre 200 n. Chr., hier
mit Sentenzen, Maximen und Wahlsprüchen vertreten sind. Die
Überlieferer der einzelnen Aussprüche sind in den meisten Fällen
mit Namen genannt; unter ihnen befinden sich auch sonst bekannte
Rabbis wie Hillel und Schammai, die Zeitgenossen des Herodes, sowie Gamaliel, der Lehrer des Apostels Paulus.

Nach den Worten des protestantischen Talmudforschers
H. L. Strack verdienen die „Sprüche der Väter", daß sie „von allen, die
sich mit der außerbiblischen jüdischen Literatur bekannt zu machen
wünschen, an erster Stelle gelesen werden". Denn die Aussprüche
seien „sowohl an sich beachtenswert als auch deshalb, weil sie manchen Einblick in die Denkweise und Anschauungen der alten Synagoge vermitteln".[1] Um einen Eindruck vom Stil und Inhalt der
„Sprüche der Väter" zu geben, seien einige zitiert:

Aus dem 1. Abschnitt: „Simon der Gerechte pflegte zu sagen: ‚Auf drei Dingen besteht die Welt: auf Gotteslehre, Gottesdienst und Liebestat.'" „Antigonos, ein Mann aus Socho, empfing (Traditionen) von Simon, dem Gerechten. Er pflegte zu sagen: ‚Seid nicht (Gott gegenüber) wie Knechte, die dem Herrn dienen in der Absicht, Lohn zu empfangen, sondern seid wie Diener, die dem Herrn dienen *nicht* in der Absicht, Lohn zu empfangen, und es sei die Ehrfurcht vor dem Himmel auf euch.'" „Jose, Sohn Joesers, ein Mann aus Zereda, und Jose, Sohn Jochanans, ein Mann aus Jerusalem, empfingen (Traditionen) von den soeben Genannten. Jose, Sohn Joesers, ein Mann aus Zereda, sagte: ‚Es sei dein Haus ein Versammlungshaus der Weisen, und bestäube dich mit dem Staub ihrer Füße (d. h.: sitze zu ihren Füßen) und trinke mit Durst ihre Worte.' Jose, Sohn Jochanans, ein Mann aus Jerusalem, sagte: ‚Dein Haus sei der Gastfreundschaft offen, und Arme seien die Kinder deines Hauses…'" „Hillel und Schammai empfingen (Traditionen) von den soeben Genannten. Hillel sagte: ‚Gehöre zu den Schülern Arons (des Hohepriesters), der den Frieden liebte und dem Frieden nachjagte, der die Menschen liebte und sie zur Lehre führte.'" „Schammai sagte: ‚Mache dein Tora-Studium zu einer feststehenden Beschäftigung, sprich wenig und tue viel, und empfange jeden Menschen mit freundlicher Miene.'" „Simon, Sohn des Gamaliel, sagte: ‚Alle meine Tage wuchs ich heran unter Weisen und fand nie Besseres für den Menschen als Schweigen. Nicht das Forschen ist die Hauptsache, sondern die Tat, und Zuviel-Sprechen führt Sünde herbei. – Auf drei Dingen besteht die Welt (d. h. die Existenz jeder Gemeinschaft): Auf Wahrheit, auf Gerechtigkeit und auf Frieden.'"

Aus dem zweiten Abschnitt: „Rabban Gamaliel, Sohn des Fürsten Rabbi Jehuda, sagte: ‚Schön ist das Forschen in der Lehre, wenn es mit einem irdischen Beruf verbunden ist; denn die Bemühung mit beiden läßt die Sünde nicht aufkommen.'" „Hillel sagte: ‚Trenne dich nicht von der Gemeinde und vertraue dir selbst nicht bis zum Tage deines Todes; verurteile deinen Nächsten nicht, bis du in seine Lage gekommen bist, und sage nicht von einer Sache, daß es unmöglich sei, sie zu verstehen, denn am Ende wird sie doch verstanden, und sage nicht: Wenn ich mehr Zeit habe, werde ich lernen, – vielleicht hast du nie mehr Zeit.' – Er pflegte auch zu sagen: ‚Ein roher Mensch kann nicht (wirklich) gottesfürchtig sein, und ein Unwissender nicht (wirklich) fromm. Ein Schüchterner kann nicht (richtig) lernen, und ein Jähzorniger nicht (richtig) lehren. Durch geschäftliche Betätigung wird man nicht klug. An einem Ort, an dem es an Männern fehlt, bestrebe *du* dich, ein Mann zu sein.'" „Rabbi Elieser sagte: ‚Es sei dir die Ehre deines Genossen so teuer wie deine eigene; sei nicht leicht geneigt zu zürnen, und tue Buße einen Tag vor deinem Tode'" (d. h. jeden Tag, da du nicht weißt, wann du sterben wirst). „Rabbi Josua sagte: ‚Neid, sinnliche Begierde und Menschenhaß bringen den Menschen aus der Welt'" (d. h. der Mensch macht sich dadurch selbst unglücklich).

Aus dem dritten Abschnitt: „Akabja, Sohn des Mahalalel, sagte: ‚Betrachte drei Dinge, dann kommst du nicht zur Sünde: Wisse, woher du gekommen bist und wohin du gehst und vor wem du einst Rechenschaft abzulegen hast. Woher kommst du? Von einem der Fäulnis verfallenden Keime. Und wohin gehst du? Zu einem Ort des Staubes, des Moders und des Gewürms. Und vor wem hast du einst Rechenschaft abzulegen? Vor dem König aller Könige, gelobt sei er.'" „Rabbi Chanina, ein stellvertretender Hohepriester, pflegte zu sagen: ‚Bete stets für das Wohl der Regierung; denn wäre nicht die Furcht vor ihr, so würde einer den anderen lebendig verschlingen.'"

Aus dem vierten Abschnitt: „Ben Soma sagte: ‚ Wer ist weise? Der von jedem Menschen lernt. Wer ist stark? Der seine Leidenschaft bezwingt. Wer ist reich? Der mit seinem Teil zufrieden ist.' "

Aus dem vierten Abschnitt: „Jehuda, Sohn des Tema, sagte: ‚Sei mutig wie der Leopard, leicht wie der Adler, schnell wie der Hirsch und stark wie der Löwe, den Willen deines Vaters im Himmel zu vollziehen.'"

Da die „Sprüche der Väter" im Anschluß an den Sabbat-Nachmittag-Gottesdienst rezitiert werden, wurden sie dem Gebetbuch einverleibt und werden daher so oft neu gedruckt wie das Gebetbuch selbst, also öfter als jedes andere talmudische Werk.

14. *Ausschnitt aus einer Ausgabe der „Sprüche der Väter" mit deutscher Übersetzung und deutschem Kommentar, beide von Dr. S. Bamberger (1807–1878).*

16) Rabbi Josua sagt: **Böses Auge, böser Trieb und Menschenhaß** bringen den Menschen aus der Welt.

17) Rabbi Jose sagt: Es sei dir das Vermögen deines Genossen so wertvoll wie das deinige; bereite dich vor, Thora zu lernen, denn sie ist dir keine Erbschaft, und alle deine Taten sollen geschehen um Gottes willen.

(16 רַבִּי יְהוֹשֻׁעַ אוֹמֵר, עַיִן הָרָע, וְיֵצֶר הָרָע, וְשִׂנְאַת הַבְּרִיּוֹת מוֹצִיאִין אֶת הָאָדָם מִן הָעוֹלָם:

(17 רַבִּי יוֹסֵי אוֹמֵר, יְהִי מָמוֹן חֲבֵרְךָ חָבִיב עָלֶיךָ כְּשֶׁלָּךְ, וְהַתְקֵן עַצְמְךָ לִלְמֹד תּוֹרָה, שֶׁאֵינָהּ יְרֻשָּׁה לָךְ, וְכָל מַעֲשֶׂיךָ יִהְיוּ לְשֵׁם שָׁמָיִם:

---

16. **Böses Auge;** Habsucht, Neid und Mißgunst, wodurch der Mensch seines Lebens nicht froh wird. **Böser Trieb;** sinnliche Leidenschaft und Genußsucht. Und **Menschenhaß** ohne Grund und Ursache, dessen Träger nur das Böse kennt, seine Mitmenschen geringschätzt und deshalb sie meidet und einsam lebt, während wir alle Menschen ohne Unterschied als die Geschöpfe Gottes lieben sollen. **Bringen den Menschen aus der Welt.** Er macht sich selbst unglücklich, leistet weder für sich noch für die Welt etwas Nützliches und verscherzt sich dadurch zeitliches und ewiges Heil.

17. **Es sei das Vermögen deines Genossen dir so wertvoll, wie das deinige;** unterdrücke nicht nur Neid und Mißgunst, sondern schütze das Vermögen deines Nebenmenschen ebenso wie das deinige und freue dich, deinem Nächsten nützen zu können. **Bereite dich vor, Thora zu lernen.** Wende in deiner Jugend und in deinem Alter den größten Fleiß und die größte Anstrengung an, bekämpfe und überwinde alle Schwierigkeiten und Hindernisse, um Thorakenntnisse dir anzueignen und dich darin immer mehr zu vervollkommnen. Bereite dich auch vor in bezug auf deine religiöse Lebensweise, damit dieselbe dich zum Thorastudium befähigt. **Denn sie ist dir keine Erbschaft.** Wissen kann dir nicht wie irdische Güter erblich zufallen; selbst wenn deine Ahnen große Gelehrte waren, enthebt dies dich nicht der emsigsten Fürsorge für deine Vervollkommnung in der Lehre. **Und alle deine Taten** in irdischer und geistiger Beziehung, auch die Ausübung der Gebote, **sollen geschehen um Gottes willen,** zur Verherrlichung Gottes und zur Heiligung deiner selbst, nicht zur Befriedigung des Stolzes und der Ehrsucht, um einen großen Namen oder andere irdische Vorteile hierdurch zu erlangen.

3

2. Humanität als Erziehungsziel im Judentum.
Dargestellt anhand des Tagebuches von Ignaz Goldziher

Der berühmte jüdische Literaturhistoriker und Jesus-Forscher Joseph Klausner (gestorben 1958) hatte über dem Eingang seines Hauses in Jerusalem in hebräischer Sprache das Motto eingraviert: „Judentum und Menschentum".[2] Dieser Spruch soll hervorheben, daß jüdische, wie ja auch christliche Frömmigkeit, steril bleibt, wenn sie sich in rein kultischen Frömmigkeitsübungen erschöpft, wenn diese Frömmigkeitsübungen Gott gegenüber nicht Hand in Hand gehen mit „Menschentum", d. h. mit einwandfreiem Verhalten den Menschen gegenüber. Anders ausgedrückt: Zur wahren Frömmigkeit gehört Menschenliebe ebenso wie Gottesliebe.

Ein Beispiel soll im folgenden zeigen, wie gerade in strenggläubigen, also kultgebundenen jüdischen Kreisen, denen ja oft der Vorwurf des Erstarrens im Paragraphenwald kultischer Vorschriften auf Kosten des „Menschentums" gemacht wird, – wie gerade in diesen Kreisen schon bei der Erziehung des Kindes das Hauptgewicht auf die Menschlichkeit, die Humanität, gelegt wird, auf die Liebe und Achtung des Mitmenschen. Unser Beispiel entnehmen wir dem erst 1978 in Leiden veröffentlichten Tagebuch des berühmten, 1921 verstorbenen ungarisch-jüdischen Orientalisten Ignaz Goldziher, dessen Eltern der streng orthodoxen Richtung des Judentums angehörten, alle kultischen Vorschriften praktizierten und auch ihren Sohn Ignaz in diesem Sinne erzogen. Und dennoch – oder besser: gerade deshalb – erkennen wir in den folgenden Zitaten aus dem Tagebuch das Ethos der Humanität als bestimmenden Erziehungsfaktor, nicht auf Kosten der Ausübung der rein zeremoniellen und gottesdienstlichen Vorschriften, vielmehr harmonisch mit ihnen verbunden.

Seinem Tagebuch voran stellt Goldziher den Micha-Vers, den er sich an seinem Konfirmationstage, als er mit 13 Jahren „Bar Mizwa" wurde, „als Wahlspruch in die Seele eingeprägt hat": „Er hat dir verkündet, o Mensch, was gut sei, und was Gott von dir fordert: Nur dies: Gerechtigkeit üben, Barmherzigkeit bieten und in Bescheidenheit wandeln vor deinem Gott." (Micha 6,8) Gott selbst ist es also, laut diesem Vers, der „Humanität" fordert, der gleiche Gott, der die rein religiösen Handlungen vorschreibt. So gilt in Goldzihers Tagebuch sein Lob nicht nur der Frömmigkeit seiner Eltern und deren orthodoxer Lebensweise, sondern vielleicht noch mehr ihren allgemeinen Charaktereigenschaften: „Der tugendhafte, unbeugsame, puritanisch strenge Charakter meines Vaters", schreibt er, „sowie die milde, duldsame, nachsichtige Sinnesart meiner Mutter haben meine Seele erzogen zu Gerechtigkeit und Barmherzigkeit. Meine Erinnerung reicht bis zu meinem vierten Lebensjahre zurück. Lebhaft steht vor meiner Seele, wie mein Vater auf einem Spaziergange durch die Allee dem noch kaum dem Alter des Lallens entwachsenem kleinen Knaben den Haß gegen Verstellung und Heuchelei predigt, die asketisch strenge Beurteilung seiner eigenen Handlungen und Gedanken zur obersten Pflicht macht, ihm vom Elend der leidenden Mitmenschen spricht und ihn durch Beispiele aufopfernder Tätigkeit im Dienste der Humanität und des Martyriums für die Überzeugung zu Tränen rührt. Dies war die erste Belehrung, deren ich mich erinnere. Mit schwerem Herzen kehrte ich von dem Spaziergang nachhause zurück. Die darauf folgende Nacht soll ich unaufhörlich bittere Tränen geweint und darüber gejammert haben, daß ich mich zu schwach fühle, die Pflichten zu erfüllen, die mir mein Vater als unerläßliche Bedingungen des rechtschaffenen Lebens vorzeichnete. Wenig fruchteten die beruhigenden Worte der milden Mutter, der Zuspruch der Großmutter, die auf das Jammern des kleinen Enkels aus ihrem Kämmerlein herbeigeeilt kam."

Dieser Bericht Goldzihers bezieht sich zwar nur auf einen einmaligen Vorfall. In der Folge entwirft er jedoch ein allgemeines Bild von den sowohl religiösen als auch sittlichen Impulsen, die er in der Kindheit von seinen Eltern erhielt: „Egoismus war in unserem Hause verachtet und die extremste Bekundigung der Barmherzigkeit regierte in der Sitte unseres Familienlebens. Arme Menschen waren fast täglich unsere Tischgenossen... Dabei herrschte ein peinliches Beobachten des jüdischen Ritualgesetzes und der kleinlichsten Gewohnheiten der alten jüdischen Lebensführung. Aber auch dabei war alle Hypokrisie verpönt und geächtet. Es wurde mir eingeschärft, daß ich alle Gesetze üben, allen Enthaltungen mich unterziehen müsse, aber das Glänzen mit dieser Anhänglichkeit an die Überlieferung meiner Religion vermeiden müsse. Mein Vater übersah es leicht, wenn ich an öffentlichen Betätigungen des religiösen Lebens nicht teilnahm, aber Übungen, bei welchen die Menschen nicht Zeugen waren, mußten umso strenger eingehalten werden. Kasteiung und Entsagung sollten den Mittelpunkt bilden, die Schaustellung aber vermieden werden. Dabei wurde mir von frühester Kindheit auch der Geist der Toleranz gegen Andersgläubige und die Achtung vor ihren religiösen Gefühlen eingeprägt... Zum religiösen Leben gehörte in unserer Familie in erster Linie das Studium der jüdischen Religionsliteratur, dem auch mein Vater in den von seinem Handelsberufe erübrigten Stunden nachhing. Er schärfte mir unaufhörlich ein, daß meine Sittlichkeit und mein Leben im Sinne und Geiste des Gesetzes Resultat meiner immer zunehmenden Vertiefung in die Literatur sein müssen... Mit großer Leidenschaft und Liebe gab ich mich diesem Studium hin... Meine Mutter erzählte mir noch in späteren Jahren, daß ich einmal als achtjähriger Knabe um Mitternacht dabei ertappt wurde, wie ich einige, mir vom Vater als Geschenk mitgebrachte Folianten wie geliebte Wesen herzte und küßte."

Diese Schilderung können wir wahrlich als Hoheslied auf eine ideale jüdische Erziehung bezeichnen, eine Erziehung zum Religionsgesetz im Sinn der Gottesfurcht und der – Humanität.

3. Die Universalität der jüdischen Nächstenliebe und das Prinzip der Gleichheit aller Menschen

Der Leviticus-Satz: „Liebe deinen Nächsten wie dich selbst" (Lev. 19, 18) ist von Rabbi Akiba zu Beginn des zweiten christlichen Jahrhunderts als „großer Grundsatz der Tora", d.h. als Grundlage der jüdischen Ethik bezeichnet worden. In diese Nächstenliebe ist, im gleichen Leviticus-Kapitel, ausdrücklich auch der Fremde mit einbezogen, und zwar nicht nur durch ein trockenes Gebot, sondern in Verbindung mit einem eindringlichen Appell an das Herz: „Und wenn bei dir weilt ein Fremdling in eurem Land", heißt es in Vers 33, „sollt ihr ihn nicht bedrücken. Wie der Eingeborene unter euch sei euch der Fremdling, der bei euch weilet, und du sollst ihn lieben wie dich selbst; denn Fremdlinge wart ihr im Lande Ägypten. Ich bin der Ewige, euer Gott." Bereits im 2. Buch Moses war den Israeliten ans Herz gelegt worden (Ex. 23, 9): „Den Fremdling bedrücke nicht; denn ihr wißt, wie dem Fremdling zumute ist, denn ihr selbst seid Fremdlinge gewesen im Lande Ägypten."

An sehr vielen Stellen mahnt die Heilige Schrift, den Fremden, der bei antiken Nationen sonst als Barbar verachtet wurde, Gefühle der Liebe entgegenzubringen. Auch juristisch stellt die Schrift den Fremden dem Israeliten gleich: „Dieselbe Gesetzgebung", heißt es im 4. Buch Moses (Num. 15,15), „gilt für euch und für den Fremdling, der sich (bei euch) aufhält, – eine ewige Gesetzgebung für eure Geschlechter. So wie ihr, so ist der Fremdling vor Gott. Eine Weisung und ein Recht sei für euch und für den Fremdling, der unter euch weilt." Gott selbst liebt – nach Deut. 10,18 – den Fremdling, wie ja überhaupt Gottes Barmherzigkeit, nach Ps. 145,9, sich gleichmäßig „auf alle seine Werke" erstreckt. Mit dem „Fremdling" meint die Bibel den Nichtjuden überhaupt, der deshalb Fremdling genannt wird, weil zur Zeit des biblischen jüdischen Staatswesens der Nichtjude in der Regel aus dem Ausland, also aus der „Fremde" kam.

Als Rabbi Akiba, wie wir eingangs bemerkten, den Bibelvers „Liebe deinen Nächsten wie dich selbst" als Hauptgrundsatz der Tora bezeichnete, fügte ein Meister namens Ben Asai hinzu: „Es gibt einen noch wichtigeren Grundsatz, nämlich den Bibelvers (Gen. 5,1): „Am Tage, da Gott den Menschen schuf, machte er ihn in der Ähnlichkeit Gottes." Diese Hinzufügung Ben Asais will den Grundsatz der Nächstenliebe auf seine Fundamente zurückführen, nämlich auf die Gottesebenbildlichkeit aller Menschen, gleich welcher Religion, welcher Farbe oder welcher Rasse. Diese Magna Charta der jüdischen Religion, aus der sich die Universalität der Nächstenliebe ergibt, kommt auch sonst in der Bibel klar zum Ausdruck, etwa Mal. 2,10: „Haben wir nicht alle *einen* Vater? Hat nicht *ein* Gott uns erschaffen?" Oder Hiob, Kap. 31, wo Hiob sagt (V. 13–15): „Habe ich etwa verachtet das Recht meines Knechtes und meiner Magd, in ihrem Streit mit mir? Was tät' ich, wenn Gott aufstände, und wenn er es rügte, was erwiderte ich ihm? Hat ihn nicht auch der gemacht, der mich im Mutterleibe machte?"

In Anwendung dieses Prinzips lehrt Rabbi Meir (2. Hälfte des 2. Jahrhunderts) im Talmud: „Woher wissen wir, daß sogar ein Heide, wenn er sich mit dem Sittengesetz (d. h. mit dem in seinem Staat gültigen Sittengesetz) befaßt, einem jüdischen Hohepriester gleichzustellen ist, der sich mit der Tora beschäftigt? Dies entnehmen wir dem Bibelvers (Lev. 18,5), der da lautet: Und hütet meine Gebote und meine Satzungen, die der *Mensch* tue, daß er lebe durch sie. Weder vom Priester noch vom Leviten, noch auch nur vom gewöhnlichen Israeliten spricht der Vers, sondern vom *Menschen;* dies lehrt uns, daß ein Heide, der sich mit dem Sittengesetz befaßt, einem Hohepriester gleich ist, der sich mit der Tora befaßt."[3]

An einer anderen Stelle im Talmud[4] wird ein Heide als Musterbeispiel für Elternverehrung angeführt: „Dama war ein Heide aus Askalon. Er saß nie auf dem Stein, auf dem sein Vater gesessen. Als sein Vater starb, machte er den Stein zu einem Gegenstand der kultischen Verehrung. Einst ging ein Edelstein aus dem Brustschild des Hohepriesters verloren, und als man Nachfrage hielt, wer einen solchen Stein habe, hieß es: Dama, Sohn des Netina. Sie kamen nun wegen dieses Edelsteines zu ihm und man einigte sich auf einen Kaufpreis von 100 Denaren. Als er hinging, ihn zu holen, fand er seinen Vater schlafend; der Schlüssel zum Kästchen, worin sich der Stein befand, lag zwischen den Fingern des schlafenden Vaters. Er kam daher wieder und sagte: Ich kann euch den Stein jetzt nicht geben. Sie aber glaubten, er wolle einen höheren Preis erzielen und boten daher 200 und zuletzt 1000 Denare. Nachdem sein Vater aus dem Schlaf erwacht war, brachte er ihnen den Stein. Sie wollten ihm nun den zuletzt vereinbarten Preis bezahlen. Er nahm aber nur die zuerst vereinbarten 100 Denare, indem er sprach: ‚Wie sollte ich die Ehre meines Vaters für Geld verkaufen?'".

4. Toleranz gegenüber einem Apostaten

Jede Religion sieht lieber Konvertiten, die sich der betreffenden Religion anschließen, als Apostaten, die der betreffenden Religion den Rücken kehren. Die jüdische Religion ist hierin keine Ausnahme. Wäre es anders, würde sie sich selbst verleugnen. So ist es kein Wunder, daß der Abfall des Gesetzeslehrers Elischa ben Abuja, der in der 1. Hälfte des 2. Jahrhunderts lebte, von den zeitgenössischen jüdischen Quellen bedauert wird. Wir hätten uns auch nicht gewundert, wenn diese Quellen sich einer harten Ausdrucksweise gegenüber dem Abgefallenen bedient hätten. Umso bemerkenswerter ist das Maß von Zurückhaltung und Toleranz, dem wir hier begegnen. Dies geht so weit, daß einige seiner Aussprüche bedenkenlos zitiert werden, unter Angabe seines vollen Namens. So heißt es z. B. in den „Sprüchen der Väter" (IV,25): „Elischa ben Abuja pflegte zu sagen: ‚Wer als Kind lernt, womit ist er zu vergleichen? Mit Tinte, geschrieben auf neuem Papier. Wer aber als alter Mann erst lernt, womit ist er zu vergleichen? Mit Tinte, geschrieben auf abgenutztem Papier' (auf welchem schon einmal geschrieben war)."

Der Abfall Elischas von der Religion seiner Väter erfolgte, nach dem Bericht des Talmud, aufgrund einer persönlichen Gewissensentscheidung, die im Talmud natürlich als Abirrung aufgefaßt, aber ohne Haßgefühl hingenommen wird. Der Talmud berichtet hierüber in Form einer Allegorie: „Vier Gelehrte betraten den Garten" (gemeint ist der Garten der mystischen Spekulationen). Die Namen der vier waren: Ben Asai, Ben Soma, Elischa ben Abuja und Rabbi Akiba. „Ben Asai schaute und starb, Ben Soma schaute und wurde irre, Elischa ben Abuja zerschnitt die Pflanzungen, und nur Rabbi Akiba kam in Frieden hinein und in Frieden wieder heraus."[5] Der Sinn ist: Den ersten, Ben Asai, nahmen die mystischen Spekulationen so mit, daß er starb. Den zweiten, Ben Soma, nahmen sie so mit, daß er geistig verwirrt wurde. Der dritte aber, nämlich unser Elischa ben Abuja, wurde so sehr durch mystische Spekulationen verwirrt, daß er „die Pflanzungen durchschnitt", d. h. die Lehren des Judentums verleugnete.

Nur der vierte, der berühmte Rabbi Akiba, kam in Frieden, d. h. unverwirrt, wieder heraus.

Nach einer anderen Version im Talmud sind dem Elischa Zweifel an Gottes Gerechtigkeit gekommen, als er beobachten mußte, daß es dem Sünder oft gut und dem Frommen oft schlecht geht.[6] Insbesondere mußte Elischa mit ansehen, wie nach dem letzten großen Aufstand der palästinensischen Juden gegen die Römer im Jahre 135 n. Chr. viele Gesetzeslehrer, darunter der berühmte Rabbi Akiba, von den Römern gefoltert wurden und den Märtyrertod erlitten. So wurde einem Moralprediger namens Chuzpit die Zunge herausgeschnitten und den Hunden zum Fraße vorgeworfen. Dies alles habe auf ihn einen solchen Eindruck gemacht, daß er an allem verzweifelte und dadurch zum Abfall veranlaßt wurde.[7]

Elischa hatte nun in der Zeit, da er noch ein angesehener Rabbi war, einen Schüler namens Rabbi Meir. Dieser Schüler blieb dem Lehrer auch nach dessen Abfall in treuer Anhänglichkeit verbunden. Die Tatsache, daß dem Elischa, wie der Talmud sich ausdrückt, die häretischen Bücher nur so aus dem Schoß fielen,[8] hinderte den Schüler nicht, weiterhin mit dem Lehrer religiöse Themen zu diskutieren. Die Kollegen Rabbi Meirs waren tolerant genug, dies zu entschuldigen, indem sie sagten, Rabbi Meir verzehre die Frucht und werfe die Schale weg, d. h. er vermöge das Authentische vom Häretischen zu trennen und akzeptiere das Authentische, während er das Häretische ignoriere.[9]

So wird berichtet, daß Rabbi Meir einst einen Lehrvortrag in Tiberias unterbrach, als er hörte, sein Lehrer sei in die Stadt geritten und befinde sich auf dem Marktplatz. Meir eilte dorthin und begrüßte den Lehrer. Zu zweit gingen sie außerhalb der Stadt auf den Feldern spazieren, gelehrte Gespräche führend: „Ich habe gerade in meinem Lehrvortrag", sagte Rabbi Meir, „erklärt, warum im Buche Hiob (Kap. 28, V. 17) die göttliche Lehre mit Gold und Glas verglichen wird. Weil sie nämlich so schwer wie Gold zu erwerben sei, aber leicht wie Glas zerbreche, d. h. aus dem Gedächtnis schwinde bei Nachlassen im Studium." Elischa hatte eine andere Erklärung: „Ebenso wie Gold- und Glasgefäße, wenn sie zerbrochen werden, durch Verschmelzung wieder hergestellt werden können, so können auch die Weisen, die gesündigt und ihr Studium vernachlässigt haben, alles wieder gutmachen und auf den Pfad der Lehre zurückkehren." Meir griff die letzten Worte spontan auf und rief: „Auch du, mein Lehrer, kehre zurück." Elischa gab zu erkennen, daß es für ihn keine Rückkehr mehr gäbe.[10] Tatsächlich starb er als Apostat, trotzdem von seinem Schüler Meir beweint und auch von der übrigen Nachwelt nicht verfemt.[11]

Diese milde Beurteilung spiegelt sich in einer Legende, wonach über seinem Grab zunächst eine Rauchwolke geschwebt sei, als Zeichen, daß er im Himmel für seine Sünden büßen müsse, daß aber die Rauchwolke nach einiger Zeit verschwunden sei, als Zeichen, daß er nun genug gebüßt habe und ins Paradies eingezogen sei.[12] Einen versöhnlichen Charakter hat auch eine andere Überlieferung, wonach die Töchter des verstorbenen Elischa, die arm waren, zu Rabbi Jehuda, dem Fürsten, dem Führer der damaligen Judenheit, gekommen seien mit der Bitte um Unterstützung. Als Rabbi Jehuda nur einen Moment zögerte, sei als göttliche Strafe Feuer vom Himmel herabgekommen und habe am Sessel des Rabbi Jehuda geleckt. Dieser verstand das Warnungszeichen und versorgte die Töchter des Apostaten.[13] Charakteristischerweise ist auch der Beiname des Elischa in der talmudischen Literatur nicht etwa „der Abtrünnige" oder dergleichen, sondern „ein anderer", weil er in religiöser Hinsicht ein anderer Mensch geworden sei, dabei aber doch ein Mensch geblieben ist, ein Mensch mit Irrungen und Fehlern zwar, von denen frei zu sein aber kein Mensch behaupten kann.[14]

5. Der Arme in der jüdischen Tradition

Zahllose Aussagen über die Armen und über Pflichten gegen Arme finden sich weit verstreut in der Bibel und in der jüdischen Traditionsliteratur. In der letztgenannten lesen wir auch viele Geschichten von Armen und Reichen, von Freigiebigen und Geizigen. Es gibt auch Kapitel und Abschnitte in der Traditionsliteratur, die ausschließlich diesem Thema gewidmet sind, zum Beispiel der 34. Abschnitt des homiletischen Kommentars zum 3. Buch Moses, genannt „Leviticus rabba." Dieser Abschnitt hat zum Ausgangspunkt das 3. Buch Moses, Kap. 25, Vers 35. Dieser Vers lautet: „Und so dein Bruder verarmt und seine Hand wankt, so greife ihm unter die Arme, Fremdling wie Beisaß, daß er bei dir lebe."

Zum Wortlaut dieses Verses bemerkt Raschi, der berühmte mittelalterliche Bibelkommentator, basierend auf älteren Quellen: „,Greife ihm unter die Arme' bedeutet: Laß ihn nicht in die Tiefe des Elends versinken, denn dann ist es schwer, ihm herauszuhelfen; komme ihm rechtzeitig zu Hilfe, wenn seine Mittel anfangen zu versiegen. Womit ist das zu vergleichen? Mit der Last auf einem Esel; solange sie noch auf dem Esel ist, kann *einer* anfassen und sie oben halten; wenn sie aber einmal zur Erde gefallen ist, können sie selbst fünf Personen nicht aufheben." Raschi weist ferner darauf hin, daß der Fremdling und der Beisaß hier ausdrücklich im Gebot der Hilfeleistung mit eingeschlossen sind. Die prinzipielle Wichtigkeit dieser Tatsache betont der 1946 gestorbene englische Oberrabbiner J. H. Hertz in seinem Bibelkommentar zu dieser Stelle: „Das große Prinzip der Nächstenliebe, des ,Liebe deinen Nächsten wie dich selbst', muß im *Leben* der

15. Almosenbüchse, aus einer Synagoge in Piotrkow, Polen; 19. Jahrhundert.

Juden verwirklicht werden. Der Fremde und der Beisaß – also der Fremde und der angesiedelte Ausländer – sind in den Worten ‚dein Bruder‘ ausdrücklich mit eingeschlossen, und es soll ihnen in gleicher Weise geholfen werden.“[15] Der genannte homiletische Kommentar illustriert das Gebot, den Armen zu helfen, auch durch Beispiele, etwa durch folgende Geschichte: „Rabbi Jona kannte vornehme, aber verarmte Menschen, die sich schämten, Geld anzunehmen. Er pflegte sie zu besuchen und ihnen zu sagen: ‚Wie ich höre, erwartest du eine Erbschaft aus Übersee. Nimm diese Summe; wenn du zu Geld kommst, kannst du sie mir zurückerstatten.‘ Wollte er das Geld später tatsächlich zurückgeben, sagte Rabbi Jona: ‚Es war als kleines Geschenk gedacht‘, – und wechselte das Gesprächsthema.“

Die Tendenz, den Armen nicht durch Almosen zu beschämen, geht auch aus anderen Erzählungen hervor; so berichtet der Talmud,[16] daß ein Rabbi jeden Abend auf dem Heimweg vom Lehrhaus am Haus eines armen Mannes vorbei ging, vier Silbermünzen durch die Türspalte schob und schnell weiterging, um die Anonymität des Spenders zu wahren. Eines abends hielt er sich länger als gewöhnlich im Lehrhaus auf, so daß seine Frau zuhause unruhig wurde und ihn abholte. Auf dem Rückweg schob der Rabbi wie gewöhnlich die Münzen durch die Türspalte; das Geräusch der Schritte zweier Personen, des Rabbis und seiner Frau, war aber laut genug, um den Armen auf die Gegenwart des Almosenspenders aufmerksam zu machen. Schnell öffnete der Arme die Tür, um zu sehen, wer der allabendliche Spender sei. Der Rabbi, um nicht erkannt zu werden, rannte weg und wäre fast, hätte ihn nicht seine Frau im letzten Moment weggezogen, in der Dunkelheit in einen Feuerofen mit noch glimmenden Kohlen gefallen. Daher stamme die sprichwörtliche Redensart: „Der Mensch stürze sich eher in einen Feuerofen, als daß er seinen Nächsten beschäme“.

In dem erwähnten homiletischen Kommentar lesen wir in der Fortsetzung, daß der Almosenempfänger nicht nur der Nehmende sei, sondern auch der Gebende, gibt er doch seinem Nächsten die Gelegenheit zur Ausübung einer guten Tat. Als Beweis für den göttlichen Lohn, der den Almosengeber erwartet, wird der Beginn von Psalm 41 angeführt, wo es heißt: „Heil dem, der sich des Armen an-

16. *„Wohltätigkeit rettet vor dem Tode" (Prov. 31,4). Bei Beerdigungen ist es üblich, für die Armen zu spenden.*

nimmt; am Tag des Unglücks wird ihn Gott retten." Natürlich soll die gute Tat um ihrer selbst willen ausgeführt werden, nicht um des Lohnes willen, doch ist der Lohn eine gewiß nicht unangenehme Folge der guten Tat, besonders wenn er so dargestellt wird wie durch Rabbi Pinchas in der Fortsetzung desselben homiletischen Kommentars: „Gott belohnt bekanntlich Maß für Maß. Nun könntest du meinen, wenn du dem Armen einen Groschen gibst, läßt Gott dir dafür ebenfalls einen Groschen zukommen!? In Wirklichkeit kann der Geber mit einem einzigen Groschen die Lebensgeister des hungrigen Armen wieder wecken: Wenn nämlich der Arme nur 9 Groschen besitzt, ein Laib Brot aber 10 Groschen kostet. Wenn er nun noch einen zusätzlichen Groschen bekommt, kann er sich den Laib kaufen, wodurch er wieder auflebt. Der göttliche Lohn dafür ist Maß für Maß: Wenn einst die Seele des Groschenspenders aus seinem Körper drängt, hält Gott die Seele vom Verlassen des Körpers zurück, wodurch die Lebensgeister des Mannes wieder geweckt werden." Solche Aussprüche wollen natürlich nicht wörtlich genommen werden, vielmehr sollen durch solche bildhaften Darstellungen die Gläubigen ermuntert werden, der nicht immer populären Pflicht des Almosenspendens mit Freude und Liebe nachzukommen.

6. Zum gleichen Thema

Der 34. Abschnitt des „Leviticus rabba" enthält in loser Folge ver-
schiedenartigste weitere Aussagen der Weisen über Arme und die
Pflicht des Almosengebens. Zu wiederholten Malen wird hier die
sprichwörtliche Redensart „Ein Rad dreht sich in der Welt" erwähnt,
womit das Schicksalsrad gemeint ist, das sich ständig dreht und die
Welt verändert, die Reichen arm macht und die Armen reich. Eine
andere Tradition (im gleichen Abschnitt) besagt: Die Welt gleicht einem Schöpfrad, d. h. einem Räderwerk, woran Schöpfgefäße angebracht sind; das volle Gefäß wird ausgeleert und das leere gefüllt.
Nach beiden Versionen ist der Sinn des Spruches:

> Reicher, bilde dir nichts ein!
> Morgen kannst du Bettler sein.

Demgemäß heißt es auch im Talmud: „Stets bete der Mensch,
vom Schicksal der Armut verschont zu werden; denn wenn es ihn
nicht heute trifft, kann es ihn morgen treffen, und wenn nicht ihn,
dann seine Kinder oder seine Enkel; denn: ein Rad dreht sich in der
Welt."[17] An der gleichen Stelle wird berichtet: „Rabbi Chija schärfte
seiner Frau ein: ‚Wenn ein armer Mann kommt, säume nicht, ihm
Brot zu reichen, damit andere Menschen ebensowenig säumen, deinen Kindern Brot zu reichen.' Da rief die Frau erschrocken aus: ‚Du
verfluchst sie ja!' Er aber erwiderte: ‚Ein Rad dreht sich in der Welt!'".

Natürlich ist mit dem Schicksalsrad nicht das blinde Schicksal gemeint, sondern die göttliche Vorsehung, die den Menschen materielle Güter gibt bzw. nimmt. So sagt Rabbi Gamaliel an der gleichen
Talmudstelle: „Wer sich der Geschöpfe erbarmt, dessen erbarmt sich
der Himmel. Wer sich der Geschöpfe nicht erbarmt, dessen erbarmt
sich auch der Himmel nicht." In der Fortsetzung finden wir auch eine
Bemerkung zum ewig aktuellen Thema des armen, vernachlässigten
Verwandten: Ein Rabbi Alexander nimmt Bezug auf einen Prover-
bien-Vers, der lautet: „Wer seine eigenen Verwandten betrübt, ist
grausam." (Prov. 11,17) Dies bezieht sich, sagt Rabbi Alexander, auf

jemanden, der aus einem freudigen Anlaß eine Familienfeier veranstaltet und seinen armen Verwandten nicht einlädt. Daß der Mensch gerade einen armen Verwandten zuvorkommend behandeln soll, wird an anderer Stelle (Deut. rabba 2,9) verdeutlicht durch ein kühnes Bild vom Verhältnis Gottes zum Volk Israel während der Notzeit der ägyptischen Knechtschaft: „Des Menschen Art ist es, einen reichen Verwandten zu umschmeicheln, einen armen aber zu verleugnen. Von Gott können wir lernen, nicht so zu handeln. Denn gerade als das Volk Israel in Ägypten sich in der größten Not befand, bekannte Gott sich zum Volke sozusagen als nahem Verwandten, indem er zu Mose sprach (Ex. 4,22): ‚Sprich zu Pharao: Mein erstgeborener Sohn ist Israel; lasse meinen Sohn frei!‘"

Eine weitere Aussage aus dem 34. Abschnitt des „Leviticus rabba" nimmt Bezug auf Prov. 22,2: „Der Arme und der Reiche begegnen sich; alle beide hat Gott geschaffen." Der Reiche dürfe sich also nicht überheben, meint dazu ein Rabbi in unserem Abschnitt. Es käme leider in der Praxis vor, daß ein Reicher den Armen nicht nur abweist, sondern noch dazu grob anfährt, etwa folgendermaßen: „Geh lieber arbeiten! Schau deine feisten Schenkel, deinen dicken Bauch, deine fleischigen Wampen!" Zu einem solchen reichen Mann, meint der Rabbi, spreche Gott: „Nicht genug, daß du nichts von dem gegeben hast, was *du* besitzt, wirfst du auch noch ein böses Auge auf das Wenige, das *ich* dem Armen gegeben habe." Ein solcher Reicher habe seinen Reichtum verwirkt. In der weiteren Fortsetzung des Abschnittes finden wir kurz und schlicht berichtet: „Wenn die Mutter des Rabbi Tanchuma auf den Markt ging, um für ihren Sohn ein Pfund Fleisch zu besorgen, kaufte sie zwei Pfund, ein Pfund für ihren Sohn und ein Pfund für die Armen; und wenn ihr Sohn ein Bündel Gemüse benötigte, kaufte sie zwei Bündel, – eines für ihren Sohn und eines für die Armen."

Im weiteren Verlauf des Abschnittes finden wir eine grundlegende Aussage zur Haltung des Schenkenden: es heißt, daß es nicht genüge, dem armen Manne eine Münze hinzuwerfen; man müsse sich auch mit ihm identifizieren. Als Beleg wird Jesaja zitiert, der in aufrüttelnder Weise für die Armen und Unterdrückten wirbt (Jes. 58,6 ff.): „Öffne die Schlingen des Frevels, löse die Bande des

Joches, frei entlasse die Unterdrückten, reiße ab jegliches Joch; brich dem Hungrigen dein Brot, bringe umherirrende Arme in dein Haus; so du siehst einen Nackten, bedecke ihn, und entziehe dich nicht deinem Fleisch und Blut!". Diese letzte Wendung wird erklärt als Pflicht zur Identifikation mit dem Armen: Entziehe dich ihm nicht, ist er doch *dein* Fleisch und Blut, ein Mensch aus Fleisch und Blut wie du selbst. „Und", – fügt Bar Kappara, der Autor dieser Ansicht, hinzu, „es gibt keinen Menschen auf Erden, der nicht selbst einmal in die Lage des Armen kommen könnte." Etwas weiter im Abschnitt führt Rabbi Lewi aus, daß auch ein anderer Jesaja-Vers diese Idee beinhalte, nämlich Kapitel 58, Vers 10, wo es heißt: „Gib dem Hungernden deine Seele". Das bedeutet nach Rabbi Lewi: „Wenn du nichts hast, ihm zu geben, tröste ihn mit Worten; sage ihm: Meine Seele entflieht mir aus Gram darüber, daß ich nichts geben kann!"

An einer anderen Stelle unseres Abschnittes sagt Rabbi Abin: „Wenn ein Armer vor deiner Türe steht, so steht Gott zu seiner Rechten, denn es heißt in den Psalmen (109,31): Gott steht zur Rechten des Armen." Dieses einprägsame Bild soll mahnen, den Armen zu achten und sich mit seinem Schicksal zu identifizieren.

VII. Gebete und Stätten der Gebete

1. Das Morgengebet

Der Talmud berichtet: „Eine Harfe hing über dem Bett des Königs David. Wenn um Mitternacht der Nordwind wehte und durch die Saiten der Harfe strich, fing sie von selbst an zu spielen und weckte den König, der aufstand und sich dem Dienst am Schöpfer widmete, bis die Morgenröte aufleuchtete. Nicht die Morgenröte weckte also den König auf, sondern umgekehrt: der König weckte sozusagen die Morgenröte auf."[1] In Anlehnung an diese talmudische Legende mahnt Joseph Karo zu Beginn seines im 16. Jahrhundert verfaßten Kodex des jüdischen Religionsgesetzes: „Man mache sich des Morgens stark wie ein Löwe und erhebe sich so früh zum Dienst am Schöpfer, daß nicht die Morgenröte einen aufwecke, sondern daß man umgekehrt der Morgenröte zuvorkomme." Noch heute legen die jemenitischen Juden Wert darauf, das Morgengebet bei Tagesanbruch zu verrichten. Doch ist diese zeitliche Bindung nur frommer Brauch, keine bindende Vorschrift. Empfohlen, nicht unbedingt gefordert wird auch die Verrichtung des Morgengebetes mit einem Minjan, d. h. in einer Gemeinschaft von mindestens zehn Betern. Ob aber bei Tagesanbruch oder später, ob einzeln oder in Gemeinschaft: Unabdingbar ist das bereits in der Bibel geforderte Anlegen der Gebetsriemen, die, am linken Arm gegenüber dem Herzen und an der Stirn getragen, je ein schwarzes Kästchen enthalten, in denen auf Pergament geschriebene grundlegende Tora-Abschnitte liegen. Durch das Umwinden der Riemen um Arm und Finger wird symbolisch der Bund zwischen Gott und Mensch befestigt.

Dieses Motiv weiterführend, hat man im 17. Jahrhundert die Sitte eingeführt, beim dreimaligen Umwinden des Riemens um den mittleren Finger der linken Hand die dreimalige Verlobungsformel Hos. 2, 21 f. zu rezitieren. Dort läßt der Prophet Hosea Gott zum jüdischen Volk sprechen: „Und ich verlobe dich mir auf ewig,/ und ich verlobe dich mir durch Recht, Gerechtigkeit, Huld und Liebe,/ und ich verlobe dich mir durch Treue, auf daß du Gott erkennst." Es sei hier kurz angemerkt, daß Goethe dieses Motiv in einem Brief an Charlotte von Stein vom 12. März 1781 verwendet; dort schreibt er: „Die Juden haben Schnüre, mit denen sie die Arme beim Gebet umwickeln; so wickle ich Dein holdes Band um den Arm, wenn ich an Dich mein Gebet entrichte und Deiner Güte, Weisheit, Mäßigkeit und Geduld teilhaftig zu werden wünsche..."

Dem eigentlichen Morgengebet voraus gehen einige Gedichte aus der mittelalterlichen hebräischen religiösen Dichtung, von denen das folgende Gedicht als Motto nicht nur für den jüdischen, sondern jeden Beter überhaupt gelten kann. Verfasser ist der spanisch-jüdische Klassiker Salomo ibn Gabirol (gest. 1070), ein lyrischer Gottsucher, der hier, im Begriff zu beten, erschreckt feststellt, daß ja Gott alle Regungen der menschlichen Seele kennt und daher des Gebetes gar nicht bedarf. Die Übersetzung ins Deutsche (natürlich kann sie den Ton des Originals nur mangelhaft wiedergeben) stammt von Geiger.[2]

> Des Morgens, auch des Abends/steh' ich vor dir, mein Hort,
> Mein Herz dir zu erschließen/ und sprech Gebeteswort.
> Da steh' ich zagend, bange,/ich weiß, dein Auge dringt
> In meiner Brust Geheimstes,/eh noch das Wort erklingt.
> Was ist auch des Gedankens,/was ist des Wortes Kraft,
> So mächtig er emporsteigt,/so mühsam es auch schafft?

Auf diese bange Frage nach dem Sinn oder der Sinnlosigkeit des Betens gibt der Dichter selbst die befreiende Antwort: Gott selbst wünscht, daß der Mensch sich ihm im Gebet zuwendet. Wir zitieren Fortsetzung und Schluß des Gedichtes:

> Doch dir gefällt's, wenn dankend/des Menschen Lied dich preist;
> So schall' es hell und fröhlich,/so lang in mir dein Geist.

Das Morgengebet kann nun beginnen. Es besteht aus drei Hauptteilen: Der erste Teil sind Psalmen, umrahmt von Segenssprüchen.

17. *M. Chagall, Betender Jude mit Gebetsriemen.*

Der zweite, älteste Teil ist das „Schma"-Gebet, beginnend mit dem bekannten Glaubensbekenntnis Deut. 6,4: „Höre, Israel (hebr.: Schma Jisrael), der Ewige, unser Gott, ist ein einziger Gott". Daran schließen sich andere grundlegende Pentateuch-Verse über Liebe zu Gott, Lohn und Strafe etc. an. Auch dieser zweite Gebets-Teil beginnt und schließt mit Segenssprüchen. Der dritte Teil ist das sogenannte

Achtzehngebet, d. h. Gebet der 18 Segenssprüche. Die ersten drei Segenssprüche beinhalten Lob Gottes, die mittleren beinhalten Bitten an Gott, die letzten drei nochmals Lob Gottes und Dank für erwiesene und noch erhoffte Wohltaten. Als Richtlinie für diesen dreigeteilten Aufbau des Achtzehngebetes gilt der talmudische Ausspruch: „Nie bitte man um seine Bedürfnisse in den ersten drei und letzten drei Segenssprüchen, sondern in den mittleren, denn Rabbi Chanina sagt: Bei den ersten drei gleicht man einem Diener, der seinem Herrn Lob spendet; bei den mittleren gleicht man einem Diener, der von seinem Herrn Lohn erbittet; bei den letzten gleicht man einem Diener, der von seinem Herrn Lohn erhalten hat, sich verabschiedet und fortgeht."[3]

Schließen wir mit einigen Übersetzungsproben aus dem Achtzehngebet. Der mittlere Segensspruch des ersten Teiles lautet: „Du bist mächtig in Ewigkeit, Herr, belebst die Toten, du bist stark im Helfen. Du ernährst die Lebenden in Gnade, belebst die Toten in großem Erbarmen, stützest die Fallenden, heilst die Kranken, befreist die Gefesselten und hältst die Treue denen, die im Staube schlafen... Gelobt seist du, Gott, der du die Toten wieder belebst." Als Beispiel für die mittleren Segenssprüche, also die Bitten, sei deren erste zitiert, die Bitte um Verstand: „Du begnadest den Menschen mit Erkenntnis und lehrst den Menschen Einsicht; begnade uns von dir mit Erkenntnis, Einsicht und Verstand. Gelobt seist du, Gott, der du mit Erkenntnis begnadest." Das Achtzehngebet schließt mit den Worten: „Gelobt seist du, Gott, der sein Volk Israel mit Frieden segnet"; nach einer anderen Version noch kürzer und allgemeiner: „Gelobt seist du, Gott, der du Frieden stiftest." Daraufhin geht der Beter drei Schritte rückwärts und verneigt sich, sich auf diese Weise sozusagen von Gott verabschiedend, vor dem er während des Achtzehngebetes gestanden hatte.

2. Regen und Tau als religiöses Symbol

Der − bereits im vorigen Kapitel zitierte − zweite Segensspruch des jüdischen Hauptgebetes, des sogenannten Achtzehngebetes, hat zum

Gegenstand Gottes Allmacht, eine Allmacht, die sich offenbart im „Stützen der Fallenden, Heilen der Kranken und Befreien der Gefesselten" und in der „Wiederbelebung der Toten" am Ende der Zeiten. Gleich zu Beginn des Segensspruchs heißt es: „Du bist mächtig in Ewigkeit, Herr, belebst die Toten, bist stark im Helfen". An dieser Stelle aber, bevor es im weiteren heißt: „Du ernährst die Lebenden in Gnade" etc., wird ein kurzer Passus eingeschaltet, im Winter anders lautend als im Sommer; nämlich im Winter: „Du läßt wehen den Wind und läßt herabfallen den Regen", – im Sommer: „Du läßt wehen den Wind und läßt herabfallen den Tau." Auf den ersten Blick scheint dieser Hinweis auf Regen bzw. Tau fast wie ein unwichtiges Detail im Verhältnis zu den vorher und nachher erwähnten gewaltigen Zeichen göttlicher Allmacht. Wir müssen uns aber vergegenwärtigen, daß im Land Israel, auf das die Gebete in erster Linie zugeschnitten sind, das Gedeihen der Landwirtschaft und damit die materielle Existenz der Bewohner des Landes vom Regen im Winter und vom Tau im Sommer abhängen. Regen und Tau haben hier, neben der landwirtschaftlichen, vor allem auch die symbolische Bedeutung des Lebensspenders am Ende der Zeiten, da die Toten wieder auferstehen werden zum ewigen Leben. In der lapidaren Einschaltung „Du läßt wehen den Wind und läßt herabfallen den Regen (bzw. den Tau)" tritt diese eschatologische Bedeutung von Regen und Tau nicht offen zu Tage, sie ist nur durch den bereits erwähnten Kontext suggeriert.

Was aber der Gebetstext, der aus dem Altertum stammt, nur impliziert, wird in einem synagogalen Gedicht aus dem frühen Mittelalter deutlich hervorgehoben. Wir erwähnen die Entstehungszeit des Gedichts deshalb, weil nach dem Verlust des eigenen Staates im Jahre 70 n. Chr., nach dem die meisten Juden im Exil lebten, die eigentliche landwirtschaftliche Bedeutung von Regen und Tau kaum mehr aktuell war und die übertragene Bedeutung immer wichtiger wurde.

Das synagogale Gedicht, das hier wiedergegeben werden soll, wird während des Gottesdienstes am 1. Tag des Osterfestes gesungen, also zu Beginn des Sommers, wenn im Lande Israel die Regenzeit zu Ende ist und das Wort „Regen" in der besagten Einschaltung durch das Wort „Tau" ersetzt wird. In jeder der 6 Strophen wird zuerst Tau vom Himmel herabgefleht – als Segen für die Landwirtschaft, also

Tau im wörtlichen Sinn. Im zweiten Teil jeder Strophe werden die Wieder-Errichtung der Stadt Jerusalem und die Wieder-Aufrichtung des jüdischen Volkes nach den Leiden des Exils herbeigefleht. Der zweite Teil folgt auf den ersten jeweils abrupt, ohne Überleitung, aber der Zusammenhang ist offenbar: An den Wunsch nach Aufblühen der Landwirtschaft durch den irdischen Tau schließt sich, als eschatologische Steigerung, der Wunsch nach Aufblühen der Stadt Jerusalem und des jüdischen Volkes, bewirkt durch den göttlichen Tau, in symbolischer Bedeutung. Das unter dem Namen „Gebet für Tau" bekannte Gedicht, sein Verfasser ist Elieser Hakalir,[4] lautet:

> O milden Tau gib für dein Land zum Heil!
> Durch deine Huld sei Segen unser Teil.
> Gewährst du Korn und Most in reichem Segen,
> Richt auf die Stadt, die liebend du willst hegen.
>
> O sende Tau, das Jahr mit Heil zu krönen.
> Des Feldes Frucht – laß sie gedeih'n, verschönen!
> O sei die Stadt, die öd' und ausgeleert,
> in deiner Hand ein Diadem von Wert.
>
> O weh' herab den Tau auf Segensland.
> Dein Gut in Fülle sei herabgesandt.
> Laß aus der Nacht in hellem Glanze prangen
> das Volk, das dir einst nachzog voll Verlangen.
>
> Der Tau durchdufte, was auf Bergen sprießt.
> Durch deine Macht sei Köstliches versüßt.
> O deine Lieben rett' aus Drangsals Haft,
> Dann tönt dir Lob und Dank in lauter Kraft.
>
> Der Tau mit Fülle unsere Speicher tränke,
> Uns zu verjüngen deine Huld uns schenke.
> Für ewig, Herr, laß unsern Namen blühn,
> Wie Fluren, durch die Segensströme zieh'n.

O sende Tau zum Segen unsrer Zehrung,
O schütze Fülle vor der Not Verheerung.
Dem Volk, das du der Herde gleich geleitet,
Sei Huld und Gnade immerdar bereitet.[5]

3. Das Abfassen neuer Gebete

Die erhabensten Gebete verlieren an Wert, wenn sie als bloße Litanei, als Lippenbekenntnis, heruntergeleiert werden. Dieses Herunterleiern hat bereits der Prophet Jesaja gebrandmarkt – Kapitel 29, 13 ff.: „Es spricht der Herr: ‚Darum, weil dieses Volk sich nähert mit seinem Munde, und mit seinen Lippen mich ehret, sein Herz aber hält es fern von mir, und es war ihre Furcht vor mir ein angelerntes Menschengebet... darum soll untergehen die Weisheit seiner Weisen.'"

Diese Verse werden im populärsten jüdischen Gesetzeskodex, vor ca. 100 Jahren von Salomo Ganzfried verfaßt, folgendermaßen kommentiert: „Gott sprach zu Jesaja: Sieh das Werk meiner Kinder, wie es nur zum Schein geschieht und sie daran festhalten, wie ein Mensch am überkommenen Brauch seiner Väter festhält und ihn übt. Sie kommen in mein Haus und beten vor mir die festgesetzten Gebete, gleich dem Brauch ihrer Väter, nicht mit ganzem Herzen. Darüber entbrennt der Zorn Gottes und er vernichtet die Weisheit der Weisen, die ihn erkannten und doch nur aus Gewohnheit loben und nicht mit Andacht."[6] Das Nachlassen der Andacht bei ständiger Wiederholung des gleichen Gebetstextes ist freilich nicht immer schlechte Absicht, sondern eine Schwäche der menschlichen Natur. So entstanden schon im frühen Mittelalter, bei aller Ehrfurcht vor den überkommenen täglichen und festtäglichen Standardgebeten, Zusatzgebete, die nicht die Ehrwürdigkeit des Alten, aber den Reiz des Neuen besaßen, im Lauf der Zeit freilich ihrerseits zu einem Bestandteil der Standardgebete wurden. So berichtet der Historiker Brann über die allmähliche Fixierung und Standardisierung der synagogalen Gebete seit dem Altertum und bemerkt: „Bei dem Grundstock der Gebete... blieb es nicht lange. Die Begeisterung, in welche der Psalmist die Andächtigen versetzte, entlockte (den Dichtern) neue Hymnen und dichterische Betrachtungen, welche das alte Gebet blühend umrankten. Schon in jener frühen Zeit (gemeint ist: im Frühmittelalter) erweiterte sich der die Psalmen beschließende Segensspruch für den Sabbat zu einem Jubelgesang auf den Herrn." Aus dieser neuen Hymne, beginnend mit „Der Odem alles Lebenden lobt deinen Namen", zitiert Brann anschließend folgenden, für den exaltierten Stil typischen Passus: „Wenn auch unser Mund voll wäre des Gesanges wie das Meer, und unsere Zunge des Jubels wie das Brausen seiner Wellen, und unsere Lippen voll Preis wie die Ausdehnung des Firmaments, und unsere Augen leuchtend wie Sonne und Mond, und unsere Hände ausgebreitet wie die Adler am Himmel, und unsere Füße schnell wie die Rehe, – wir würden nicht damit ausreichen, dir zu danken, Ewiger, unser Gott und Gott unserer Väter, und zu segnen deinen Namen für eine der tausend- und abertausend, ja myriadenfachen Wohltaten, die du getan hast an unseren Vätern und an uns."[7]

Diese Hymne, ursprünglich neuer Zusatz, ist inzwischen längst zu einem integralen Bestandteil der Sabbat-Liturgie geworden. Zu allen Zeiten aber verfaßten bekannte und unbekannte Dichter kunstvolle oder einfach aufgebaute Gebete, die *nicht* in die offizielle Gebetsordnung aufgenommen wurden und von vornherein gar nicht dazu bestimmt waren. Besonders innig sind Gebete in jiddischer Sprache, der Sprache der in Osteuropa ansässig gewesenen jüdischen Volksmassen. Ein bekanntes Gebet in jiddisch, eine Hymne an Gott, stammt von dem um 1800 lebenden chassidischen Rabbi Levi Isaak aus Berditschew, einer Stadt in Rußland. Es wird „das Dudele" genannt, wegen des darin stets sich wiederholenden Wortes „Du", womit Gott angeredet wird. Das Lied lautet, ins Hochdeutsche übertragen:

> Wo ich gehe – du!
> Wo ich stehe – du!
> Nur du, wieder du, immer du!
> Du, du, du!
> Ergeht's mir gut – du!
> Wenn's weh mir tut – du!
> Nur du, wieder du, immer du!

Du, du, du!
Himmel – du, Erde – du,
Oben – du, unten – du,
Wohin ich mich wende, an jedem Ende
Nur du, wieder du, immer du!
Du, du, du!

Im Gegensatz zu diesem bekannten Hymnus, der auch von Martin Buber in seinen „Erzählungen der Chassidim" aufgenommen ist,[8] fanden wir an einer entlegenen Stelle[9] ein nicht weniger inniges, nicht weniger originelles Gebet, in dem Gott in jiddischer Sprache ebenfalls direkt angeredet wird. Auch dieser Herzenserguß sei in hochdeutscher Fassung wiedergegeben:

Großer Gott, hab Mitleid (Rachmones) mit dem Kleinsten!
Süßer Gott, hab Mitleid mit dem Verbitterten!
Hoher Gott, hab Mitleid mit dem Niedrigsten!
Guter Gott, hab Mitleid mit dem Schlechtesten!
Starker Gott, hab Mitleid mit dem Schwächsten!
Heiliger Gott, hab Mitleid mit dem Unreinen!
Ganzer Gott, hab Mitleid mit dem Zerbrochenen!
Wahrhaftiger Gott, hab Mitlied mit dem Falschesten!
Bester Gott, hab Mitleid mit dem Ärgsten!
Hoher Gott, hab Mitleid mit dem armen Mann![10]

4. Die Synagoge, Stätte des jüdischen Gottesdienstes

Synagogen, also Stätten des jüdischen Gemeinde-Gottesdienstes, existierten, ebenso wie der Gemeinde-Gottesdienst selbst, schon zur Zeit, da noch der Tempel in Jerusalem existierte und unter Gottesdienst schlechthin die Darbringung der Opfer auf dem Altar des Tempels verstanden wurde, begleitet von der Psalmen-Rezitation der Leviten. Nach der Zerstörung des Tempels durch die Römer im Jahre 70 n. Chr. und dem dadurch bedingten Aufhören des Opferkultes blieb die Kontinuität des Gottesdienstes durch die Weiter-Existenz der Synagogen gewahrt. Die Worte des Propheten Hosea (14,3) „Wir wollen mit unseren Lippen die Stiere bezahlen" wurden von der nach Zerstörung des Tempels verfaßten aramäischen Bibel-Übersetzung so aufgefaßt: „Es mögen die Worte unserer Lippen von dir, o Gott, so aufgenommen werden, als ob wir Stiere dir zum Wohlgefallen auf dem Altar dargebracht hätten." In der jüdischen Homiletik[11] wird daher die Synagoge als „kleiner Tempel" bezeichnet, auch dies in Anlehnung an einen Bibelvers, nämlich Ez. 11, 16, wo es heißt: „So spricht Gott, der Herr: ‚Obwohl ich sie entfernt habe unter die Völker, und obwohl ich sie zerstreut habe unter die Länder, so werde ich ihnen doch zu einem kleinen Heiligtum sein in den Ländern, in die sie gekommen sind.'"

Während nun im Tempel nur Priester und Leviten den Opferdienst versahen, kann ein Gemeinde-Gottesdienst in der Synagoge schon stattfinden, wenn zehn männliche, mindestens 13 Jahre alte Juden anwesend sind, gleich ob priesterlicher oder nicht-priesterlicher Abstammung, und einer der Anwesenden, wiederum gleich welcher Abstammung, als Vorbeter fungiert. Auch die Anwesenheit eines Rabbiners ist nicht erforderlich. Kein einziger Kultgegenstand wird benötigt, nicht einmal ein Gebetbuch, wenn man die Gebete auswendig weiß. An den Tagen freilich, an denen aus der Tora-Rolle vorgelesen wird (an Sabbat- und Feiertagen, sowie ein kleiner Abschnitt jeden Montag und Donnerstag), muß eine korrekt geschriebene Tora-Rolle am Platze sein, da die schriftliche Lehre nicht mündlich, also nicht auswendig vorgetragen werden darf.

Da es also für den Gemeinde-Gottesdienst keiner speziellen Kultgegenstände bedarf, und da zudem der Gemeinde-Gottesdienst – im Gegensatz zum Opferkult – geographisch nicht an einen bestimmten Ort gebunden ist, kann jeder, wie auch immer ausgestattete Raum, in dem regelmäßig ein Gottesdienst stattfindet, als „Synagoge" bezeichnet werden. Freilich haben sich die jüdischen Gemeinden meist nicht mit diesem Minimum begnügt, sondern als äußeres Zeichen der Verehrung Gottes Synagogen errichtet, die die ganze Variationsbreite außen- und innenarchitektonischer Möglichkeiten in verschiedenen Ländern zu verschiedenen Zeiten aufweisen.

Die Tora-Rolle – meist waren es einige Rollen – versah man mit wollenen Mäntelchen und silbernen Kronen und bewahrte sie in dem mit reicher Ornamentik versehenen Tora-Schrein an der Vorderwand der Synagoge auf. Vor dem Schrein war meist ein Vorhang angebracht, bestickt mit passenden Bibelversen oder mit religiösen Symbolen, etwa den Gesetzestafeln oder einem Davidstern. Teppichbelegte Stufen führten in der Mitte der Synagoge zum Tora-Vorlesungspult, während das Vorbeterpult vorne plaziert war und rechts davon meistens ein großer silberner Leuchter ohne besondere Funktion, wahrscheinlich nur zur Erinnerung an den siebenarmigen Leuchter im Tempel. Diese Anordnung hat sich bis heute erhalten, wobei dem Brauchtum bei der Ausstattung großer Spielraum gelassen ist.

Im Talmud[12] findet sich die Schilderung einer riesigen Basilika-Synagoge zu Alexandrien, die so groß war, daß die Stimme des Vorbeters nicht bis hinten gehört werden konnte, weshalb der Synagogendiener, auf einem hölzernen Podest stehend, den Betern jeweils durch Schwingen eines Tuches anzeige, daß der Vorbeter einen Segensspruch beendete und daher das „Amen" der Gemeinde fällig war. Die scheinbar unpersönliche Atmosphäre dieser Synagoge wurde dadurch ausgeglichen, daß, wie der Talmud an der gleichen Stelle berichtet, die Beter nach Berufen geordnet saßen: die Goldschmiede für sich, die Silberschmiede für sich, ebenso die Köhler, die Metallarbeiter etc. „Wenn nun ein armer Fremder kam", ich zitiere wörtlich, „erkannte er die Angehörigen seines Handwerkes und wandte sich an sie, und sie verschafften ihm Arbeit und Lebensunterhalt für ihn und seine Familie."

Im Laufe der Zeit wurden Prachtsynagogen errichtet, wie die sogenannte Altneu-Schul in Prag und die portugiesische Synagoge in Amsterdam, beide heute noch existierend und unter Denkmalschutz stehend. Viel häufiger aber ist der Typus des kleinen, mehr Wärme als Feierlichkeit ausstrahlenden kleinen Bethauses. Ein solches gelangte ebenfalls zu Weltberühmtheit: die kleine Synagoge im Hadassa-Krankenhaus in Jerusalem, deren 12 Glasfenster Chagall mit Symbolen der 12 Stämme bemalte. Ob aber groß oder klein, feierlich oder intim – stets war und ist die Synagoge für die Juden, wie ihre jüngeren Schwestern, die Kirche und die Moschee für Christen und Mohammedaner, die zentrale Stätte der religiösen Gemeinschaft, in der die Gemeinde sich im Gebet zu Gott erhebt: in Lobgebeten, Dankgebeten und Bittgebeten.

Oft genug erlitt die Synagoge das Schicksal der Juden: sie hatte wie die Juden um ihre Existenz zu kämpfen, sie wurde angegriffen und verbrannt. Das Fanal für Hitlers Vernichtungsfeldzug gegen die Juden war nicht zufällig die Niederbrennung der Synagogen Deutschlands in der sogenannten Kristallnacht am 9. November 1938. Was darauf folgte, ist bekannt, darf aber für die Juden nicht der Anlaß sein, sich nun gegenüber der Umwelt abzukapseln; denn gerade heute ist es mehr denn je nötig, auch für das Heil der Gesamtmenschheit zu beten, im Sinne des Jesaja-Verses (Jes. 56,7), der als Motto über dem Portal vieler Synagogen geschrieben steht: „Denn mein Haus soll ein Bethaus sein für alle Völker."

5. Zum Andenken an zerstörte Synagogen

Die Zerstörung jüdischer Gotteshäuser ist umso schmerzhafter, als ihre Erbauung oft mit großen materiellen Schwierigkeiten verbunden war und sich über längere Zeitperioden hinzog. Ein Beispiel hierfür ist die Nisan Bak-Synagoge in der Jerusalemer Altstadt, genannt nach dem Jerusalemer Druckerei-Besitzer Nisan Bak, auf dessen Initiative seit dem Jahre 1843 in der Diaspora Gelder gesammelt wurden für den Erwerb eines Grundstückes in Jerusalem nahe der Klagemauer und zur Errichtung einer Synagoge auf diesem Grundstück. Es sollte eine prachtvolle Synagoge werden, aber aus Mangel an Mitteln zog sich der Bau viele Jahre hinaus. Als der österreichische Kaiser Franz Joseph anläßlich der Eröffnung des Suezkanals im Jahre 1869 auch Jerusalem besuchte, gewahrte er den unvollendeten Prachtbau. „Wo ist das Dach der Synagoge?" fragte der Kaiser, und Nisan Bak antwortete schlagfertig: „Exzellenz! Sogar die Synagoge ist glücklich, den Kaiser begrüßen zu dürfen und hat aus Ehrerbietung den Hut vor Eurer Majestät abgenommen." Der Kaiser soll die Andeutung verstanden und 100 Franken zur Vollendung des Baus gespendet haben. Jedenfalls wurde die schöne Synagoge, mit 30 der Klagemauer zugewendeten Fenstern und einer 12-fenstrigen Kuppel, im Jahre 1870 eingeweiht.[13]

Lange hatte sich der Aufbau der Synagoge hingezogen, jäh war ihr Untergang. Zusammen mit 57 anderen historischen Synagogen der Jerusalemer Altstadt wurde sie 1948 von den Jordaniern zerstört. Zehn Jahre vorher, in der oben erwähnten Kristallnacht, hatten 267 Synagogen in Deutschland das gleiche Schicksal erlitten und bald darauf, als Begleiterscheinung der Judenvernichtung, unzählige Synagogen in den von Deutschland eroberten Gebieten, vor allem im Osten, in Polen, Ungarn, Litauen, Rußland etc. Nostalgische Erinnerungen an die eine oder andere dieser Synagogen haben sich hie und da erhalten, etwa in Gedenkbüchern zum Andenken an die untergegangenen jüdischen Gemeinden. Einem in jiddischer Sprache geschriebenen, autobiographischen Erzählungsband[14] entnehmen wir die folgende Beschreibung einer Synagoge in Polen. Der Verfasser heißt I. Manitsch, und die Beschreibung bezieht sich auf eine Synagoge seiner Heimatstadt Wyszogrod,[15] unweit von Warschau. Ich übersetze aus dem Jiddischen des Originals:

„Schön ist das Städtchen Wyszogrod! Nicht weit vom Marktplatz erhebt sich majestätisch ein Berg, der die ganze Umgebung in vornehmer Ruhe überblickt und bewacht. Es ist der Schloßberg. Er heißt so, weil dort früher ein Schloß gestanden haben soll. Das Jungvolk kletterte gern bis zur Spitze und fand dort Scherben und abgeriebene Nickelmünzen, Zeugen aus alten Zeiten, die verflossen sind und nie mehr wiederkehren. Zu Füßen des Schloßberges braust und kocht die Weichsel mit ihren Schleppschiffen, Kähnen und Barken, die Tausende Tonnen Weizen in ihren Bäuchen aufnehmen und auf dem Wasserwege abtransportieren. Vom Weichselstrand schlängelt sich ein Weg bergauf zum Schloßberg, mit einer Abzweigung zu einem anderen, kleineren Berg, der still vor sich hinträumt; dies ist der Synagogenberg.

Dort steht tatsächlich eine Synagoge, mit drei hohen Fenstern auf jeder Seite, zusammen also zwölf, entsprechend den Stämmen Israels. Sie trägt den Namen Festungssynagoge, weil der Bau ursprünglich, in uralten Zeiten, als Festung diente. Zwei Ellen dick sind daher die Wände dieser Synagoge, die als eine der schönsten in ganz Polen

18. *Die Münchner Synagoge, eine der wenigen Synagogen Deutschlands, die in der „Kristallnacht" (9. November 1938) nicht zerstört wurden. An der Vorderwand der Toraschrein; im Vordergrund das Tora-Vorlesepult. Oben zu beiden Seiten die Frauen-Empore.*

gilt, wegen der kühnen Architektonik, ihrer Kuppeln und Gewölbe, der ziselierten Ornamentik und nicht zuletzt wegen der prächtigen Wandgemälde. Durch das Hauptportal gelangt man über 7 Marmortreppen zum eigentlichen Eingang, über dem der Bibelvers geschrieben ist: ‚Aus den Tiefen rufe ich dich, o Gott!' Der Schrein an der Vorderwand, der die Torarolle enthält, nimmt die ganze Höhe der Vorderwand ein. Werktags ist der Schrein mit einem weinroten Vorhang behangen, an Sabbat- und Feiertagen mit einem hellblauen. Man erzählt, daß früher einmal, beim Öffnen des Schreins zwecks Aushebens der Torarolle, zwei Löwengestalten die Torarolle in ihren Vorderpranken hielten und einen martialischen Brummton von sich gaben, als Begleitmusik sozusagen zum bei dem Ausheben gesungenen Bibelvers, Num. 10,35: ‚Es war, wenn die Bundeslade aufbrach, sprach Moses: Erhebe dich, Gott, daß deine Feinde sich zerstreuen und deine Hasser vor dir fliehen.' Die Alten wissen nicht mehr, wann der geheimnisvolle Mechanismus dieser Löwen sich so verhaspelt hat, daß ihn niemand mehr reparieren kann...

Nun zu den Bildern: Das größte Gemälde in der Synagoge stellt die Arche Noah's dar; die Wasserwellen brausen und toben, die Tiere stoßen sich mit den Hörnern, jedes will vor den anderen in die rettende Arche gelangen. Schön ist die Höhle Machpela, und traurig das Grab Rachels in Bethlehem. ‚Rachel weint um ihre Kinder' und Dutzende andere Bibelverse weinen gleichsam auf dem alten Grabstein. ‚An den Strömen Babylons saßen wir und weinten' ist das Thema eines anderen großen Gemäldes, und weitere Großgemälde zeigen die Stadt Jerusalem mit dem Tempelberg, sowie die Opferung Isaaks. Kleineres Format haben die Bilder mit den Cherubim, den Widderhörnern, den Weintrauben, dem Tal Scharon. Die Südwand wird eingenommen durch Fresken aus dem heimischen Leben: in tiefem Schnee versunkene Fuhrwerke und Menschen auf silbergrauen Wegen auf der Suche nach neuen Heimen. Sie tragen kurze grüne Mäntel, die Hosen in Schaftstiefeln, und auf den Köpfen spitze Hüte, deren gelbe Zipfel nach hinten geworfen sind. Am eindrucksvollsten ist der Todesengel: dieses Gemälde stellt einen geflügelten Löwen mit einem Menschengesicht dar. In der einen aufgehobenen Vorderpfote hält er ein Schwert, in der anderen eine Schüssel mit Erde. Seine Augen sind unzählbar, Schrecken einjagend blicken sie nach allen vier Himmelsrichtungen gleichzeitig: Mensch, du kannst uns nicht entrinnen!"

Soweit die Schilderung, die anscheinend zu einer Zeit niedergeschrieben wurde, da die Synagoge noch existierte. Der Todesengel kommt uns heute vor wie ein Symbol des Untergangs dieser und der meisten anderen Synagogen Osteuropas im Rahmen der „Endlösung". Solange aber jüdische Gemeinden weiter existieren, wo und wann auch immer, werden weiter Synagogen gebaut werden, prunkvolle oder einfache Stätten der Verehrung Gottes.

VIII. Sabbat und Feiertage

1. Die Poesie des „Sabbat-Empfanges"

Das berühmte hebräische liturgische Gedicht, das nach seinen Anfangsworten genannt wird: „L'cha dodi", zu deutsch: „Komm mit, mein Freund", ist eines der jüngsten Stücke im jüdischen Gebetbuch, hat sich aber durch seinen dichterischen Schwung einen festen Platz im Freitagabend-Gottesdienst errungen. Der Verfasser, Salomo Alkabez, gehörte jenem Kreis der Mystiker an, die im 16. Jahrhundert im Heiligen Land in der Stadt Safed wirkten. Diese Mystiker von Safed haben mit den späteren osteuropäischen Chassidim gemeinsam die besonders ausgeprägte Tendenz, Gott „in Freuden zu dienen". „Die Freudigkeit des sich seinem Gott nahe fühlenden Menschen lebte in ihnen", schreibt Elbogen,[1] „besonders die Feiern der Sabbate, Neumonde und Feste waren Zeiten reinsten Frohsinns, gehobenster Stimmung, die gemeinsamen Mahlzeiten, die dabei gesungenen Hymnen erheiterten die Genossen, erweckten in ihnen Verzückungen, als nähmen sie an Paradiesfreuden teil."

Das Lied „L'cha dodi" beruht auf dem Gedanken des freudigen Empfangs der Sabbatbraut durch ihren Bräutigam, nämlich das Volk Israel. Der Gedanke an sich findet sich bereits im Talmud: „Rabbi Chanina", heißt es dort,[2] „pflegte sich am Vorabend des Sabbat in seine schönen Gewänder zu hüllen und zu sagen: ‚Kommt, laßt uns der Prinzessin Sabbat entgegengehen!'" Diese im Talmud bildlich gemeinte Huldigung für die Prinzessin Sabbat wurde im Kreis der Mystiker zu Safed wörtlich genommen. Man ging mit einigen Genossen unter dem Ruf „Auf, laßt uns den Sabbat empfangen!" ins Freie hinaus und sang dabei Psalm 93, den Sabbat-Psalm, sowie andere Psalmen zum Lobpreis Gottes. Auf diesem Brauch basiert unser Lied, dessen Refrain lautet: „Komm mit, mein Freund, der Sabbatbraut entgegen!" Mit dem Freund ist niemand anderes als Gott gemeint, der in diesem kühnen Bild gleichsam eingeladen wird, das Volk Israel beim Sabbatempfang zu begleiten.

Die folgende Übersetzung des Liedes findet sich in der „Geschichte der Juden" von M. Brann.[3] Zum Verständnis der 1. Strophe sei vorausgeschickt, daß das 4. Gebot im 2. Buch Mose beginnt: „Gedenke des Sabbattages", im 5. Buch Mose steht jedoch: „Hüte den Sabbattag". Nach frommer Tradition wurden beide Worte bei der Offenbarung am Sinai gleichzeitig gesprochen und gleichzeitig vom Volk vernommen, was normalerweise nicht menschenmöglich ist. Das „Gedenken" bezieht sich auf das aktive Feiern des Tages durch die Liturgie, – das „Hüten" bezieht sich auf das passive Feiern, das „Sichhüten" vor Werktätigkeit. Nun der Wortlaut der 1. Strophe in Übersetzung:

„Hüt"! und „gedenk!" war Gottes Ruf,/ als er den heiligen Sabbat schuf/ in seiner Allmacht Fülle.

Mit diesem einen einz'gen Laut/ ward Israel er anvertraut/ als des Allein'gen Wille.

Zum Verständnis der 2. Strophe sei vorausgeschickt, daß die Institution des Ruhetages zwar die letzte Schöpfung Gottes bei der Erschaffung der Welt darstellte, nach frommer Tradition aber schon von Anbeginn geplant oder „geweiht wurde", wie der Dichter sich ausdrückt, dem wir nun das Wort geben für die 2. Strophe:

Dem Sabbat froh entgegeneilt!/ Als Segensquell will ungeteilt/ er euren Pfad beglücken.

Geweiht ist er von Anbeginn,/ des Höchsten Werk nach seinem Sinn/ vollendend erst zu schmücken.

In der 3. Strophe wendet sich der Dichter sehnsuchtsvoll in direkter Anrede der Stadt Jerusalem und dem zerstörten Tempel zu, um deren Wiederaufbau durch Gott sozusagen herbeizubeschwören:

O Gotteshaus, o Heiligtum,/ o Stadt, erfüllt von Gottes Ruhm,/ dem dunklen Grab entsteiget!

Entflieht dem öden Jammertal!/ Schon leuchtet euch der Hoffnung Strahl,/ den Gottes Hand euch zeiget.

Auch in den nächsten Strophen ist Jerusalem sehnsuchtsvoll in der zweiten Person angeredet, und damit verbunden ist die Vision des Einzugs des Messias, des Nachkommen von König David, Sohn Isai's, in die wieder aufgebaute Stadt:

> O schüttle ab den Staub und Wust,/ erwach zu neuer Lebenslust,/ zeig' dich im Festgewande!
> Aus Bethlehem naht Isai's Sohn,/ zu gründen neu den Königsthron/ in deinem heil'gen Lande.
>
> Wach auf zu neuem Tatendrang,/ wach auf zu frohem Jubelsang,/ dein Stern erglänzet wieder.
> Flamm auf, hellstrahlend Gotteslicht,/ dir leuchtet Gottes Angesicht,/ Ihm singe Jubellieder.
>
> Die einst Zerstörung dir gebracht,/ die dir Verderben zugedacht,/ Sieh' da, sie sind vernichtet!
> Wie Bräutigam der holden Braut/ hat sich der Herr dir angetraut,/ mit dir den Bund errichtet.
>
> Wie dehnt dein Reich sich groß und weit/ um deines Gottes Herrlichkeit/ und seinen Ruhm zu melden!
> Wie wirst du jubelnd bald umfahn (= umfangen)/ den Retter, der zum Heil wird nahn/ aus Judas Stamm, den Helden!

In der nun folgenden letzten Strophe kehrt der Dichter nach seinen Träumereien von einer besseren Welt wieder zum Hauptthema zurück, dem Empfang der Sabbatbraut, deren allwöchentliche eintägige Anwesenheit ja, nach einem talmudischen Ausspruch,[4] einen „Vorgeschmack der kommenden Welt" bietet. Bei dieser letzten Strophe, in der die Sabbatbraut direkt angeredet wird, ist es Brauch, daß sich alle Beter umwenden, so den „Empfang" des Sabbats andeutend, – ein Überrest der ursprünglichen Sitte, aufs Feld hinauszugehen. Diese letzte Strophe, die besonders feierlich gesungen wird, lautet:

> Drum nah' in Frieden, Tag der Lust,/ zieh' ein in jede Menschenbrust,/ wie lieben Weibes Treue!

Dich grüßt der Fromme innig traut/ wie seiner Jugend holde Braut,/ dich preist er stets aufs neue.

Zum Abschluß folgt, wie nach jeder Strophe, der Refrain: „Komm mit, mein Freund, der Sabbatbraut entgegen!" Damit hat der Sabbat begonnen.

2. Von der Pesach-(Oster-)Haggada

Haggada bedeutet: Erzählung; wenn aber von der Haggada schlechthin die Rede ist, dann ist die Erzählung vom Auszug aus Ägypten gemeint, die an den beiden ersten Abenden des jüdischen Osterfestes im Familienkreis vom Hausherrn vorgelesen wird, eingeleitet durch die „vier Fragen" des jüngsten Familienmitglieds, einem Kind in der Regel, das diese Fragen vorher fleißig auswendig gelernt hat. Die beiden ersten und wichtigsten Fragen lauten: „Warum ist diese Nacht anders als alle anderen Nächte? Jede andere Nacht essen wir beliebig gesäuertes und ungesäuertes Brot, diese Nacht nur ungesäuertes. In allen anderen Nächten essen wir allerlei Kräuter; diese Nacht – Bitterkraut." Der Hausherr antwortet nicht direkt, daß das Bitterkraut an den bitteren Frondienst erinnert und die ungesäuerten Brote an den Proviant beim Auszug – sondern er beginnt die Erzählung, indem er sagt: „Knechte sind wir gewesen dem Pharao in Ägypten, aber der Ewige, unser Gott, hat uns herausgeführt von dort mit starker Hand und mit ausgestrecktem Arm." Und es folgt die Mahnung, die vom Geschichtsbewußtsein der jüdischen Religion zeugt: „Und hätte der Heilige, gelobt sei er, unsere Väter *nicht* aus Ägypten geführt, so wären, wahrlich, wir, unsere Kinder und Kindeskinder auf ewig den Ägyptern dienstbar. Und wären wir auch alle weise, alle vernünftig, alle erfahren, alle Kenner der Tora, so bliebe es dennoch unsere Pflicht, die Geschichte des Auszuges aus Ägypten zu erzählen. Und je mehr man vom Auszug aus Ägypten erzählt, desto lobenswerter ist es."

Es folgen Erzählungen aus dem Talmud, Exkurse in die Vorzeit der jüdischen Geschichte, Lobgesänge und Dankespsalmen, Ausdeutung von Bibelversen. An einer Stelle erhebt sich die ganze Tischgesellschaft und der Hausherr liest vor: „Nicht nur einer war es, der gegen uns aufgestanden ist, sondern in jedem Geschlecht stehen Boshafte gegen uns auf, uns zu vernichten, aber Gott rettet uns aus ihren Händen." Bei der Aufzählung der 10 Plagen („Blut, Frösche, Ungeziefer, wilde Tiere" etc.) ist es Brauch, daß jeder Teilnehmer der Tischgesellschaft aus dem vor ihm stehenden Becher Wein einen Tropfen vergießt – jeweils *einen* Tropfen für jede Plage, was symbolisch dartun soll, daß beim Leiden der Geschöpfe Gottes, selbst der Feinde, die Freude nicht voll sein kann, der volle Freudenbecher also um 10 Tropfen vermindert wird. Und weil wir vom Weinbecher reden, soll auch ein anderer, romantischer Brauch erwähnt werden, nämlich das Hinstellen eines vollen Weinbechers in die Mitte des Tisches, gedacht für den Propheten Elias, den Vorboten des Messias, falls Elias in dieser Nacht, die ja für Erlösung prädestiniert ist, erscheinen sollte, um die endgültige Erlösung anzuzeigen. . .

Die Hoffnung auf die Erlösung drückt sich auch im Text der Haggada selbst aus, deren Hauptteil, vor der Mahlzeit, mit folgendem Segensspruch ausklingt: „Gelobt seist du, Gott, Weltregent, der uns und unsere Väter aus Ägypten befreit hat und uns diese Nacht hat erleben lassen, in ihr ungesäuertes Brot und Bitterkraut zu essen. So lasse uns noch andere Fest- und Feiertage erleben, in Frieden und Freuden beim Wiederaufbau deiner Stadt. Dann wollen wir dir ein neues Danklied dichten, ob unserer Erlösung und Befreiung unserer Seelen. . ." Es folgt die Mahlzeit, das Tischgebet und der 2. Teil der Haggada, ausklingend in bekannten religiösen Volksliedern, die im Mittelalter dem talmudischen Kern der Haggada hinzugefügt wurden.

Bei diesem jung und alt, Gelehrte und Ungelehrte ansprechenden Inhalt der Haggada, die auch alljährlich von neuem benützt wurde, ist es kein Wunder, daß sie nach Bibel und Gebetbuch das am weitesten verbreitete und am häufigsten gedruckte Werk der hebräischen Literatur wurde. 2717 gedruckte Editionen sind bekannt, seit im Jahre 1482 die erste Haggada in Spanien gedruckt wurde. Allein das Verzeichnis der Ausgaben füllt einen gedruckten Band; es gibt übersetzte, kommentierte und illustrierte Ausgaben, es gibt natürlich auch Haggada-Sammlungen und Haggada-Sammler.

Wir wollen zum Abschluß von einem Haggada-Sammler beson-

19. *Die häusliche Feier (auch „Seder" genannt) in der Oster-(Pesach-)Nacht, abgebildet auf einer sog. „Seder-Platte", in welche die symbolischen Speisen (Bitterkraut etc.) gelegt werden. Ungarn, 19. Jahrhundert.*

derer Art aus Pardes Chana in Israel berichten, und zwar gemäß einem
Bericht der Zeitung Hazofe vom 28. März 1975 (von uns gekürzt
wiedergegeben): „Am Vortag eines Pessach-Festes wurde Mosche
Vogel geboren, deshalb gaben ihm seine Eltern, Bürger von Pardes
Chana, den Namen Mosche, nach dem biblischen Mosche, dem Be-
freier aus ägyptischer Knechtschaft. Im Jom-Kippur Krieg fiel Mosche als Tank-Kommandant während des kühnen Durchbruchs auf
ägyptisches Territorium. Als daher der des Sohnes beraubte Vater das
Andenken seines geliebten Sohnes verewigen wollte, suchte er nach

etwas, was den Wert des Pessach-Festes zum Ausdruck bringt; so begann er, Haggadas zu sammeln. . . Dazu kam noch, daß der Vater kurz vor dem Tod seines Sohnes zufällig drei schöne Haggadas gekauft hatte, um seinem Sohn bei dessen nächstem Geburtstag eine Freude zu bereiten. Diese drei Haggadas bildeten den Grundstock der Sammlung, die inzwischen, teilweise auch durch Geschenke von Verwandten und Freunden, auf sechshundert Exemplare, alte und neue, einfache und illustrierte, angewachsen ist. Den Schrank, in dem die Haggadas aufbewahrt sind, sowie diese selbst, hütet und pflegt der Vater in wehmütigem Gedenken. Und vor diesem Schrank, auf dem Fußboden, kriecht ein kleines Kind: der kleine Mosche, sein Enkel, der, nach dem Tode des gefallenen Sohnes geboren, dessen Namen Mosche erhielt. . . Dies sind die Haggadas deines Vaters, flüstert ihm der Großvater zu, während eine zarte Träne auf die goldenen Locken des Enkelkindes fällt."

Nur ein Zeitungsbericht. . . Er sagt aber alles über die Wertschätzung der Haggada – und deren Inhalt – im jüdischen Volksbewußtsein.

3. Der Versöhnungstag, Tag der Buße für Sünden gegen Gott und gegen Menschen

Das jüdische Neujahrsfest, am 1. und 2. des Herbstmonats Tischri, und der Versöhnungstag am 10. Tischri werden im allgemeinen unter der Bezeichnung „Die hohen Feiertage" zusammengefaßt. An diesen drei Tagen besuchen auch diejenigen Juden die Synagoge, die das ganze Jahr über dem Gottesdienst fernbleiben – die sogenannten „Drei-Tage-Juden". Während das Neujahrsfest in der Bibel nicht als solches, sondern als „Tag des Posaunenschalls" bezeichnet wird (Num. 29,1), hat der Versöhnungstag bereits in der Bibel diesen Namen, nämlich: Jom Kippur (Lev. 23,27), wörtlich: Tag der Bedekkung, d. h. Bedeckung der Sünden, sinngemäß übersetzt mit: Tag der Versöhnung, d. h. Tag der Versöhnung der Menschen mit Gott und Versöhnung der Menschen untereinander.

Während am Neujahrstag die Menschen durch den durchdringenden Schall des Schofars zur Buße aufgerufen werden, hat die Bibel für den Jom Kippur, den End- und Höhepunkt der Bußzeit, ein vierundzwanzigstündiges Fasten angeordnet (ibid. V. 32), als „Ausdruck der Hingebung und Zerknirschung."[5] Auch in der Gottesdienstordnung ist dieser Steigerung der Bußfertigkeit Rechnung getragen, indem das große Sündenbekenntnis erst am Versöhnungstag gesprochen wird, an dem jeder noch intensiver als bisher um Vergebung seiner Sünden fleht. Dieses Sündenbekenntnis wird von der ganzen Beterschaft gemeinsam abgelegt. Es besteht im Hauptteil in der Bitte um Vergebung aller möglichen Sünden, z. B. „der Sünde, die wir begangen haben durch verstocktes Herz", „der Sünde, die wir begangen haben durch das Wort der Lippen", „der Sünde, die wir begangen haben durch Übervorteilung des Nächsten", „der Sünde, die wir begangen haben im Handel und Wandel", „der Sünde, die wir begangen haben bei Speise und Trank" etc. etc., stets stereotyp in der Mehrzahlform: „die Sünde, die *wir* begangen haben", da der Einzelne ja nicht alle Sünden begangen haben kann, sich aber mitverantwortlich fühlen soll für die Sünden der Mitmenschen und durch das „wir" auch Vergebung für den Mitmenschen erbittet, falls dieser die betreffende Sünde begangen hat. Bemerkenswert ist die Zweiteilung der Sünden in der ganzen jüdischen Quellenliteratur, in „Sünden zwischen Mensch und Gott", also z. B. Versäumnisse von Pflichten rein kultischer Natur, und „Sünden zwischen Mensch und Mensch". Bei den letztgenannten haben Buße und Kasteiung nur dann einen Wert, wenn auch der übervorteilte, beleidigte oder sonst geschädigte Mitmensch vollständige Genugtuung und Entschädigung erhält.[6] Im Talmud[7] wird dies durch ein Gleichnis verdeutlicht: „Jemand leiht sich von seinem Nächsten eine Geldsumme in Gegenwart des Königs und schwört beim Leben des Königs, die Summe bis zu einer bestimmten Zeit zurückzuzahlen. Die Frist verstreicht, ohne daß der Schuldner die Summe zurückzahlen kann. Da begibt er sich zum König, um ihn zu besänftigen. Dieser sagt: ,Die Beleidigung, die du *mir* zugefügt hast, sei dir verziehen. Geh hin, befriedige deinen *Mitmenschen*!' " Mit dem „König" im Gleichnis ist Gott, der König der Welt, gemeint, der Verzeihung der Sünden gegen den Mitmenschen von der Befriedigung des Mitmenschen abhängig macht. Es ist daher Brauch, daß sich

20. *Bernard Picart (1673–1733), Jom Kippur in der Synagoge. Die Intensität der Andacht spiegelt sich im Gesichtsausdruck der Beter und auch darin, daß manche Beter den Gebetmantel über den Kopf gezogen haben.*

Bekannte vor Beginn des Versöhnungstages gegenseitig um Verzeihung bitten, auch ganz allgemein für nur eventuell zugefügte Beleidigungen.

Die zentrale Bedeutung des Jom Kippur gerade für die zwischenmenschlichen Beziehungen erhellt auch aus der Wahl der Prophetenvorlesung des Tages: nämlich des Buches Jona. Diese Vorlesung gilt als die wichtigste Prophetenvorlesung des ganzen Jahres. Es wird dort berichtet, daß Jonas Aufruf zur Buße den König von Ninive so sehr beeindruckte, daß er ein allgemeines Fasten anordnete, mit folgenden Worten: „Menschen und Vieh... sollen nicht das Geringste kosten... und sie sollen rufen zu Gott mit Macht; und sie sollen umkehren, jeder von seinem bösen Wandel und von dem Raub, der in seinen Händen ist". Als einzige konkrete Verfehlung der Leute von Ninive wird also Raub angegeben, wohl ein allgemeiner Ausdruck für willkürliches Verhalten dem Mitmenschen gegenüber. In der Fortsetzung heißt es: „Und Gott sah ihre Handlungen, daß sie von ihrem bösen Wege zurückkehrten, und Gott nahm das Verhängnis zurück". Zu diesem Vers bemerkt die Mischna: „Es heißt nicht: ‚Gott sah ihr Sackgewand und ihr Fasten', sondern: ‚Gott sah ihre *Handlungen,* daß sie von ihrem bösen Wege umkehrten.'"[8]

Die Jona-Vorlesung soll also in erster Linie aufrufen zur Verbesserung der zwischenmenschlichen Beziehungen. Im Zusammenhang mit dieser letztgenannten Funktion des Versöhnungstages macht Benzion Führer[9] darauf aufmerksam, daß der biblische Gesetzgeber als Datum der Freilassung der Knechte und der Rückgabe allen Grundbesitzes im Jobeljahr ausgerechnet den Jom Kippur bestimmte (Lev. 25,9) und nicht irgend ein anderes Datum, etwa den Anfang oder das Ende des Jobeljahres, was auf den ersten Blick logischer gewesen wäre. Diese Wahl zeigte die eminent soziale Funktion des Versöhnungstages als Regulator der zwischenmenschlichen Beziehungen.

IX. Zionismus und der moderne Staat Israel

1. Vaterlandsliebe und Zionsliebe der deutschen Juden vor 1933

Seitdem der Prophet Jeremias forderte: „Suchet das Wohl der Stadt, in die ich euch weggeführt habe" (Jer. 29,7), war stets Loyalität zum Gastland das Motto des Diasporajudentums. Hier wollen wir zunächst untersuchen, wie es diesbezüglich in Deutschland vor 1933 aussah.

Ein gemeinsames Merkmal der deutschen Juden seit ihrem Eintritt in die bürgerliche Gesellschaft (Ende des 18. Jahrhunderts) ist ihre Vaterlandsliebe, worin sie womöglich ihre christlichen Mitbürger noch zu übertreffen suchten. Beredtes Zeugnis hierfür liefert die begeisterte aktive Teilnahme der deutschen Juden im ersten Weltkrieg. Gerade der seit dem Mittelalter keineswegs verschwundene Judenhaß stimulierte die emanzipierten deutschen Juden, ihr Deutschtum nun erst recht unter Beweis zu stellen. Ich zitiere aus einem Feldbrief des später gefallenen Reserveleutnants Fritz Meyer aus dem 1. Weltkrieg: „Ich bin glücklich, nun im blutigen Ernst für die heilige Wahrheit unserer Idee zeugen zu dürfen, und stärker als je lodert in uns die Liebe zum deutschen Vaterland. Daß leider Gottes in der Heimat die ehrlosen Stimmen der Verleumdung noch nicht verstummt sind, vermag uns nicht zu entmutigen... Was wollen sie denn mehr als unser Blut?..."[1]

Während der Weimarer Republik gewann der Nationalsozialismus mit seinen antijüdischen Parolen ständig an Boden. Das deutsche Judentum hielt aber auch angesichts dieser Erscheinungen an seiner früheren Haltung fest. Wenn auch der Dichter J. Wassermann 1921 in seinem Buch „Mein Weg als Deutscher und Jude"[2] im Hinblick auf die 12 000 gefallenen Juden des 1. Weltkriegs sagen muß: „Es ist vergeblich, für sie zu leben und für sie zu sterben. Sie sagen: Er ist ein Jude", so bekennt er dennoch am Schluß seines Buches: „Ich bin ein

21. *Versöhnungstags-Feldgottesdienst deutscher Soldaten jüdischen Glaubens während des preußisch-französischen Krieges (1870) bei Metz. Bedrucktes Taschentuch.*

Deutscher und ich bin ein Jude, eines so sehr und so völlig wie das andere, keines ist vom anderen zu lösen." Die große Masse des deutschen Judentums sah ihr Ideal bis 1933 in einer deutsch-jüdischen Symbiose, wie sie etwa der „Centralverein deutscher Staatsbürger jüdischen Glaubens" auf seine Fahne schrieb, dem 1925 von etwa 570 000 deutschen Juden 70 000, sprechend für etwa 300 000 angehörten. Diese Deutschlandliebe führte eine extreme, allerdings numerisch kleine Gruppe, den „Bund nationaldeutscher Juden" bis zur Anerkennung des Nationalsozialismus. M. Naumann, der Wortführer dieser Gruppe, schrieb noch 1932 in einem Pamphlet: „. . .daß es, was die deutsche Zukunft betrifft, um ganz andere Fragen geht, als darum, ob die deutschen Juden, die nur 1% der deutschen Gesamtbevölkerung ausmachen, es in den nächsten Jahren besser oder schlechter haben werden."[3]

Dieser Ausspruch, dessen makabere Bedeutung sein Verfasser gewiß nicht ahnte, ist freilich ein extremes Beispiel von Verblendung gegenüber der tatsächlichen Entwicklung der Dinge.

Die zionistische Bewegung existierte in Deutschland, seitdem Herzl, der Begründer des Zionismus, 1896 die Schaffung einer „öffentlich-rechtlich gesicherten Heimstätte für das jüdische Volk in Palästina" verlangte. Jedoch waren auch die Zionisten ganz im deutschen Kulturbereich verwurzelt. Kurt Blumenfeld berichtet in seinem Erinnerungsbuch „Erlebte Judenfrage" über eine zionistische Tagung im Juni 1914: „Franz Oppenheimer begründete auf dem Delegiertentag in einer großen Rede seine Ansicht: Er sei Jude und Deutscher, habe märkisches Heimatsgefühl und komme sich so zugehörig vor, daß er gar nicht verstehen könne, was mit der Behauptung, die deutschen Juden seien in Deutschland wurzellos, gemeint sei."[4] Immerhin wurde die deutsch-jüdische Symbiose in diesen Kreisen nicht ausschließlich unter dem Aspekt des Deutschtums gesehen. Der Dichter (und Zionist) Max Brod prägte für seine eigene Haltung der deutschen Kultur gegenüber den Begriff „Distanzliebe".[5]

Ebenso wie der Zionismus das national-jüdische Element, hob die Orthodoxie, das gesetzestreue Judentum, organisiert in der sogenannten „Aguda", das religiös-jüdische Element innerhalb des deutschen-jüdischen Zusammenlebens hervor. Beide Gruppen waren aber stets in großer Minderheit gegenüber dem erwähnten „Centralverein deutscher Staatsbürger jüdischen Glaubens". So bemerkt die Ärztin Rachel Straus in ihrem Erinnerungsbuch „Wir lebten in Deutschland" über die Verhältnisse in München: „Trotzdem eine zionistische Ortsgruppe entstand, . . .der Zionismus war in München (unter den Juden) gesellschaftlich verpönt und blieb es fast bis zur

Hitlerzeit."[6] Über das Auftreten ihres Mannes Dr. Eli Straus als zionistischer Diskussionsredner in einer „Centralverein"-Versammlung in München berichtet Rachel Straus in humorvoller Weise: „Eli meldete sich zur Diskussion. Ich habe ihn maßlos bewundert, als er auf dem Podium stand und wußte, daß er gegen ein Meer anging, das ihn verschlingen würde. Er kam auch nicht über den ersten Satz hinaus: ‚Niemand hier im Saal glaubt, daß wir vom Teut abstammen!' Ein wilder Sturm brach los, den weder der Vorsitzende, Rabbiner Werner, noch der ganz verdutzte Redner des Abends (der Dichter M. G. Konrad, ein christlicher Prosemit) zur Ruhe bringen konnten. Die Versammlung mußte geschlossen werden." Der Schriftsteller M. Tau verfaßte ein Erinnerungsbuch mit dem Titel „Das Land, das ich verlassen mußte". Dort schreibt er von sich: „Wie mein Vater fühlte ich mich als deutscher Staatsbürger jüdischen Glaubens. Der Zionismus als Idee lag uns fern, aber der Mensch Weizmann überzeugte uns."[7]

Abschließend können wir sagen, daß, wäre nicht 1933 die Machtübernahme durch Hitler erfolgt, die deutsch-jüdische Symbiose in allen Schattierungen sich weiter entwickelt hätte.

2. Vaterlandsliebe und Zionsliebe der deutschen Juden nach 1933

Wir haben im vorigen Kapitel dargelegt, daß ein gemeinsames Merkmal der deutschen Juden, besonders seit ihrem Eintritt in die bürgerliche Gesellschaft (Ende des 18. Jahrhunderts), ihre Vaterlandsliebe war, die nicht nur in keinem Gegensatz zu ihrer Religion stand, sondern sogar in ihr begründet lag. Auch Zionsliebe und Zionismus, haben wir gezeigt, standen in keinem Gegensatz zur Vaterlandsliebe. Nun wollen wir untersuchen, wie sich das Verhältnis *nach* 1933 entwickelte. Eine natürliche Folge der beginnenden Verfolgung durch den Nationalsozialismus waren die steigende Palästina-Orientierung und die steigende Auswanderung nach Palästina. Obwohl Leo Baeck bereits 1933 den Ausspruch tat: „Die 1 000-jährige Geschichte der Juden Deutschlands ist beendet",[8] erfolgte nur langsam eine innere Loslösung aus der Verwurzelung in Deutschland. „Dem Gros der deutschen Juden entging," schreibt A. Leschnitzer, „daß der Charakter der gegen sie gerichteten Angriffe sich änderte: sie überhörten den Lärm, wie man den Straßenlärm nicht bemerkt, und ahnten nicht, daß sich hier anderes ankündigte als alles, was sie bisher gewöhnt gewesen waren: das Feldgeschrei eines Krieges bis aufs Messer, brutaler Vernichtungswille".[9] Kurt Blumenfeld berichtet vom Münchner Nobelpreisträger Prof. Willstätter: „Obwohl er seine jüdische Abstammung nie verleugnete, hat er, noch in einer Zeit, als er die deutsche Kultur bereits zusammenbrechen sah, an Deutschland als sein Vaterland geglaubt. Er hat, wie die meisten jüdischen Gelehrten und Philosophen, seinen Standort im deutschen Leben nicht erkannt und ist an diesem tragischen Irrtum gestorben."[10]

Selbst der zionistisch eingestellte Martin Buber schreibt 1933 (zur geistigen Ausrichtung einer zu gründenden Erwachsenen-Bildungsstätte): „Man frage nicht, für welches Land wir erziehen wollen. Für Palästina, wem es das Land sein darf; für irgend eine Fremde, wem sie das Land sein muß; für Deutschland, wem es das Land sein kann".[11]

In einem offiziellen Rundschreiben der zionistischen Vereinigung für Deutschland vom 20.1.1933, 10 Tage vor der „Machtergreifung", ist nicht von Auswanderung nach Palästina die Rede (wenn auch gewiß der Gedanke daran impliziert ist); die Tendenz geht dahin, allgemein das jüdische Bewußtsein zu stärken: „Es bleibt den Juden", heißt es dort, „nichts anderes übrig, als Juden zu sein und der nichtjüdischen Welt deutlich distanziert gegenüber zu treten. Das bedeutet nicht, daß Juden an den Vorgängen des allgemeinen Lebens weniger interessiert sind als früher, es bedeutet nur, daß sie an ihnen vor allem als Juden interessiert sind".[12] Da der Anstoß zur Auswanderung von außen her erfolgte, diese also nicht ideologisch fundiert war, ist es verständlich, daß Palästina nur *ein* Auswanderungsziel unter anderen bildete. Im Geist blieben die deutschen Juden nach wie vor dem deutschen Kulturbereich verhaftet. Dies galt jedoch nur für die Erwachsenen, während die nach 1933 heranwachsenden Kinder dieser deutschnationalen jüdischen Generation in einem geistigen Vakuum lebten.

Hier aber setzte die zionistische Jugendbewegung ein. Die Verschiedenheit der Einstellung von Erwachsenen und Jugendlichen mußte nicht, konnte aber zu Spannungen führen, wie sie Ernst Simon schildert: „Im Jahre 1931. . . . schrieb ein junger Mann aus Palästina an seinen bejahrten Vater in Deutschland und gab ihm eine Analyse der Situation und ihrer Aussichten. Er setzte auseinander, daß keine mittlere Lösung zu erwarten sei, sondern daß eine der beiden extremen Gruppen siegen werde, entweder der Nazismus oder der Kommunismus. . . Als Konsequenz schlug der Sohn seinen Eltern vor, aus Deutschland auszuwandern. . . Die charakteristische Antwort lautete, daß, selbst wenn die Analyse richtig sein sollte, es verwunderlich sei, wie ein national gesinnter Jude und Zionist einem national gesinnten Deutschen zumuten könne, das Vaterland in der Stunde der Not zu verlassen. Dieses vielleicht heute tragikomisch anmutende Ereignis", beschließt Simon seinen Bericht über diesen Vorfall aus dem Jahr 1931, „ist mehr tragisch als komisch; es zeigt in ergreifender Weise, mit welch subjektiver Echtheit die Zugehörigkeit zum Deutschtum bei vielen deutschen Juden, und vielleicht bei ihrer Mehrzahl, in den Tiefen des Herzens verwurzelt war. Wer möchte nachträglich einen historischen Irrtum schmähen, dessen Träger den höchsten Preis für ihn bezahlen mußten!"[13]

Was von dieser extrem deutsch-nationalen Einstellung heute noch übrigbleibt, sind Erinnerungen der aussterbenden Generation des früheren deutschen Judentums, die nur zum kleinsten Teil wieder in Deutschland wohnen, zum größeren in alle Welt verstreut sind. Stellvertretend für viele von ihnen schreibt der 78-jährige Karl Wolfskehl 1947, ein Jahr vor seinem Tode, in einem Brief aus Auckland (Neuseeland) an Emil Preetorius: „. . .ich habe alles verloren. Ich habe nämlich die Heimat verloren. Weißt du, was das heißt für einen Dichter?. . . Ich habe die Heimat verloren, darin ich, ich meine das Geschlecht, dem ich entstamme, seit Karl dem Großen im gleichen Rhein-Main-Eck ansaß".[14] Als Ergänzung hierzu sei aus dem Nachruf von Preetorius auf Wolfskehl folgende Charakteristik zitiert: „Er war ein Jude und ein Deutscher, beides im vollen und großen Sinn des Wortes genommen, und das will heißen, ein wahrer Weltbürger."[15]

3. Die religiösen Wurzeln des Staates Israel

Es unterliegt keinem Zweifel, daß trotz aller, gewiß auch legitimen, politischen und humanitären Begründung des Staates Israel seine *eigentliche* Existenzberechtigung in seinen religiösen Wurzeln zu sehen ist, und zwar in der biblischen Verheißung Gottes an Abraham: „Deinen Nachkommen werde ich dieses Land geben" (Gen. 12,8 u.a.), – eine Verheißung, die ja im Altertum zweimal verwirklicht wurde, wenn auch beidemale der Staat wieder zerstört und das Volk exiliert wurde. Ein Ausspruch der Traditionsliteratur (erhalten im klassischen Bibelkommentar des „Raschi" zu Gen. 1,1) verbindet das Anrecht auf das Land sogar mit dem biblischen Bericht über die Weltschöpfung. Ich zitiere: „Die Tora (die ja vor allem ein Gesetzbuch sein will, nicht ein Geschichtsbuch) hätte eigentlich mit Exodus Kap. 12 beginnen sollen: ‚Dieser Monat sei euch der erste der Monate', also mit dem ersten nationalen Gebot, das Israel gegeben wurde. Warum begann sie aber mit ‚Am Anfang erschuf Gott Himmel und Erde'? Damit, wenn die Völker den Israeliten vorhalten sollten: ‚Ihr seid Räuber, weil ihr das Land der sieben Völker Kanaans erobert habt', sie antworten könnten: ‚Die ganze Erde gehört dem Heiligen, gelobt sei er; er hat sie erschaffen und nach seinem Willen verteilt; nach seinem Willen hat er sie ihnen (den Kanaanitern) gegeben und nach seinem Willen hat er sie von ihnen genommen und uns gegeben.'" Dieser Ausspruch klingt weltfremd, jedoch ist die biblische Verheißung des Landes noch heute, ganz real gesehen, der fundierteste Anspruch der Juden auf Palästina. Die politische Begründung des de facto-Besitzes und der bisherigen Vernachlässigung des Landes, die humanitäre Begründung der Notwendigkeit einer Zufluchtsstätte für verfolgte Juden, sowie die historische Begründung der jahrhundertelangen Existenz zweier jüdischer Reiche im Altertum, – alle diese Begründungen gewinnen erst an Plausibilität aufgrund der biblischen Verheißung.

Tatsache ist, daß seit der Zerstörung des 2. Tempels und der Vernichtung des jüdischen Staates durch die Römer im Jahre 70 n. Chr.

nur der Glaube an diese rein religiös bedingte Verheißung die Zionshoffnung des jüdischen Volkes wachgehalten und so die Entstehung des modernen säkularen Zionismus erst möglich gemacht hat. Als Beleg für diese religiös motivierte Zionshoffnung des Diaspora-Judentums haben wir aus dem Talmud einen Beleg, stellvertretend für viele andere, herausgesucht.[16] Es handelt sich um eine Gleichniserzählung, eingeleitet durch einen humorvollen Bericht über die beiden in Freundschaft verbundenen Gelehrten Rabbi Ammi und Rabbi Assi, die zu Beginn des 4. Jahrhunderts in Palästina lebten und wirkten. „Rabbi Ammi und Rabbi Assi", berichtet der Talmud, „besuchten ihren Kollegen Isaak den Schmied, der berühmt war für seine Gesetzeskenntnis, aber auch für seine homiletischen Bibelauslegungen, d. h. er konnte an den Verstand und an das Herz appellieren. Rabbi Ammi wollte von diesem gelehrten Kollegen etwas Gesetzliches hören, Rabbi Assi lieber Homiletisches. Sobald der Meister eine homiletische Auslegung begann, unterbrach ihn Ammi, sobald er ein Gesetz zu interpretieren begann, unterbrach ihn Assi. Da sagte der Meister: Ich komme mir vor wie ein Mann mit 2 Frauen, einer jungen und einer alten. Die junge riß ihm die grauen Haare aus, die alte die schwarzen; da blieb er kahlköpfig. So ergeht es mir: der eine von euch unterbricht meine Gesetzesauslegung (Halacha), der andere unterbricht meine Homiletik (Aggada), so bleibe ich ganz ohne Worte. Ich will nun aber einen Bibelvers zitieren, der nach der einen und nach der anderen Seite ausgedeutet werden kann, der also gleichzeitig an den Verstand wie an das Herz appelliert. Es handelt sich um den Vers Exodus Kapitel 22, Vers 5, wo es heißt: ‚Wenn Feuer ausbricht und Dornen ergreift, und es wird verzehrt ein Garbenhaufen, oder das Feld, so muß bezahlen, der den Brand angestiftet hat.' Dies ist scheinbar nur eine trockene juristische Aussage. Aber der Vers kann außerdem homiletisch als Gleichnis aufgefaßt werden: Gott spricht: Ja, wer den Brand anstiftet, muß den Schaden bezahlen. Ich, Gott, habe Zion durch Feuer zerstört, ich, Gott, werde den Schaden wieder gutmachen. Ich habe Zion durch Feuer zerstört, wie es heißt, in den Klageliedern, Kap. 4, Vers 11: ‚Und er zündete ein Feuer an in Zion, und es fraß seine Grundpfeiler.' Ich werde aber, spricht Gott, den Schaden wieder gutmachen, und zwar ebenfalls durch Feuer. So heißt es Sa-

22. Unter einem Porträt Herzls verliest David ben Gurion die Proklamation des Staates Israel (15. Mai 1948).

charja Kapitel 2, Vers 8: ‚Offen soll Jerusalem sein für die Fülle von Menschen und Vieh darin, und ich werde der Stadt sein, spricht Gott, eine Mauer von Feuer ringsum, und zur Glorie werde ich sein in ihrer Mitte.' " Soweit das Gleichnis des talmudischen Predigers, der, über 200 Jahre nach der Zerstörung Jerusalems, in seinem festen Glauben an den Wiederaufbau der Stadt so weit geht, diesen Wiederaufbau in pseudo-logischer Argumentierung (zu der ihn die licencia homiletica berechtigt) als notwendige Folge der Zerstörung darzustellen.

Zu bedenken ist, daß in dem zitierten Sacharja-Vers von einem friedlichen Aufbau die Rede ist: „Offen soll Jerusalem sein für die Fülle von Menschen und Vieh darin", hieß es. Das Feuer dient nur als Schutzwall, zur Verteidigung. Und darin sind sich im heutigen Staat Israel alle einig, auch die nichtbibelgläubigen: ohne Frieden gibt es keinen Aufbau. Das Feuer darf nur der Verteidigung dienen, im Sinn der durch Gott selbst gebildeten „Feuermauer" des Sacharja-Verses. Bleibt zu hoffen, daß auch diese „Feuermauer" der Verteidigung bald überflüssig wird.

4. Zum gleichen Thema

Im letzten Kapitel haben wir festgestellt, daß die Entstehung des politischen, religiös indifferenten Zionismus nicht möglich gewesen wäre, wenn nicht im jüdischen Volk seit der Zerstörung Jerusalems die religiös orientierte Zionshoffnung wachgehalten worden wäre. Diese Hoffnung findet ihren Niederschlag aber nicht nur im Talmud, sondern auch in der ganzen jüdischen Diaspora-Literatur. So finden wir im Sohar, dem klassischen Werk der jüdischen Mystik, daß ein scheinbar pessimistischer Ausspruch des Propheten Amos als Heilsprophetie gedeutet wird, nämlich Am. 5,2: „Die gefallen ist, wird sich nicht wieder aufrichten, die Jungfrau Israels." Dies erklärt der Sohar mit einem Gleichnis, in dem nach dem Muster des Hoheliedes (und Jer. 2,2; Hos. 2,21) das Verhältnis zwischen Gott und dem Volk als Verhältnis zwischen Gatte und Gattin dargestellt wird. „Dies gleicht", sagt der Sohar, „einem König, der seiner Gattin zürnte und sie für eine gewisse Zeit aus seinem Palast verstieß. Als die Frist um war, erschien die Gattin wieder vor dem König; so geschah es ein-, zwei-, dreimal. Nachher aber wurde sie aus dem Palast des Königs verstoßen bis auf eine ferne, unbestimmte Zeit, und der König sprach: ‚Diese Zeit ist nicht wie die anderen Zeiten, daß sie wieder vor mich träte, sondern ich werde gehen mit allen Bewohnern meines Palastes und von neuem um sie werben!' Als er zu ihr kam, fand er sie im Staube liegend. Wer konnte da nicht die Sehnsucht des Königs, sie wieder aufzunehmen, sehen, wie er sie bei der Hand faßte, aufrichtete, in seinen Palast einziehen ließ und ihr sagte, daß er sich ewig nicht mehr von ihr trennen werde. So auch der Heilige, gelobt sei er: so oft die Gemeinschaft Israels in der Verbannung war, konnte sie zu ihm zurückkehren. Diesmal aber, bei der jetzigen Verbannung, ist dem nicht so, sondern der König wird sie selbst bei der Hand fassen, sie aufrichten, sie besänftigen und sie in seinen Palast zurückführen. Deshalb heißt es: ‚Die gefallen ist, wird sich nicht wieder aufrichten.' Das heißt: sie selbst wird sich nicht wieder aufrichten, vielmehr Gott wird sie wieder aufrichten."[17] Auch durch die jüdischen Gebete zieht

*23. Im israelischen Alltag ist das orthodoxe
Element stark vertreten, besonders in
Jerusalem und Bne Brak (bei Tel Aviv).*

sich wie ein roter Faden die Sehnsucht nach der Rückkehr ins Heilige
Land, nach der „Sammlung der Zerstreuten aus den vier Ecken der
Welt". Freilich ist diese vorzionistische Zionssehnsucht, sei es im literarischen, sei es im liturgischen Gewand, stets mit messianischer
endzeitlicher Hoffnung verbunden. Es wurde aber stets auch das
Wohnen im Heiligen Land an sich, und die Bearbeitung seines Bo-
dens, als sogenannte „Mizwa", als gottgefällige Handlung, angesehen.

In diesem Sinne sind seit dem Verlust der staatlichen Selbständig-
keit kontinuierlich Einzelne und Gruppen ins Land eingewandert,
was angesichts der damaligen Reise- und Aufenthaltsschwierigkeiten
ein viel größeres Maß an Idealismus erforderte als heute. Der Schriftsteller Agnon schildert in romantischer Weise eine solche Gruppen-

fahrt in einer Erzählung, die den Titel trägt: „Im Herzen der Meere".[18] Agnon ist objektiv genug, in dieser Erzählung an einer Stelle
auch leise Bedenken gegen eine vormessianische Besiedelung des
Landes zu Wort kommen zu lassen, und zwar durch den Mund eines
Rabbis, der zu sagen pflegte: „Leute, die vor dem Kommen des Messias ins Land Israel reisen, gleichen in meinen Augen Knaben, die
schon vor der Hochzeit vor Braut und Bräutigam herumhüpfen."
Dies ist aber, in der Erzählung wie in Wirklichkeit, nur die Einstellung einer verschwindenden Minderheit. Jehuda Halevi, der be-
rühmteste hebräische Dichter des Mittelalters, hat in seinem bekanntesten Gedicht, der Zionide, seiner ganz realen, trotz messianischer
Hoffnung zunächst auf die Gegenwart bezogenen Zionssehnsucht
folgenden Ausdruck verliehen:

„Zion, hast du keine Grüße/für die armen, fernen Lieben,
die, zerstreut in allen Landen/inniglich dir treugeblieben?
Über Länder, über Meere/grüß ich dich mit stillem Sehnen
und ich weine um dein Elend/ungestillte, heiße Tränen.
O, daß ich sie weinen könnte/dort, in deinen heil'gen Hainen!
Wie der Uhu schaurig klaget,/wollt' ich um dein Unglück weinen...
Pilgern möcht ich zu den Stätten,/wo den Sehern Gott erschienen,
pilgern möcht' ich heißen Herzens/zwischen heiligen Ruinen,
daß mein armes Herz gesunde, –/o, daß ich doch Flügel hätte,
auf der Sehnsucht Flügel eilt' ich/mit dem Sturmwind um die Wette,
um auf deinem Heil'gen Boden/hinzusinken mit Entzücken,
jeden Stein der Heimaterde/an mein glühend Herz zu drücken...
Schlürfen möcht' ich deine Quellen,/atmen deine wonn'gen Lüfte,
süßer als der Seim des Honigs, köstlicher als Balsamdüfte.
Wo dein Heiligtum einst ragte,/das in Trümmern, ach, gefallen,
inbrunsttrunken wollt' ich barfuß,/wollt' ich arm und nackt dort wallen."

Der Dichter hat es nicht bei sehnsuchtsvoller Lyrik bewenden lassen, sondern ist selbst, unter widrigen Umständen und unter Zurücklassung all seiner Lieben, nach dem Heiligen Land gefahren. Wahrscheinlich ist er unterwegs gestorben; der Sage nach wurde er in den Toren Jerusalems von einem arabischen Reiter zertrampelt, als er in heiliger Verzückung in den Staub gesunken sei und sein Zionslied gebetet habe. Wie dem auch sei, er ist der Prototyp vieler anderer religiöser Vorläufer des heutigen Zionismus, und sie sind alle Beweise für die religiöse Wurzel des heutigen Staates Israel. Die Zionide Jehuda Halevis endet mit folgender Zukunftsvision:

„Völker fliehn, Geschlechter schwinden,/ sinkend in das
Grab der Zeiten,
du allein, der Wahrheit Zeuge,/ ragst in alle Ewigkeiten;
denn dich hat die Gottheit selber/ausgewählt, darin zu thro-
nen.
Selig, wem das Heil geworden,/seinem Gott so nah zu wohnen!
Selig, wer mit trunknem Auge/ harret, schauet, froh erlebet,
wie aus trüber Sturmnacht wieder/ sich ein Morgenrot erhe-
bet,
und dir blühende Geschlechter/ wieder froh entgegenwal-
len,
und von jungem, frohen Glücke/ deine Fluren widerhal-
len."[19]

5. Die Wertschätzung des Friedens in der jüdischen Tradition.
Zum Abschluß des israelisch-ägyptischen Friedensvertrages

Der biblische Priestersegen, der noch heute in den Synagogen gesprochen wird, schließt mit dem Wort: „Frieden". Der Segen lautet
(Num. 6,24): „Gott segne dich und behüte dich. Gott lasse dir sein
Antlitz leuchten und sei dir gnädig. Gott wende dir sein Antlitz zu
und gebe dir *Frieden!*" Die Mischna schließt ebenfalls mit dem
Wunsch nach Frieden: „Gott hat in seiner Welt kein besseres segen-
spendendes Instrument für Israel gefunden als *Frieden.*" Das wichtigste jüdische Gebet, das Gebet der 18 Segenssprüche, endet mit den
Worten: „Gelobt seist du, Gott, der sein Volk Israel segnet mit *Frieden*" (s. o. Abschn. VII, 1). Diese Formulierungen sind allgemein gehalten und beziehen sich daher auf alle Bereiche des privaten und ge-
sellschaftlichen Lebens. Anhand von vielen Einzelfällen sucht die
Traditionsliteratur aufzuzeigen, wie die „Wege des Friedens" (wie
ein Terminus lautet) im täglichen Leben anzuwenden sind. Ein inter-
essantes Beispiel ist die Empfehlung des Maimonides[20] an die Eltern,
ihre Töchter möglichst an Toragelehrte zu verheiraten, mit der Begründung, daß das Studium der Tora (also des Gesetzes) den Charak-

ter veredelt und daher im Hause von Toragelehrten kein Zank auf-
komme. Hier wird also der häusliche Frieden als erste Voraussetzung
für ein glückliches Eheleben angesehen.

Es können nun aber – so paradox dies auch klingt – gerade durch
den Wunsch nach Frieden Konfliktsituationen entstehen, z.B. ein
Konflikt zwischen dem Prinzip des Friedens und dem ebenso wichti-
gen Prinzip der Wahrheit, das in den „Sprüchen der Väter"[21] mit einbezogen ist in die drei Prinzipien, auf denen die Welt besteht. „Auf
drei Dingen", lautet der Spruch, „besteht die Welt: auf Wahrheit, Gerechtigkeit und Frieden". Von dem friedliebenden biblischen Hohepriester Aharon berichtet die Legende,[22] daß er Frieden zwischen
zwei verfeindeten Männern herstellte, indem er jedem der beiden
erzählte – obwohl es nicht den Tatsachen entsprach – daß der andere
ihn hochschätze. In dieser Legende wird also das Prinzip des Friedens
höher gestellt als dasjenige der Wahrheit. Natürlich ist jeder Fall anders gelagert. Ein Beispiel aus dem juristischen Bereich ist die Frage,
wie ein Gerichtsurteil zu formulieren sei, wenn ein Freispruch nicht
durch einstimmigen Beschluß der Richter zustande gekommen ist,
sondern durch Mehrheitsbeschluß, wenn z.B. von drei Richtern zwei
den Angeklagten freisprachen, einer ihn aber für schuldig hielt. Nach
Rabbi Jochanan, im Talmud,[23] wird der Urteilsspruch lakonisch formuliert: „Der Angeklagte So-und-So ist freigesprochen." Ein anderer Rabbi, Resch Lakisch, fordert hingegen: „Die Formulierung muß
lauten: Die beiden Richter So-und-so haben freigesprochen, der
Richter So-und-so hingegen hat für schuldig befunden." Dieser
letztgenannte Gesetzeslehrer verlangt vor allem die Wahrheit, die
ganze Wahrheit, wozu auch die Erwähnung der Meinung der Minderheit gehört. Rabbi Jochanan hingegen verlangt um des Friedens
willen die Geheimhaltung der Einzelmeinungen, weil deren Be-
kanntgabe die beiden Parteien dazu verleiten kann, die Richter in
„gute" und „böse" einzuteilen. Deshalb möchte Rabbi Jochanan vor
allem Streit vermeiden und den Frieden wahren – selbst wenn dadurch die Wahrheit nicht genau bekannt wird.

Auch auf nationaler Ebene, und hier erst recht, ist der Friede das
höchste Ideal, gemäß der Vision Jesajas von der Zeit, da „kein Volk
gegen das andere das Schwert erheben wird" (Jes. 2,4). In diesem Zu-

sammenhang sei ein Erlebnis zitiert, das dem sonst keineswegs religiösen Schriftsteller Frank Arnau widerfuhr. In seiner Autobiographie[24] berichtet er – es war kurz vor der „Machtübernahme" –, wie er von Frankfurt nach Wiesbaden fuhr. „Eine wichtige Entscheidung", schreibt er, „fiel... in einem Eisenbahnwaggon auf der Fahrt von Frankfurt am Main nach Wiesbaden. Mein Gegenüber war ein älterer Herr mit einem mächtigen, rötlich-braunen Bart. Wir kamen ins Gespräch. Ich stellte mich artig vor und er nannte seinen Namen. Oppenheimer. In der Unterhaltung erfuhr ich, daß er Groß- oder Oberrabbiner war, genau weiß ich es nicht mehr. Er lenkte das Gespräch auf Probleme des Antisemitismus. Ich war zwar kein Antisemit, aber natürlich hatte das, was man täglich in den Gazetten las, auf mich ein wenig abgefärbt. Die Debatte schien ausweglos. Kurz bevor wir in Wiesbaden anlangten, sagte der mit ausgesuchter Höflichkeit argumentierende geistliche Herr: ‚Lo bechajil welo bekoach, ki im beruchi!' Die Silben, der Klang seiner sonoren Stimme, die merkwürdige Betonung, die fremde Sprache irritierten mich. Ich fragte nach dem Sinn der Worte, und darauf meinte er nach kurzem Nachdenken, sie bedeuteten, vielleicht besser umschrieben als genau übersetzt: ‚Nicht durch die Gewalt, sondern durch die Kraft des Geistes mußt du siegen!'. Er sah mich lange an. Als er aufstand, bat ich ihn, mir den Satz nochmals vorzusagen. Er tat es mit einem merkwürdig sanften Lächeln. Ich schrieb mir die Worte phonetisch auf. Der Zettel existiert längst nicht mehr, aber der Satz ist lebendig geblieben in mir bis zum heutigen Tage. Er wurde bestimmend für mein ganzes Leben. – Ein Volk, das vor 2 500 Jahren zu einer solchen Weisheit gelangen konnte: der Weisheit, daß der Geist und nicht die Faust der Menschheit Schicksal bestimmen sollte, ein solches Volk, gerade weil es zerstreut und heimatlos in hundert Pseudoheimatländern lebt, verdient Verstehen, Bejahung und Hilfe."

Wir können hinzufügen: Dieses Motto der jüdischen Religion ist ein Bibelvers, Sacharja 4, Vers 6. Das Motto hat allgemein Gültigkeit, aber es bezieht sich im Zusammenhang speziell auf den Aufbau des 2. jüdischen Staates, nach der Rückkehr aus der babylonischen Gefangenschaft. Es sind Worte Gottes an Serubabel. Ein friedlicher Aufbau auch des jetzigen jüdischen Staates mit der Kraft des Geistes, im Sinne des Sacharja-Verses, ist ein Wunsch, dem wir durch den israelisch-ägyptischen Friedensvertrag einen Schritt näher gekommen sind.

6. Zum gleichen Thema

Manche Pazifisten, gerade jüdische wie Albert Einstein, waren dem jüdischen Staat zunächst skeptisch gegenübergestanden, weil in der Realität einer nicht-messianischen Zeit kein Staat ohne Armee existieren kann, was alle Gefahren eines martialischen nationalen Chauvinismus in sich birgt. Trotzdem hat bei Einstein zuletzt die positive Einstellung überwogen. In der Zwischenkriegszeit unterstützte er nur die kulturellen Bemühungen in Palästina; so bezeichnete er im Jahre 1923 den Tag, an dem er die Eröffnungsrede der Hebräischen Universität in Jerusalem hielt, als „den größten Tag seines Lebens"; seine Einstellung zu einem jüdischen Staat jedoch formulierte er in jenen Tagen folgendermaßen: „Meine Auffassung der essentiellen Idee des Judentums widersetzt sich der Idee eines jüdischen Staates mit Grenzen, mit einer Armee und mit einem wenn auch noch so bescheidenen Maß an säkularer Macht. Ich bin besorgt ob des internen Schadens, den das Judentum erleiden könnte, insbesondere durch die Entwicklung eines engstirnigen Nationalismus innerhalb unserer eigenen Reihen."

Im Gefolge des Holocaust und unter dem Eindruck des unmittelbar bevorstehenden Endes des englischen Mandates über Palästina hat dann Einstein seine Meinung geändert. Als ein mit der Sammlung von Geldern für Palästina beauftragter Cousin in Montevideo ihn um Unterstützung des Hagana, der jüdischen Selbstschutz-Armee in Palästina, anging, antwortete er mit einer Deklaration, die den Titel trägt: „An meine jüdischen Brüder in Montevideo." Nachdem er dort einleitend bemerkt, daß niemand respektiert zu werden verdient, der nicht für seine eigenen Rechte kämpft, fährt er fort: „Wir mögen bedauern, daß wir gezwungen sind, Methoden zu benützen, die uns abstoßend und stupid erscheinen, Methoden, von denen es der menschlichen Rasse noch nicht gelungen ist, sich zu befreien. Um aber bessere Bedingungen in der internationalen Sphäre zu erlangen, müssen wir zuerst unsere Existenz mit allen uns zur Verfügung stehenden Mitteln sichern." Seine endgültige Haltung ist vielleicht am besten in seiner Botschaft an die hebräische Universität im Jahre 1949 zum Ausdruck gebracht: „In dieser Zeitperiode der Erfüllung unserer Träume", so heißt es dort im Hinblick auf die Entstehung des Staates Israel, „gibt es nur ein Ding, das schwer auf mir lastet, nämlich die Tatsache, daß wir durch die Widerwärtigkeit der Umstände gezwungen waren, unsere Rechte (im Unabhängigkeitskrieg) durch die Gewalt der Waffen zu behaupten; es war der einzige Weg, die vollständige Vernichtung zu vermeiden." Würde Einstein heute, nach 34 Jahren und 3 weiteren Kriegen in Israel, noch leben, dann würde er sich mit uns allen gefreut haben über den ägyptisch-israelischen Vertrag, der hoffentlich hält, was er verspricht: Frieden.[25]

Beenden wir diese Ausführungen mit den Antworten, die Carter und Begin gaben, als sie nach der Unterzeichnung des Friedensvertrages gebeten wurden, ihre Definition des Begriffs „Frieden" zu formulieren. Die Antworten der beiden sind es wert, festgehalten zu werden:

„Frieden", sagte Carter, „hat folgendes mit seinem Erzfeind, dem Krieg, gemeinsam:

> Frieden, wie der Krieg, ist aktiv, nicht passiv.
> Frieden, wie der Krieg, ist tätig, nicht abwartend.
> Frieden, wie der Krieg, plant seine Strategie und umkreist den Feind.
> Frieden, wie der Krieg, befehligt seine Streitmacht und stürmt die gegnerische Bastion.
> Frieden, wie der Krieg, sammelt seine Waffen und durchdringt die gegnerische Verteidigung.
> Frieden, wie der Krieg, wird – geführt."

Begins Definition lautete: „Frieden ist die Schönheit des Lebens. Es ist der Sonnenschein, es ist das Lächeln des Kindes, die Liebe einer Mutter, die Freude eines Vaters, das Beisammensein einer Familie. Es ist der Fortschritt der Menschheit, der Sieg einer gerechten Sache, der Triumph der Wahrheit. Frieden ist all dies und mehr. Und mehr."[26]

X. Persönlichkeiten des Altertums, des Mittelalters und der Neuzeit

1. Simon ben Jochai, der Rabbi in der Höhle

Im Jahre 70 n. Chr. wurde Jerusalem von den Römern eingenommen, der jüdische Staat hörte auf zu existieren. Ein halbes Jahrhundert später kam es, veranlaßt durch die antijüdische Gesetzgebung des Kaisers Hadrian, zu einem letzten Aufflackern des jüdischen Widerstandes in Palästina gegen die Römer unter Führung von Bar Kochba. Die Revolte wurde blutig niedergeschlagen, und die meisten jüdischen Gesetzeslehrer, darunter der berühmte Rabbi Akíba, erlitten den Märtyrertod. Einige von ihnen konnten sich in die darauffolgende ruhigere Zeitperiode hinüberretten, darunter Rabbi Simon ben Jochai.

Über ihn berichten die Quellen folgendes: Er war einer der fünf Gelehrtenschüler, die insgeheim von Rabbi Jehuda ben Baba die Ordination empfingen, deren Verleihung von den Römern, die die jüdische Religion vernichten wollten, unter Todesstrafe gestellt war. Trotz dieses Verbotes wagte es Jehuda ben Baba, die Ordination vorzunehmen, weil es ihm darum zu tun war, die durch die Ermordung so vieler Gesetzeslehrer gefährdete Kontinuität der jüdischen Lehre, der Tora, aufrecht zu erhalten. Was tat er? In einer Ortschaft wollte er die Ordination nicht vornehmen, weil die Römer, falls ihnen die Ordination hinterbracht worden wäre, die ganze Stadt zerstört hätten, in der sie stattfand. So begab er sich in eine menschenleere Gegend im galiläischen Bergland und vollzog die Ordination „zwischen zwei großen Bergen und zwischen zwei großen Städten", wie die Quellen es formulieren. Kaum war die Ordination vorgenommen, kamen auch schon die römischen Henkersknechte dahergesprengt, durch Zufall oder Verrat. Jehuda befahl den Schülern, die Flucht zu ergreifen. Er sei dazu zu alt und werde liegenbleiben wie ein Stein. Die Römer trafen den Greis allein und sollen ihn mit 300 Lanzen wie ein Sieb durchlöchert haben.[1]

Die fünf waren also vorläufig gerettet. Die Quellen berichten, daß bald darauf Simon ben Jochai mit seinen Kollegen Jehuda und Jossi, beide ebenfalls zu den fünf Ordinierten gehörig, zusammensaß und sich mit ihnen über die Römer unterhielt. Jehuda sagte: „Wie lobenswert sind doch die Werke dieses Volkes! Sie bauen Straßen, bauen Brücken, bauen Bäder. . .“ Jossi schwieg. Simon ben Jochai aber antwortete: „Alles, was sie bauen, bauen sie zu ihrem Eigennutz: Straßen und Märkte, um darin Dirnen zu plazieren; Brücken, um sich am Brückenzoll zu bereichern; Bäder, um sich darin zu vergnügen.“ Das Gespräch wurde den römischen Behörden hinterbracht, deren Verdikt lautete: „Jehuda, der gelobt hat, soll belobigt werden; Jossi, der geschwiegen hat (also das Lob nicht bestätigt hat), soll nach Sephoris verbannt werden; Simon ben Jochai, der kritisiert hat, soll getötet werden.“ Dies war der Anlaß für den so zum Tode verurteilten Simon ben Jochai, mit seinem Sohn Elasar in eine abgelegene Höhle zu flüchten, wo beide zwölf Jahre verbrachten, sich von den Früchten einiger Johannisbrotbäume und von Wasser aus einer Quelle ernährend. Während dieser Zeit beschäftigten sie sich ausschließlich mit dem Studium der Tora und mit Beten.[2]

Der Aufenthalt Simons in der Höhle wurde von der Nachwelt legendenhaft verklärt. Er habe sich in seiner Abgeschiedenheit mystischen Studien hingegeben und das Buch Sohar, das Grundbuch der jüdischen Mystik verfaßt. Als er sich im letzten Jahre einst ins Freie hinauswagte, bemerkte er, daß ein Vogel der Schlinge des Nachstellers unerwartet entschlüpfte. Dieses als günstige Vorbedeutung annehmend, sprach er bei sich: „Wenn ein Vogel nicht ohne höhere Fügung gefangen werden kann, um wieviel weniger der von der Vorsehung beschützte Mensch!“[3]

Nach einer anderen Tradition[4] soll ihm der Prophet Elia in einer Vision am Eingang der Höhle erschienen sein und gerufen haben: „Der Kaiser ist tot und seine Dekrete hinfällig.“ Er verließ nun mit seinem Sohn die Höhle und sah Menschen pflügen und ernten. Da rief er aus: „Wie vernachlässigen doch die Menschen die geistigen Werte und beschäftigen sich mit weltlichen Dingen!“ Der strafende

Blick Simons und seines Sohnes wirkte überall auf die Tätigkeit der Menschen lähmend und tötend; da ließ sich eine himmlische Stimme vernehmen: „Seid ihr aus der Höhle gekommen, um meine Welt zu zerstören? Kehret wieder dahin zurück, woher ihr gekommen seid!" Sie folgten dieser Weisung und blieben noch ein weiteres Jahr in der Höhle, um sie dann endgültig zu verlassen. Simon hatte nun sein Unrecht eingesehen, von allen Menschen den Verzicht auf jede weltliche Beschäftigung verlangt zu haben. Sein Sohn blieb zwar weiter bei seiner Verachtung weltlicher Beschäftigung, aber der Vater wies ihn zurecht mit den Worten: „Du und ich sind genug für die Welt", was natürlich nicht wörtlich gemeint war, sondern besagen wollte: „Es ist genug, wenn eine Minorität, wie ich und du, sich ausschließlich mit dem Studium der Lehre beschäftigt." Tatsächlich bildeten die beiden hierin eine Ausnahme, selbst unter ihren Kollegen, den Gesetzeslehrern, denn diese übten fast alle einen handwerklichen oder landwirtschaftlichen Beruf aus.

Rabbi Simon wurde noch zu Lebzeiten als heiliger Mann und Wundertäter verehrt. So wird erzählt, daß ein Schüler von ihm ins Ausland gefahren und als reicher Mann zurückgekehrt sei. Er erregte in seinen Mitschülern den Wunsch, es ihm gleich zu tun. So teilten sie ihr Vorhaben ihrem Meister mit. Dieser bat sie, vor dem Antritt der Reise sich mit ihm zu einer Ebene zu begeben. Dort angelangt, richtete er ein inbrünstiges Gebet zu Gott. „Ebene, Ebene", rief er, „fülle dich mit Golddenaren!" und die Erde füllte sich sogleich mit Golddenaren. „Hier habt ihr Gold in Menge", sprach er zu seinen Schülern, „Ihr braucht nur zuzugreifen, um reich zu werden. Wisset aber, daß alles, was sich jetzt einer zueignet, ihm im Jenseits in Abzug gebracht wird; denn dort wird der Mensch für seine guten Taten belohnt."[5]

Das Grabmal des Rabbi Simon in Meron bei Safed wurde zu einer Pilgerstätte für Menschen, die seine Fürsprache bei Gott für die Erfüllung geheimer Wünsche erflehten. Besonders zahlreich war stets und ist heute noch die Zahl der Besucher an seinem Sterbetag, dem 18. Ijar, im Frühling also, zwischen dem Oster- und dem Wochenfest.

2. Rabbi Jehuda, der Fürst

Rabbi Jehuda, der Fürst, war das Oberhaupt der palästinensischen Juden am Ende des 2. Jahrhunderts. Seine historische Leistung ist die Sammlung des gesamten jüdischen Religionsgesetzes und dessen übersichtliche Anordnung und Aufteilung in 6 Hauptabteilungen, und diese wiederum in Traktate, Kapitel und Paragraphen. Das so entstandene Werk, die Mischna, wurde später weiter diskutiert, kommentiert und ergänzt; so entstand der Talmud. An dieser Stelle soll uns nicht so sehr das Werk als die Person des Rabbi Jehuda beschäftigen, seine Ansichten und Charaktereigenschaften.

Den Beinamen, „der Fürst", erhielt er, weil er als Präsident des Synedrions (des obersten Gerichtshofes) die höchste rabbinische Autorität seiner Zeit war, aber auch wegen seines fürstlichen Reichtums, von dem er persönlich wenig genoß, von dem er aber verschwenderisch den Armen zukommen ließ. Als einst eine Hungersnot im Lande ausbrach, öffnete er seine Vorratskammern und verteilte Getreide an die Armen. Dabei bevorzugte er am Anfang arme Gelehrte. Gerade ein Gelehrtenschüler aber war es, der ihn davon überzeugte, daß seine Liebe zu den Gelehrten, den geistig schaffenden Theologen, nicht auf Kosten der anderen Volksschichten gehen dürfe. Der erwähnte Gelehrtenschüler, sein Name war Jonathan, Sohn Amrams, wollte nicht von seinem Anspruch auf bevorzugte Unterstützung Gebrauch machen, sondern sagte zu Rabbi Jehuda: „Speise mich nicht als einen Gelehrtenschüler, sondern speise mich wie einen hungrigen Hund und einen hungrigen Raben, die keine Verdienste haben." Rabbi Jehuda ließ sich von seinem Schüler belehren und ließ von nun an das ganze Volk gleichermaßen an der Getreideverteilung teilhaben.[6] Seine Popularität kommt auch dadurch zum Ausdruck, daß er zwar offiziell die Bezeichnung „Rabbi Jehuda, der Fürst" führte, daß er aber meist kurz und bündig „Rabbi" genannt wird. Er war sozusagen der Rabbi schlechthin. So wollen auch wir ihn von jetzt an nennen. Sein Verständnis für die Bedürfnisse des einfachen, ungebildeten Volkes zeigte sich auch darin, daß er für religionsgesetzliche

Entscheidungen den Grundsatz aufstellte: „Man plage das Volk nicht mit unnötigen Erschwerungen."[7]

Auf seinen ausgedehnten Reisen zwecks Hebung der politischen Lage seiner Glaubensgenossen kam Rabbi mit der nicht-jüdischen Welt in Berührung: nicht nur in Rom, sondern auch im parthischen Reich im Osten Palästinas. Einst, so wird berichtet, schickte ihm der parthische König Artaban ein Juwel als Geschenk und erbat ein gleichwertiges Gegengeschenk. Der Rabbi schickte ihm eine Mesusa, die bekannte kleine, mit Bibelversen beschriftete, am Türpfosten anzubringende Pergamentrolle. Artaban beschwerte sich über den geringen Wert des Gegengeschenks, Rabbi jedoch ließ ihm sagen: „Du hast mir ein Geschenk geschickt, das ich bewachen muß; ich aber schenkte dir etwas, was dich beschützt."[8] Er wollte damit sagen: „Wenn du, angeregt durch die Mesusa, die in ihr geschriebenen Sittengesetze einhältst, wird dich Gott beschützen."

Jahrelang litt Rabbi an heftigen Zahnschmerzen. Die Legende will, daß dies die göttliche Strafe gewesen sei für ein einmaliges unbarmherziges Verhalten einem Tier gegenüber, was bei einer weniger hochstehenden Persönlichkeit nicht so schwer geahndet worden wäre, während Gott bei Männern wie Rabbi, zu denen das Volk als Vorbild aufschaut, einen viel strengeren Maßstab anlegt. Der Vorfall betraf ein Kalb, das zur Schlachtbank geführt wurde und sich unter die Rockflügel Rabbis versteckte. Dieser äußerte kein Erbarmen und sagte ihm: „Geh, dazu bist du geschaffen worden!" Daraufhin befielen ihn die Schmerzen, die aber durch eine andere Begebenheit wieder schwanden: Eines Tages fegte die Magd das Haus und wollte dabei junge Wiesel mit fortkehren. Da sprach Rabbi zu ihr: „Laß sie, denn es heißt in Psalm 145, Vers 9: ‚Und Gott erbarmt sich aller seiner Werke.'" Weil sich nun Rabbi dieser Tiere erbarmte, erbarmte sich Gott seiner und setzte seinen Schmerzen ein Ende.[9]

Bei aller Gelehrsamkeit stand Rabbi – schon in seiner Eigenschaft als Gutsbesitzer – fest auf dem Boden der Wirklichkeit. Er empfahl den Eltern, ihre Kinder trotz theologischer Ausbildung zusätzlich ein Handwerk lernen zu lassen, damit sie nicht auf die Religion als Broterwerb angewiesen seien. Von ihm selbst wird berichtet, daß er in der Stunde seines Todes seine 10 Finger in die Höhe streckte und ausrief:

„Herr der Welt! Es ist offenbar und bekannt vor dir, daß ich mich mit meinen 10 Fingern um religiöse Belange bemüht habe, aber nicht einmal mit dem kleinen Finger daraus einen persönlichen Vorteil gezogen habe. Es sei dein Wille, daß ich in Frieden ruhe."[10]

Über seinen Tod hinaus wirkt Rabbi vor allem durch das oben erwähnte, von ihm redigierte Standardwerk der Mischna. Weniger bekannt ist, daß ein kleiner Abschnitt des heutigen jüdischen täglichen Morgengebetes ursprünglich eine Bitte war, die Rabbi täglich des Morgens zu beten pflegte, die aber dann ins allgemeine tägliche Morgengebet inkorporiert wurde. Das kurze Gebet stellt eine Bitte dar um göttlichen Schutz in den Wechselfällen des täglichen Lebens. Der Spruch lautet: „Es sei dein Wille, Ewiger, mein Gott, mich heute und jeden Tag zu retten vor Frechen und Frechheit, vor bösen Menschen und bösen Gefährten, vor bösen Nachbarn und bösen Begebnissen, vor verderblichem Ankläger, hartem Urteilsspruch und heimtückischem Gegner, sei er ein Sohn des Bundes oder kein Sohn des Bundes", d. h. Jude oder Nichtjude.[11] Es verrät die Weite seines geistigen Horizonts, daß Rabbi Juden und Nichtjuden gleicherweise in seinen Spruch einbezieht: Der Jude begegnet im Alltag schlechten Juden ebenso wie schlechten Nichtjuden, andererseits umgekehrt guten Nichtjuden ebenso wie guten Juden.

3. Helena, die jüdische Königin aus dem Morgenlande

Wenn wir von einer „Königin aus dem Morgenlande" hören, denken wir etwa an die sagenhafte Gestalt der Königin Semiramis von Assyrien oder an die in das Dunkel der Geschichte gehüllte Gestalt der Königin von Saba und deren Besuch beim weisen König Salomo. Es gab aber auch eine Königin des Morgenlandes, die eine historische Gestalt war, Königin eines kleinen, aber unabhängigen Reiches, das um die Zeitenwende am oberen Tigris florierte, in Adiabene, einem Teil des heutigen Irak. Die Königin hieß Helena. Was sie zum Gegenstand unserer Betrachtung macht, ist die Tatsache, daß sie die jüdische Religion annahm.

Es sei hier daran erinnert, daß damals um die Zeitenwende die jüdische Religion, wie später in noch viel größerem Ausmaß die christliche, eine große Anziehungskraft auf einen Teil der heidnischen Welt ausübte, der nicht mehr befriedigt war von den alten primitiven, untereinander rivalisierenden Göttern der römischen Mythologie. „In dem letzten halben Jahrhundert vor dem Untergang des jüdischen Staates", so schreibt der Historiker Graetz,[12] „gab es, wie in keiner früheren Zeit, viele jüdische Proselyten. Nicht bloß um äußerer Vorteile willen, um eine Heirat mit jüdischen Frauen eingehen zu können, oder um die Gunst der jüdischen Fürsten zu erlangen – solche nannte man spottweise ‚Proselyten der königlichen Tafel‘, sondern aus reiner Überzeugung bekannten sie sich zum Judentum. Sie fanden darin Beruhigung für ihre Zweifel und Nahrung für Geist und Gemüt. Der jüdische Philosoph Philo aus Alexandrien berichtet es als eine erlebte Erfahrung, daß die in seinem Vaterlande zum Judentum übergetretenen Heiden auch ihren Lebenswandel änderten und ein mit den Tugenden der Mäßigkeit, der Milde und Menschenliebe geziertes Leben führten. Namentlich fühlten sich die Frauen, deren zartes Gemüt von der Schamlosigkeit der mythologischen Er-

24. Das Grabmal der Königin Helena in den „Königsgräbern" in Jerusalem. Die Stiegen (1) führen zur Begräbnisstätte, die in den Felsen gehauen ist (2).

zählungen verletzt wurde, von der kindlichen und erhabenen biblischen Darstellung angezogen. . . In Damaskus z. B. waren die meisten heidnischen Frauen zum Judentum übergetreten."

Es war aber trotz dieser allgemeinen Tendenz ein großes Ereignis, daß eine regierende Königin, die erwähnte Helena, eine solche Vorliebe für die jüdische Religion faßte, daß sie, sowie ihre beiden Söhne Izates und Monobaz, zum Judentum übertraten. Damals, um die Zeitenwende, existierte noch der jüdische Staat und der Tempel in Jerusalem, der sogar durch den prachtliebenden König Herodes so ausgebaut wurde, daß er an Schönheit und Glanz den salomonischen Tempel noch übertraf. Fünf Enkelkinder der Königin Helena, nämlich fünf der 24 Söhne ihres Sohnes Izates, wuchsen im jüdischen Staate auf, wohin sie geschickt wurden, um in der jüdischen Religion und in der hebräischen Sprache unterrichtet zu werden.[13] Aber auch die Königin selbst stattete im Jahre 43 n.Chr. dem Lande Israel einen Besuch ab; wie sich dies ereignete, erfahren wir im Talmud: „Einst zog der Sohn der Königin Helena in den Krieg. Da sagte sie: Wenn mein Sohn wohlbehalten vom Feldzug zurückkehrt, so will ich 7 Jahre lang eine Nasiräerin sein, also keinen Wein trinken und nicht die Haare scheren. Ihr Sohn kehrte wohlbehalten zurück und sie war dann, in Erfüllung ihres Gelübdes, 7 Jahre lang Nasiräerin. Nach Ablauf dieser Frist unternahm sie die Reise nach dem Land Israel, um im Tempel zu Jerusalem das Tieropfer darzubringen, das die Bibel (Num. 6,13 ff.) nach Beendigung des Nasiräergelübdes darzubringen gebietet."[14] „Welch ein Hochgefühl", bemerkt hierzu Graetz, „müssen die Jerusalemer empfunden haben, als sie eine Königin einziehen sahen, welche vom fernen Osten gekommen war, ihrem Gott und ihrem Gesetze mit aufrichtigem Gemüt zu huldigen!"[15]

An einer anderen Stelle[16] berichtet der Talmud über Gegenstände, die verschiedene Spender in jener Zeit zur Verschönerung des Tempels gestiftet haben, worunter sich ein originelles Geschenk der Königin Helena befand: Sie stiftete für den Tempel einen goldenen Leuchter, der über dem Eingang des Tempels angebracht wurde. Wenn allmorgendlich die Sonne ihre ersten Strahlen sandte, sprühten Funken vom Golde des Leuchters, sichtbar für alle Bewohner Jerusalems, die dadurch wußten, daß die Sonne aufgegangen und es

Zeit war, das Morgengebet zu verrichten. Übereinstimmend berichten sowohl Josephus[17] und der Talmud,[18] daß sich das Königshaus Adiabene als Wohltäter der Bewohner des Landes Israel erwies, als dort eine schwere Hungersnot ausgebrochen war. Nach Josephus war es die Königin Helena selbst, die damals gerade im Land Israel anwesend war und von dort aus Getreide in Alexandrien und Feigen in Cypern aufkaufen ließ und unter die von der Hungersnot Betroffenen verteilte. Nach dem Talmud war es Monobaz, der Sohn und Thronfolger, der von seinem Heimatland Getreide sandte. Der Bericht des Talmud lautet: „König Monobaz verschenkte in verschwenderischer Weise die Schätze an Getreide, die er und seine Vorfahren gehortet hatten, um die Hungersnot im Lande Israel zu lindern. Da schickten die Vornehmen und Würdenträger Adiabene's eine Abordnung zu ihm, die dagegen protestierte mit den Worten: ‚Deine Väter horteten Schätze und vermehrten so die Schätze ihrer Väter; du aber verschwendest alles!' Er aber antwortete: ‚Meine Väter horteten für das Diesseits, ich aber horte gute Taten für das Jenseits. Meine Väter horteten etwas, was keine Früchte trägt, ich aber horte etwas, das Früchte trägt, denn: Wohltat trägt Zinsen! Meine Väter horteten materielle Schätze, ich aber horte moralische Schätze.' "

Die Quellen bringen noch manche Beispiele für die Frömmigkeit und Menschenfreundlichkeit des etwa 100 Jahre existierenden adiabenischen Königshauses. Geblieben ist das ehrenvolle Andenken, in dem es in der jüdischen wie auch in der nichtjüdischen Welt gehalten wird, und die Reste des einst prunkvoll gebauten Familiengrabes in Jerusalem, heute bekannt als die „Königsgräber". Ein Sarkophag aus diesen Königsgräbern wird im Louvre in Paris gezeigt. Man glaubt, es sei der Sarg der Königin Helena – der jüdischen Königin aus dem Morgenlande.

4. Die Zwillingsgrabsteine von Worms. Vom Leben und Sterben des Rabbi Meir von Rothenburg

„Die Geschichte der deutschen Juden im Mittelalter", schreibt Heinrich Ehrentreu, der frühere Münchner Rabbiner, „setzt sich aus zwei parallel laufenden Strömen zusammen, von denen der eine aus dem finsteren Abgrund mittelalterlicher Unduldsamkeit seinen Ausgang nimmt und demgemäß trübe schlammige Gewässer mit sich führt, während der andere aus dem lebensspendenden Quell der Tora (der jüdischen Lehre) entspringt und daher stets befruchtend und segensreich gewirkt hat. Die eine, die bekanntere Seite im Buche der Geschichte ist mit Blut und Tränen geschrieben, sie erzählt uns von einem jahrhundertelang währenden Martyrium, das mit beispiellosem Heldenmute ertragen wurde, sie bildet eine heroische Tragödie, deren Held ein ganzes Volk gewesen ist. Die andere Seite, die erfreulicher zu betrachten ist... erzählt von dem inneren, geistigen Leben unserer Vorfahren."[19] Diese von Ehrentreu vorgenommene Zweiteilung der mittelalterlichen jüdischen Geschichte in eine helle innere und eine dunkle äußere Geschichte kann als Prolog gelten für den Lebenslauf des im 13. Jahrhundert wirkenden Rabbi Meir von Rothenburg ob der Tauber, geboren um 1220 in Worms, Oberhaupt von Talmud-Akademien in Rothenburg und Mainz, ob seiner Gelehrsamkeit und demütigen Lebensführung von der Judenheit verehrt als größte Leuchte seiner Zeit. Im Jahre 1286, nachdem er vier Dekaden segensreich gewirkt hatte, begannen sich in Deutschland wieder einmal Judenverfolgungen abzuzeichnen, was Rabbi Meir zum Entschluß bewog, nach Palästina auszuwandern. Kaiser Rudolf von Habsburg, der die Juden als bequeme Objekte der Steuer-Auspressung benötigte, fürchtete mit Recht, daß dem beliebten Meister viele Juden folgen würden, und ließ daher den Rabbi, der bereits in die Lombardei gelangt war, als Geisel für etwaige Auswanderer in Haft nehmen und in der Burg Ensisheim im Elsaß gefangen halten.

So begann die tragische Seite im Leben des Meisters. Die deutschen Juden waren bereit, ihr Oberhaupt für hohe Summen auszulösen, aber er selbst verbot es ihnen, weil er den Gewalthabern nicht ein neues Mittel in die Hand geben wollte, durch die Einkerkerung (heute würden wir sagen: Entführung) berühmter Männer Geld zu erpressen. Zugunsten des Kaisers sei gesagt, daß der Meister in milder Haft gehalten und auch in seiner literarischen Tätigkeit nicht gehindert wurde. Als er im Jahre 1293 im Gefängnis starb, gab die Obrigkeit seinen Leichnam nicht heraus. Erst nach vierzehn Jahren erkaufte ein frommer, kinderloser reicher Mann, Süßkind Alexander Wimpfen aus Frankfurt am Main, das Recht, die Leiche zu bestatten, und erbat sich als einzigen Lohn für seine Tat nur die Gunst, neben dem berühmten Meister bestattet zu werden. Beide sind tatsächlich nebeneinander in Worms, der Geburtsstadt des Rabbi Meir, begraben, unter zwei gleich geformten Grabsteinen, steinerne Zeugen einer Tragödie mit versöhnlichem Ausklang.

Den Eindruck dieser Grabsteine auf uns Heutige, nach über 650 Jahren, beschrieb der jüdische Kaufmann A. Maslo aus London in der Wochenzeitung „Jewish Tribune".[20] Er fuhr mit seinem Wagen, von Norden kommend, auf der Autobahn nach Basel. „Dies kann eine langweilige Beschäftigung sein", schreibt er, „es gibt keine landschaftliche Szenerie zu bewundern und die ganze Aufmerksamkeit ist auf den endlosen Strom der Fahrzeuge konzentriert. Meine Absicht war, so schnell als möglich in die Schweiz zu gelangen, ich erhöhte deshalb die Fahrgeschwindigkeit. Da bemerkte ich plötzlich einen Wegweiser nach den Städten: Worms, Mainz, Speyer. Da durchfluteten mich nostalgische Erinnerungen an Ortschaften, die in Marcus Lehmanns historischen ‚Novellen aus jüdischer Vergangenheit' eine Rolle spielten. So fuhren wir nach Worms, der Wiege der europäischen Judenheit, wo Juden seit über 1 000 Jahren lebten und wirkten. Etwa eine Stunde vor Sonnenuntergang kamen wir in Worms an. Ein Einheimischer wies uns den Weg zum alten jüdischen Friedhof. Die eisernen Tore waren fest verschlossen. Ich zog die Glocke, woraufhin nach einer Weile eine Frau in mittleren Jahren erschien, die sich sehr gesprächig zeigte. ‚Nein', sagte sie, ‚Raschi liegt hier nicht, wohl aber Rabbi Meir von Rothenburg, auch der Maharil, auch der Baal Schem von Michelstadt' ... und sie leierte die berühmten Namen und bruchstückartigen historischen Angaben so sicher herunter, als sei sie mit diesen Persönlichkeiten intim vertraut. Bereitwillig öffnete sie die Tore und wir, ich und meine Familie, traten ein. Wir wurden von einem Gefühl tiefer Ehrfurcht übermannt, als wir dieses heilige Stück Erde besichtigten. Es herrschte eine friedliche Stille. Ich trug mich ins Besucherbuch ein. Nach einer kurzen Strecke Wegs auf dem Friedhofspfad blieb unsere Führerin vor einem Zwillingsgrabstein zur linken Hand stehen. Der linke der beiden trug in

144

25. *Die Zwillingsgrabsteine des Rabbi Meir von Rothenburg (links) und des Alexander Wimpfen auf dem Friedhof in Worms.*

hebräischer Sprache die Inschrift: ,Hier ruht unser Meister Rabbi Meir, den der Kaiser 1286 gefangen nahm. Starb 1293 und wurde erst 1307 begraben. Möge seine Seele im Garten Eden ruhen.' Auf dem rechten Grabstein war zu lesen: ,Hier ruht der edle Alexander Wimpfen, gestorben 1307. Es erfüllte sich seine Sehnsucht, die Leiche unseres Meisters Rabbi Meir auszulösen. Nun liegt er neben ihm. Möge seine Seele im Garten Eden neben ihm ruhen.' " Der Verfasser des Berichtes besichtigte noch andere Gräber und verließ mit seiner Familie den Friedhof, als es dunkelte und die Grabsteine lange Schatten warfen. Schwer schlossen sich die Tore hinter ihnen und wurden verriegelt, zum Schutz der in diesem ältesten jüdischen Friedhof Europas friedlich Schlummernden, und in ihrer Mitte Rabbi Meir von Rothenburg, Seite an Seite mit seinem Auslöser, dem selbstlosen Süßkind Alexander Wimpfen.

5. Moses Mendelssohn

Moses Mendelssohn, geboren 1729 in Dessau, gestorben 1786 in Berlin, ist in die Kulturgeschichte eingegangen als der erste bedeutende Vertreter der modernen deutsch-jüdischen Symbiose, die in der zweiten Hälfte des 18. Jahrhunderts begann und bis zu Beginn der Herrschaft der Nationalsozialisten dauerte.

Mit Mendelssohn wurde der für diese Symbiose geeignete Mann in der für sie geeigneten Epoche geboren. Es war die Epoche des aufgeklärten und toleranten Preußenkönigs Friedrich des Großen, von dem der Ausspruch stammt, daß bei ihm jeder nach seiner Façon selig werden kann. In diese Epoche hineingeboren, konnte ein genialer Forschergeist wie Mendelssohn sich sowohl in die Quellen seiner angestammten jüdischen Kultur vertiefen, als auch sich in den allgemeinen Geisteswissenschaften, deren Studium Juden bis dahin verschlossen war, ausbilden und Großes leisten. Er erreichte, daß beide

26. Moses Mendelssohn

Kulturen, die jüdische und die weltliche, sich gegenseitig befruchteten: Einerseits half er, durch das persönliche Beispiel seines weltlichen Studiums und vor allem durch seine epochemachende Übersetzung der Bibel ins Deutsche, seinen Glaubensgenossen eine Brücke zu bauen vom Ghetto, in das sie bisher zwangsweise eingeschlossen waren, in den deutschen Kulturkreis, wobei er freilich nicht verhindern konnte, daß viele seiner Glaubensgenossen, darunter seine eigenen Kinder, dem Judentum entfremdet wurden. Andererseits machte er – in umgekehrter Richtung – seine nichtjüdischen Zeitgenossen durch seine persönliche Lebensführung und vor allem durch sein Buch, betitelt „Jerusalem", mit den Werten der jüdischen Religion bekannt. In diesem Buch – der volle Titel lautet: „Jerusalem oder über die religiöse Macht des Judentums" – stellt er das Judentum als eine rationale Religion dar, deren Gebote göttlichen Ursprungs seien, aber in vollkommener Harmonie mit den Forderungen der Vernunft.

Als symbolisch für die gegenseitige Befruchtung der beiden Kulturen kann die innige Freundschaft betrachtet werden, die Mendelssohn mit dem Dichter Gotthold Ephraim Lessing verband. Mendelssohn verehrte Lessing als seinen Lehrer, der sein Denken beeinflußte, und als Vorbild humaner Gesinnung, während umgekehrt Mendelssohn von Lessing als der „größte Philosoph und beste Literaturkritiker des Jahrhunderts" bezeichnet wurde. Bekanntlich diente Lessing bei der Gestaltung des Nathan, der Hauptfigur seines Theaterstücks „Nathan der Weise", Moses Mendelssohn als Vorbild. Das Stück dient der Versöhnung der drei monotheistischen Religionen. Den Kern des Stücks bildet die berühmte, dem Nathan in den Mund gelegte Ringparabel: Ein Königshaus im Osten, so lautet die Parabel, besaß einen Ring, der die Eigenschaft hatte, seinen Träger „vor Gott und Menschen angenehm zu machen". Diesen Ring übertrug viele Generationen hindurch der jeweils regierende König bei seinem Tod dem Lieblingssohn, bis er in den Besitz eines Herrschers kam, der seinen drei Söhnen mit gleicher Liebe zugetan war. Unfähig, sich für einen von ihnen zu entscheiden, läßt er nach dem Muster des echten Ringes zwei weitere, vollkommen ähnliche anfertigen und übergibt sie allesamt vor dem Tod seinen Söhnen. Deren Streit um den echten

Ring schlichtet ein kluger Richter, indem er einzig praktisches Handeln zum Maßstab für die Echtheit des Ringes erhebt. „Es strebe von euch jeder um die Wette", sagt der Richter, „die Kraft des Steins in seinem Ring an den Tag zu legen". Dies könne geschehen „durch Sanftmut, durch herzliche Verträglichkeit, durch Wohltun, durch innigste Ergebenheit in Gott." Soweit die Parabel. Die drei Ringe sind die drei monotheistischen Religionen, deren Gleichwertigkeit Lessing hier durch den Mund Nathans alias Mendelssohn verkünden läßt.

Auch mit dem Philosophen Kant verband Mendelssohn eine persönliche Freundschaft, verbunden mit wissenschaftlichem Gedankenaustausch. In einem Brief vom 16. August 1783 schreibt Kant an Mendelssohn, bezugnehmend auf Mendelssohns Buch „Jerusalem": „Ich halte dieses Buch für die Verkündigung einer großen, obzwar langsam bevorstehenden und fortrückenden Reform... Sie haben Ihre Religion mit einem solchen Grade von Gewissensfreiheit zu vereinigen gewußt, die man ihr gar nicht zugetraut hätte und dergleichen sich keine andere rühmen kann." Kant meint hier wohl die Fähigkeit der jüdischen Religion, sich in den verschiedensten Kulturkreisen zu akklimatisieren. Die persönliche Freundschaft zwischen Kant und Mendelssohn kommt in folgender Anekdote zum Ausdruck: Eines Tages im Jahr 1777 setzte sich ein buckliger Jude mittleren Alters in einem Hörsaal der Universität Königsberg bescheiden auf eine der hinteren Bänke. Einige der Studenten nahmen von seiner Gegenwart Notiz und machten sich über ihn lustig, er aber ignorierte ihren Spott. Sie wurden erst stille, als der Lektor den Saal betrat – Immanuel Kant. Als dieser den einsam im Hintergrund sitzenden Hörer gewahrte, verließ er das Podium, hieß den Fremden herzlich willkommen und bat ihn, vorne Platz zu nehmen. Nun erkannten die Studenten die Identität des Gastes und wisperten untereinander: „Dies ist Moses Mendelssohn, der berühmte Philosoph von Berlin!" Als Kant und Mendelssohn den Hörsaal verließen, erhoben sich die Studenten zum Zeichen des Respekts.

Soweit die Überlieferung, – wahr oder nicht, jedenfalls symbolisch für den Geist der anbrechenden deutsch-jüdischen Symbiose, an deren Ende, wiederum symbolischerweise, die Büste Mendelssohns in der Berliner Jüdischen Mittelschule während des Pogroms im November 1938 von ihrem Podest geworfen wurde. Fritz Friedländer, der in einer Londoner deutsch-jüdischen Emigrantenzeitung von diesem Vorfall berichtet, fügt optimistisch hinzu: „Trotzdem können wir glauben, daß es wieder der Geist Mendelssohns ist, der über den Nachkriegsversuchen der deutsch-jüdischen Annäherung und des christlich-jüdischen Dialogs schwebt, sowie über allen Verteidigern der Freiheit gegen Tyrannei."[21] Und Friedländer macht darauf aufmerksam, daß die letzten Worte des Buches „Jerusalem" Mendelssohns Botschaft an die Menschheit enthalten; sie lauten: „Liebet die Wahrheit! Liebet den Frieden!"

XI. Beziehungen zwischen Juden und Nichtjuden

1. Einstellung der Juden zum Christentum

Man hat die Beziehung der jüdischen und christlichen Religion zueinander als ein Verhältnis der Wurzel zum Stamm, aber auch als ein Verhältnis der Mutter zur Tochter dargestellt. Besonders mit dem letztgenannten Bild lassen sich manche Aspekte der christlich-jüdischen Beziehung treffend beleuchten. „Töchter", bemerkt zum Beispiel ein moderner jüdischer Theologe,[1] „sind im Kraft- und Schönheitsgefühl ihrer Jugend oft unnachsichtig gegenüber ihrer alten Mutter; diese aber hört nicht auf, sich ihrer Kinder zu rühmen, die bei aller Verschiedenheit doch ihr Fleisch und Blut und Geist sind und ihre Lehren weitertragen." In der Tat haben selbst die vielen Schläge, die die Mutter vor allem im Verlauf des Mittelalters durch die Tochter erhielt, niemals vermocht, die Zuneigung der Mutter abzutöten. Wir fanden in einem KZ-Erlebnis-Bericht eine Episode, die wir als kleinen Beleg für diese primäre Zuneigung, diesen natürlichen Respekt, anführen möchten. Der jüdische Verfasser befand sich in einer Kolonne von Elendsgestalten, die auf einem sogenannten Todesmarsch von einem KZ in ein anderes durch ein deutsches Städtchen getrieben wurde, über dem sonntägliche Ruhe lag. Plötzlich erklingt Kirchenglockengeläute, das im Verfasser Erinnerung an seine Kindheit wachruft: „Ich denke an meine Kinderzeit zurück, an den seltsamen Reiz, den die katholischen Gotteshäuser mit ihrem mystischen Halbdunkel auf mich ausgeübt hatten. Damals glaubte ich, den Betern in jenen Gotteshäusern müsse eine besondere Fähigkeit innewohnen, die Fähigkeit, die Leiden und Schmerzen anderer Menschen auch an sich zu erfahren. Beruhte nicht ein Grundprinzip der Kirche auf der unbedingten Nächstenliebe, mit der auch ihr Gott gelebt und gewirkt hatte?"[2] Wenn auch der Verfasser die Gleichgültigkeit der frommen, weißbehandschuhten christlichen Kirchgänger angesichts der jüdischen Elendsgestalten nicht in Einklang bringen konnte mit seinen Erinnerungen, so ist diese kleine Episode doch typisch dafür, daß im jüdischen Volksbewußtsein stets eine, freilich oft genug nicht erwiderte Achtung des Christentums bestand.

Diese Achtung ist nun nicht nur eine rein gefühlsmäßige, wie in den geschilderten Kindheitseindrücken, vielmehr ist sie auch theologisch wohl fundiert im Prinzip der Gleichwertigkeit aller Menschen, das in der jüdischen Religion wohl noch stärker ausgebildet ist als in der christlichen. Denn die Mutter-Religion kennt nicht den Absolutheitsanspruch der Tochterreligion, wonach es kein Heil außerhalb der Taufe gibt. Ohne Einschränkung gilt die talmudische Feststellung: „Die Rechtschaffenen aller Völker haben Anteil am künftigen Leben."[3]

Wenn nun die jüdische Religion alle anderen Bekenntnisse und deren Träger respektiert, so gilt dies erst recht für die christliche Tochterreligion, die ja jüdischen Monotheismus und jüdische Ethik in der Welt verkündet hat. Die Mutter-Religion schätzt die Ethik der Tochter-Religion sowie deren heilsgeschichtliche Funktion als „Verband zu Ehren Gottes, der den Zweck hat, in der ganzen Welt zu verkünden, daß es einen Gott gibt, der Herr über Himmel und Erde ist," wie es ein kompetenter deutscher Rabbiner des 18. Jahrhunderts, Rabbi Jakob Emden aus Hamburg, definiert hat.[4] Die berüchtigten Judenverfolgungen aus religiösen Motiven sowie die vielen Vorurteile gegen die jüdische Religion können einzelnen Christen, aber nicht der christlichen Religion als solcher zur Last gelegt werden. Die *besten* Repräsentanten der Mutter-Religion sowie die *besten* der Tochter-Religion sind beispielgebend für die Menschheit.

Ein gemeinsames Anliegen beider Religionen ist es, durch gegenseitige Achtung dem Frieden und dem Gesamtwohl der Menschheit zu dienen. Denn mit ihr, mit der Gesamtmenschheit, hat Gott nach dem Bericht der Genesis den ersten Bund geschlossen, als er nach der Sintflut den Regenbogen einsetzte als „Zeichen des Bundes. . . mit allen Lebewesen für ewige Zeiten" (Gen. 9,12); und als die jüdische Religion schon längst existierte, wird Hiob von der Bibel als Vorbild der Frömmigkeit genannt und von ihm ausgesagt: „Keiner ist auf Erden wie er, unschuldig und redlich, gottesfürchtig und das Böse meidend" (Hiob 1,8). Welcher Religion er angehörte, wird nirgends gesagt, nur daß er ein Mensch war, ein „isch" (Hiob 1,1). Und die Stadt Ninive wurde nach Jona 4,11 von Gott verschont, weil in ihr mehr als 12 Myriaden „adam" wohnten, wie der Ausdruck im Originaltext lautet, d. h. Menschen. So muß auch heute noch das Wohl der Gesamtmenschheit primäres Anliegen von Christen und Juden sein.

2. Vorurteile gegen die jüdische Religion

Daß fruchtbare Koexistenz jüdischer und nichtjüdischer Lebensart während langer Jahrhunderte möglich ist, zeigt das christlich-jüdische Nebeneinander bis zur Zeit der Kreuzzüge und das muslimisch-jüdische Zusammenleben seit den Anfängen des Islam, freilich mit traurigen Unterbrechungen, bis heute. Die Frage erhebt sich, wieso im christlichen Hochmittelalter der Anti-Judaismus in seiner vulgären und literarischen Ausprägung geradezu institutionell wurde. Der wahre Grund liegt wohl gerade in der nahen Verwandtschaft von Christentum und Judentum, von der wir bereits im vorigen Kapitel sprachen. Der Islam konnte dem Judentum objektiver – sine ira et studio – gegenüberstehen, weil er sich wohl an ihm orientierte, nicht aber aus ihm entstanden war. Die ersten Christen hingegen fühlten sich als Juden – heute bezeichnet man sie als Judenchristen –, Jesus selbst kam als Jude zu Juden. Der Lebensweg des Islam begann parallel zu demjenigen des Judentums, die Straße des Christentums begann in jüdischer Sicht als Abzweigung von der alten Straße, in christlicher Sicht als geradlinige, legitime Fortsetzung und zwar als einzig legitime Fortsetzung. Hierin ist kein Werturteil über Kirche und Synagoge ausgesprochen, sondern nur der Finger gerichtet auf den psychologischen Nährboden des religiös verbrämten Judenhasses.

Aus dem Ressentiment wurde ein Vorurteil. Das Vorurteil projizierte die spätere Antithese jüdische Relgion – christliche Religion zurück auf eine primär innerjüdische Angelegenheit. Aus dem Juden Jesus, der als Jude auf die Juden wirken wollte, wurde im Volksmund der von den bösen Juden ermordete Heiland. Das Vorurteil

27. *Der Großinquisitor Torquemada fordert die Austreibung der Juden vor Kaiser Ferdinand und Isabella.*

gegen die Juden hat sich im christlichen Mittelalter zu Wahnvorstellungen entwickelt, wozu die offizielle Entrechtung der Juden durch Päpste wie Innozenz III (1214 Einführung des Judenfleckens) das ihrige beitrug. Die Juden (und zwar alle zusammen) wurden zu Brunnenvergiftern, Hostienschändern, Ritualmördern, kurz zum Inbegriff alles Bösen. Der Massenwahn führte zum Blutdurst der Massen, zu den Scheiterhaufen der Inquisition in Spanien und zu der endlosen Kette von Pogromen in ganz Europa.

Nachdem die Juden im Mittelalter vom Religiösen her zum Inbegriff alles Bösen abgestempelt wurden, konnte der Judenhaß schon im Mittelalter, aber mehr noch in der Neuzeit, je nach Bedarf auf weltliche Ebene verschoben werden, und so entstand denn auch Hitlers geldgierig-kapitalistisch-plutokratischer oder auch wurzellos-degeneriert-kommunistischer Jude.

Als Beispiel eines Vorurteils, das heute wiederum, und zwar unter dem Vorwand der Tierliebe, von gewisser Seite „hochgespielt" wird, sei die Bekämpfung der jüdischen Schlachtmethode, des sog. Schächtens, genannt. Von Fachleuten auf dem Gebiet der Tierkunde ist längst festgestellt worden, daß das Schächten die schnellste und daher schmerzloseste Tötungsart ist. Das Durchtrennen der großen Halsschlagadern mit dem Schächtmesser (das scharf und schartenlos sein muß) hat die Unterbindung der Sauerstoffzufuhr zum Gehirn zur Folge, weshalb das Tier sogleich bewußtlos wird. Bei der Methode des Schießens ist hingegen, selbst wenn das Tier zusammenbricht, noch lange nicht sicher, ob das Schmerzzentrum des Gehirns getroffen wird, – nicht zu reden von den Methoden des Halsumdrehens bei Hühnern und des Schweine-Abstechens, die auf vielen Bauernhöfen üblich sind. Wenn es den Schächtgegnern ernst wäre mit dem Tierschutz, müßten sie das Verbot der Jagd fordern, bei der ja ungezählte Tiere qualvoll verenden. Im Judentum ist die Tierquälerei verboten[5] und daher auch die Jagd.[6] Der Ausspruch vom „edlen Waidwerk" ist dem Judentum wesensfremd; schon den Kindern beigebracht und als Gesetz praktiziert wird hingegen der Tierschutz; dazu gehört z. B. die Sabbatruhe für die Haustiere nach Ex. 23, V. 12: „Sechs Tage magst du deine Arbeit verrichten, aber am siebenten Tag feiere, damit der Ochse und Esel ruhe und sich erhole der Sohn deiner Magd und der Fremdling". Ferner lautet eine Vorschrift, Deut. 25,4: „Verbinde nicht dem Ochsen das Maul beim Dreschen!". Und im Talmud heißt es: „Der Mensch darf nicht essen, bevor er seinen Tieren zu fressen gegeben hat, denn es heißt in der Bibel (Deut. 11,15) zuerst: ‚Ich werde geben das Kraut deines Feldes deinen Tieren' und dann erst: ‚und du magst essen und satt werden'. "[7]

Soweit zu *einem* der wieder auftauchenden antijüdischen Vorurteile. Freilich: Daß tief eingewurzelte Vorurteile durch logische Widerlegung leicht aus der Welt geschafft werden können, bezweifeln wir mit Karl Blumenfeld, der seinen jüdischen Glaubensgenossen zurief: „Erst wenn es euch gelungen ist, alle Gründe des Antisemitismus zu widerlegen, habt ihr wirklich bewiesen, daß Judenhaß echt ist. Haß und Liebe fragen nicht nach Gründen."[8] Wir wollen nicht bei dieser eher pessimistischen Bemerkung stehen bleiben, sondern vielmehr unsere Ausführungen durch Worte beschließen, die wir schon an anderer Stelle, anläßlich der Ausstellung „Freistaat Bayern", über das christlich-jüdische Verhältnis in Bayern schrieben: „Der Weg der jüdischen Gemeinschaft in Bayern führte zunächst durch das Jammertal der mittelalterlichen Religionsverfolgungen, dann, über die Epoche der Aufklärung, hinauf zu den Höhen der fruchtbaren deutsch-jüdischen Symbiose, die mit der Emanzipation der Juden (Beginn des 19. Jahrhunderts) einsetzte, wobei Bayern in positivem Sinn hervorzuheben ist: hier wurde diese Symbiose durch die liberalen Könige des Hauses Wittelsbach besonders gefördert. Nach dem jähen Sturz in die Schrecken des NS-Regimes kann sich die wieder entstandene kleine jüdische Gemeinschaft nun wieder in ruhigen Bahnen bewegen. Die Beziehungen zur Umwelt, speziell zu den großen christlichen Religionsgemeinschaften sind gut und alle Anzeichen sprechen dafür, daß es auch in Zukunft so bleibt."[9] Was wir für Bayern erhoffen, erhoffen wir natürlich auch für das übrige Deutschland und die ganze Welt: ein friedliches Nebeneinander der Konfessionen.

3. Insbesondere: Das Vorurteil vom „Gott der Rache"

Zu den verbreitesten Vorurteilen gegen die jüdische Religion gehört dasjenige vom jüdischen oder alttestamentlichen „Gott der Rache", ein Ausdruck, der auf der lutherschen Übersetzung von Ps. 94,1 basiert. Sollte der Gott der Liebe und der Gnade gleichzeitig ein rachsüchtiger Gott sein? Dies hieße, daß auch den Verehrern dieses Gottes, also den Anhängern der jüdischen Religion, denen ja „in seinen Wegen zu wandeln" obliegt (Deut. 8,6 u. öfter), die Eigenschaft der Rachsucht anempfohlen würde. Nun werden der hebräische Wortstamm „nakam" und dessen Derivate tatsächlich richtig mit „rächen" bzw. „Rache" wiedergegeben, jedoch kann damit im Hebräischen wie im Deutschen eine negative Eigenschaft zum Ausdruck kommen (Rachsucht), aber auch eine positive (Gerechtigkeitssinn); in diesem Sinn etwa bei Schiller: „Es lebt ein Gott, zu strafen und zu rächen."[10]
  Die Rachsucht wird im Alten Testament ausdrücklich verboten, zunächst im persönlichen Verkehr: „Du sollst dich nicht rächen und nichts nachtragen den Kindern deines Volkes" (Lev. 19, 18). Dies wird im Talmud sehr weitgehend ausgelegt: „Sagt einer zum zweiten: ‚Leihe mir deine Sichel', und er sagt: ‚Nein', und am nächsten Tag sagt der zweite zum ersten: ‚Leihe mir deine Axt', und er antwortet: ‚Ich leihe dir nichts, ebenso wie du mir nicht ausleihen wolltest';

so heißt dies: sich rächen; antwortet er aber: ‚Hier hast du, ich bin nicht wie du, der mir nichts leihen wollte' – so heißt dies: nachtragen."[11] Daß die Warnung an Nahestehende gerichtet ist (an „Kinder deines Volkes"), will nicht Fernstehende ausschließen, vielmehr geht dies von der Erkenntnis aus, daß gerade im engeren Kreis bei vielen Berührungspunkten auch viele Reibungsflächen vorhanden sind. Dies ist eine allgemein-menschliche Erfahrung. „Nirgends fand ich mehr Neid, Haß, Mißgunst und Hader", bemerkte z. B. Grimmelshausen, „als zwischen Brüdern, Schwestern und anderen angeborenen Freunden. . ."[12] Fritz Kortner drückte diese Lebenserfahrung in humorvoller Weise so aus: „Eine Stadt verliert ihren Zauber, ja sogar ihre Gemütlichkeit, wenn es nicht Verwandte und Bekannte in ihr gibt, denen man gerne ausweicht. Man will sie zwar nicht treffen, – aber da müssen sie sein und leben müssen sie!"[13] Gegen Rachsucht im allgemeinen, ohne Ansprechung einer bestimmten Menschengruppe, wenden sich die Sprüche Salomos, 20,22: „Sprich nicht, ich will Böses vergelten. Hoffe auf den Ewigen und er wird dir helfen." Ebenso dortselbst 24,29: „Sprich nicht: so wie er mir getan, so will ich ihm tun, ich will gleiches mit gleichem vergelten."

Wenn wir von der persönlichen auf die nationale Ebene übergehen, brauchen wir nach einem literarischen Beleg für die jüdische Haltung nicht lange zu suchen. Denn sehr bekannt und beliebt ist eine Erzählung der jüdischen Traditionsliteratur, deren pointierte Formulierung mehr als jede trockene Vorschrift geeignet ist, nationale Rachegelüste im Keim zu ersticken. Jedes jüdische Kind, das traditionelle Erziehung genossen hat, wird auf die Frage, warum am letzten Tag des Passah-Festes nur das halbe Hallel-Dank-Gebet gesagt wird, sofort den sprichwörtlich gewordenen Satz rezitieren: „Meine Geschöpfe (wörtlich: die Werke meiner Hände) ertrinken im Meer, und ihr wollt gar ein Lied singen?" Dies ist nämlich die Antwort, die Gott den Engeln gegeben haben soll, als diese ob der Niederlage der Ägypter am Schilfmeer ein Lied anstimmen wollten.[14] Dementsprechend soll auch die Freude der Juden am 7. Tag des Passah-Festes, an dem der Durchzug durch das Schilfmeer stattfand, eine gedämpfte sein. Es findet sich ja auch im Pentateuch selbst die Anordnung (Deut. 23,8): „Verabscheue nicht den Ägypter, denn ein Fremdling warst du in seinem Land." Also: keine Rache für das Ertränken der Neugeborenen und den Frondienst. Ganz in diesem Sinne erfolgte nach dem biblischen Bericht vor jeder der zehn Plagen eine Art Friedensangebot Gottes an Pharao, und nur die Nicht-Akzeptierung dieses Angebotes machte eine weitere Plage erforderlich, sozusagen als notwendiges Übel.

Der moralisch verwerflichen Rachsucht steht nun die Rache im Sinne gerechter Strafe gegenüber: „Mein ist die Rache, die Heimzahlung" spricht Gott Deut. 32, 35. In erster Linie hat Gottes Volk selbst diese Rache zu gewärtigen, falls es den Bund nicht einhält (Lev. 26,25): „Und ich werde über euch das Schwert bringen, das die Rache des Bundes übt." In Jer. Kap. 25 steht das jüdische Volk an der Spitze der Völker, die den Becher des Grimms trinken. An all den Bibelstellen nun, an denen „rächen" inhaltlich identisch ist mit „strafen", kann die Bevorzugung des Wortes „rächen" gegenüber dem zweiten Ausdruck stilistische Gründe haben: Die drastische Wendung „rächen" findet sich weniger in juristischen als in poetischen Zusammenhängen, bei Gefühlsaufwallungen, so z.B. an eben der Stelle, die der Bezeichnung „Gott der Rache" zugrundeliegt, also in dem zu Beginn dieses Kapitels erwähnten Psalm 94, Vers 1: „O Gott der Rache", heißt es dort, „o Ewiger, Gott der Rache, erscheine!" Die Fortsetzung lautet: „Erhebe dich, Richter der Erde, vergilt Lohn den Hochmütigen. Wie lange sollen Frevler, o Ewiger, wie lange die Frevler jauchzen? Sie sprudeln, reden Trotz, es prahlen die Übeltäter." Hier spricht nicht ein kalter Jurist, sondern ein mit den Unterdrückten mitleidender Mensch, der an den persönlichen Gott, den „Vater der Waisen und Richter der Witwen" (wie er Psalm 68,6 genannt wird) appelliert, denn (wie es im Psalm 94 in der Fortsetzung heißt): „Dein Volk, Ewiger, zertreten sie, und dein Erbe peinigen sie. Witwe und Fremdling würgen sie, und Waisen morden sie. Und sprechen: Nicht siehet Gott, und nicht merkt der Gott Jakobs." Diese Fortsetzung des Psalms, sowie ähnliche Stellen zeigen, daß der alttestamentliche „Gott der Rache" keinen Gegensatz zum „Gott der Liebe" darstellt, daß er vielmehr der „Gott der gerechten Bestrafung" ist, ohne die die Menschheit nicht auskommt, solange es noch Übeltäter gibt. Hierin sind sich Juden und Christen einig, und ebenso auch

darin, daß der beiden gemeinsame Gott, nach der Allegorie des Hoheliedes, nicht Rache, sondern Liebe auf sein Panier geschrieben hat,
denn der Gott Liebende spricht dort (Cant. 2, 4): „Sein Panier über
mich ist – Liebe."

4. Die Reaktion der Juden auf die Glaubensverfolgungen des Mittelalters

Im folgenden wollen wir, in deutscher Übersetzung, einen hebräisch
geschriebenen Augenzeugenbericht über die spanisch-portugiesische
Inquisition widergeben.[15] Es ist ein Bericht unter vielen aus jener
Schreckenszeit, über die Graetz in seiner „Geschichte der Juden" auf
100 Seiten berichtet. Der Verfasser des Berichtes ist kein Historiker
und kein Schriftsteller, sondern ein sonst unbekannter Mann, dessen
Bericht uns gerade wegen seiner schmucklosen, scheinbar emotions-
losen Erzählweise berührt. Als typisch kann der Bericht deshalb gelten, weil der Verfasser einerseits die Schrecken der Verfolgungen
realistisch schildert, aber nicht in den Fehler verfällt, die Christen als
solche dafür verantwortlich zu machen, vielmehr ausdrücklich die
freilich verspätete Rehabilitation der Juden durch König Manuel erwähnt.

Im Jahre 1498 hatte man, laut dem Bericht, alle jüdischen Kinder
in Portugal ihren Eltern entrissen und zwangsgetauft, sodann die Eltern unter Stockhieben in die Kirchen getrieben, wo sie mit Wasser
besprengt wurden und christliche Namen erhielten. Diese Zwangsgetauften, die später Marranen genannt wurden, durften nicht aus-
wandern. Wörtlich heißt es: „Während dieser Zeit wurden hebräische Bücher, zahlreich wie der Sand am Meer, aus allen Teilen des
Königsreichs gebracht und auf Befehl des Königs verbrannt. Fünf
Jahre nach der Zwangstaufe, nachdem alle Juden sich in jeder Beziehung wie Christen aufführten, mit den Christen in die Kirche gingen
und mit ihnen Gebete rezitierten, die ihnen mit Stockhieben beigebracht worden waren, – fünf Jahre also nach der Zwangstaufe geschah es an einem christlichen Feiertag, am Ostersonntag, als der König und die Königin von Lissabon abwesend waren, da erhob sich ein
Priester mit einem Kreuz, und mit ihm nichtswürdige Männer,

Schufte und Mörder, und töteten 1 400 Juden, Männer und Frauen, worunter Schwangere, und Kinder. Die Leichname verbrannten sie in den Straßen Lissabons, drei Tage lang, bis die Körper zu Asche wurden. Als der König von diesem großen Unrecht erfuhr, kehrte er nach Lissabon zurück, bestrafte den Anführer mit dem Feuertod und ließ 40 Mörder hängen. Den Zwangsgetauften aber erlaubte er nun, in andere Länder auszuwandern." Hier endet der Bericht, dessen Verfasser, namens Isaak, aus Spanien nach Portugal eingewandert und deshalb von den antijüdischen Dekreten nicht betroffen war. Sein kurzer, nüchterner Bericht macht keineswegs die christliche Religion und deren Lehren für die Verfolgung verantwortlich; die 40 Judenverfolger werden nicht als „Christen" bezeichnet, sondern als das, was sie waren: „Nichtswürdige Männer, Schufte, Mörder." Ausdrücklich wird das Einschreiten des christlichen Königs zugunsten der Verfolgten erwähnt.

So wurden seit der Zerstörung Jerusalems nach allen Religionsverfolgungen die Märtyrer beklagt, auch die Bestrafung der Mörder in Gebeten erfleht; es wurde aber nie die Hoffnung aufgegeben auf friedliches Zusammenleben mit den Angehörigen der anderen Religionen, auf die christlich-jüdische Symbiose, für die es ja ebenfalls zu allen Zeiten Beispiele gegeben hat und gibt.

Allsabbatlich wird in den Synagogen an prominenter Stelle seit dem Mittelalter bis heute ein Gebet für das Seelenheil der Glaubensmärtyrer gesprochen, das folgendermaßen beginnt: „Der Vater des Erbarmens, der im Himmel thront, in seinem mächtigen Erbarmen, möge er barmherzig der Frommen gedenken, der Aufrichtigen und Vollkommenen, ganzer Gemeinden, die ihr Leben hingaben zur Heiligung des göttlichen Namens, der Geliebten und Lieblichen, die im Leben und im Tode zusammenhielten... Möge unser Gott ihrer zum Guten gedenken, mit den übrigen Gerechten der Welt, und Vergeltung üben für das vergossene Blut seiner Knechte." Unmittelbar vor dem Gebet für das Seelenheil der Märtyrer jedoch wird das „Gebet für das Wohl der Landesregierung" gesprochen. Dieses Gebet wird nicht nur heute, es wurde auch im Mittelalter gesprochen, in Ländern, in denen die Juden – wenn nicht verfolgt – so doch nur höchstens geduldet waren. Das Nebeneinander dieser beiden Gebete verdeutlicht, daß trotz der erlittenen Verfolgungen in den Gastländern diesen friedliches Gedeihen gewünscht wird, entsprechend den Worten des Propheten Jeremias (29,7): „Suchet das Wohl der Stadt, wohin ich euch weggeführt habe, und betet um sie zu Gott; denn in ihrem Wohl wird euch wohl sein."

Das „Gebet für das Wohl der Landesregierung", meist vom Rabbiner mit der Torarolle in der Hand gesprochen, endet mit einer Bitte um Frieden in der Welt: „Vater der Barmherzigkeit! Lasse deine Gnade walten über unser Land... Halte fern von seinen Fluren die Geißel der Krankheit, die Schärfe des Schwertes, die Not des Hungers und jegliche Bedürftigkeit... Lasse die Stimme des Streites verstummen in unseren Landen. Lasse Erfüllung nahen der prophetischen Verheißung: den Krieg zu bannen bis ans Ende der Erde, daß ein jeder sein Heim errichte im Frieden seines Weinstocks und im Schatten seines Feigenbaums." Nach der Entstehung des Staates Israel ist ein Gebet für das Wohl des jüdischen Staates hinzugekommen, das Gebet für das Wohl der Landesregierung wird aber weiterhin sogar an erster Stelle gesprochen.

XII. Freundschaftliche Gespräche zwischen Rabbinen und Königen

1. Gespräche zwischen Rabbinen und babylonischen Königen

Die 2500-jährige Geschichte der Juden in Babylonien begann für die Juden bekanntlich unter tragischen Umständen im Jahre 586 v.Chr. mit der Eroberung Jerusalems durch den babylonischen König Nebukadnézar und der Exilierung der Juden nach Babylonien. Das Heimweh der auf fremden babylonischen Boden verpflanzten Juden inspirierte einen Sänger zu den pathetischen Versen des 137. Psalms: „An den Strömen Babylons, – dort saßen wir und weinten, da wir Zions gedachten. An den Weiden darin hingen wir unsere Harfen auf. Denn dort forderten von uns unsere Zwingherren Liedesworte, und unsere Dränger forderten Freude: Singet uns ein Lied von Zion! Wie aber sollten wir singen Gottes Lied auf fremder Erde? Sollte ich dich vergessen, Jerusalem, so verdorre meine Rechte! Kleben soll meine Zunge mir am Gaumen, so ich dein nicht gedenke, so ich nicht erhebe Jerusalem auf den Gipfel meiner Freude." Diese Klage zeugt von tiefer Trauer. Tatsache ist aber auch, daß sich die Juden in Babylonien bald soweit akklimatisierten, daß nach fünfzig Jahren, im Jahre 536 v.Chr., als der neu zur Macht gelangte König Cyrus die Erlaubnis zur Rückkehr erteilte, zwar ein Teil der jüdischen Gemeinschaft die Strapazen der Rückreise in das Land der Väter auf sich nahm, ein anderer Teil aber freiwillig in Babylonien verblieb. Aus diesem Kern entwickelte sich die numerisch starke, straff organisierte und geistig produktive jüdische Gemeinschaft, der das Gastland Babylonien zu einer neuen Heimat Babylonien wurde.

Diese erfreuliche innere Entwicklung der babylonischen Judenheit wurde begünstigt durch äußere Umstände: Die Juden Babyloniens konnten, mit sporadischen Ausnahmen, die die Regel bestätigen, seit dem Edikt des Cyrus bis in unsere Tage unbehelligt ihre Religion praktizieren, zuerst unter dem von Cyrus begründeten Perserreich, dann unter parthischer, dann unter neupersischer und endlich unter islamischer Herrschaft, bis in den Fünfzigerjahren unseres Jahrhunderts fast alle Juden aus diesem heute als Irak bezeichneten Land unter dem Druck der Verfolgungen nach dem neugegründeten Staat Israel auswanderten. Von der Autonomie in religiösen Angelegenheiten, derer sich die jüdische Gemeinschaft in Babylonien erfreute, zeugt die Institution der sogenannten „Exilarchen", zu deutsch Exilsfürsten, die von der jeweiligen Regierung als Oberhaupt des jüdischen Bevölkerungsteiles anerkannt und mit juristischen Vollmachten und fürstlichem Status ausgestattet wurden. Nicht weniger als 53 Exilarchen folgten unmittelbar einer auf den anderen von 140 n. Chr. bis 1270.

Im Talmud finden wir sporadisch, sozusagen als Momentaufnahmen, Berichte über Gespräche, die stattfanden zwischen jüdischen Gesetzeslehrern und Königen der neupersischen (sassanidischen) Dynastie, nämlich Schabúr I (regierte von 241–272) und Schabúr II (regierte von 309–379). Die Unterhaltungen stehen im Zeichen gegenseitiger Freundschaft und Hochachtung, was wir anhand einiger Berichte exemplifizieren wollen:

Einmal wollte Schabur I. seinen Freund, den Gesetzeslehrer Samuel, necken und sprach zu ihm: „Ihr Rabbis haltet euch doch für sehr gescheit. Wenn du so gescheit bist, sage mir doch, was ich heute nacht träumen werde!". Darauf antwortete Samuel: „Du wirst träumen, daß die Römer kommen und dich in Gefangenschaft führen werden und dich zwingen werden, Dattelkerne in einer goldenen Mühle zu mahlen." Der König, dessen Erzfeind die Römer waren, war über diese Vision so erschrocken, daß sie ihn den ganzen Tag verfolgte, und in der Nacht träumte er tatsächlich davon. . .[1]

Ein anderes Mal war der König wieder in übermütiger Laune und sprach zu Samuel in gutmütigem Spott: „Ihr behauptet, der Messias käme auf einem Esel geritten. Ich bin bereit, ihm das kostbarste Pferd zu senden, das ich besitze." Darauf Samuel schlagfertig: „Es müßte aber ein tausendfarbiges Schlachtroß sein. Besitzt du ein solches?"[2] Samuel verstand die Kunst des Jonglierens und erheiterte den König, indem er vor ihm mit 8 gefüllten Weinbechern jonglierte.[3] Wie dies im einzelnen sich vollzog, wird nicht berichtet.

Hinter all diesen Neckereien und Spielereien verbarg sich ein genuines Interesse des Königs an der jüdischen Religion. Sogar die religionsgesetzlichen Diskussionen in den jüdischen Lehrhäusern haben ihn interessiert, denn es wird überliefert, daß er sich einmal über eine Diskussion zwischen Vertretern zweier Lehrmeinungen berichten ließ und spontan Stellung nahm, indem er ausrief: „Rabbi Simon" – so hieß der Vertreter einer der beiden Ansichten – „verdient es, im Triumph in einer Sänfte herumgeführt zu werden!". Dieser Ausruf, der im Talmud an prominenter Stelle als letzter Satz eines Traktates zitiert wird (Baba mezia), zeigt das große Interesse des Königs an jüdisch-religiösen Angelegenheiten, und zwar ein positives, konstruktives Interesse.

Ähnliches wie von Schabur I. wird von Schabur II. berichtet. Er unterhielt sich z. B. mit den Rabbinen über den jüdischen Brauch, die Toten zu begraben, im Gegensatz zu den Persern, die die Leichen verbrannten, als wenn sie durch das ihnen heilige Feuer geläutert würden. Der König wollte nun wissen, ob die Beerdigung der Toten in der Tora begründet oder bloß eine alte Sitte sei. Die Antwort war nicht eindeutig.[4]

Das gleiche herzliche Verhältnis zu den Juden wie Schabur I. und Schabur II. hatte auch die Königin-Mutter Ifra-Hórmidz, die zwischen den beiden die Regentschaft führte. Die drei regierten also von 241–379 unserer Zeitrechnung. In diesen rund 150 Jahren geistiger und körperlicher Freiheit konnte das babylonische Judentum zu jener kulturellen Hochblüte gelangen, aus der das Riesenwerk des babylonischen Talmuds hervorging. In der von Leid geprägten Geschichte der Juden bildet der ganze 2500-jährige Aufenthalt in Babylonien mehr oder weniger eine rühmliche Ausnahme – insbesondere aber die 138 Jahre der beiden Könige Schabur I. und II. und der Königin-Mutter.

2. Gespräche zwischen Rabbi Jehuda, dem Fürsten und dem römischen Kaiser

Rom gilt in der jüdischen Sagenliteratur oft als Erzfeind des jüdischen Volkes im Altertum, – kein Wunder angesichts der Zerstörung Jerusalems und des Tempels durch die Römer im Jahre 70 n. Chr. und der blutigen Niederwerfung des Bar Kochba-Aufstandes durch Kaiser Hadrian im Jahre 135 n. Chr. Es gab aber auch Lichtpunkte in der Beziehung der Juden zu Rom, und einer dieser Lichtpunkte war unstreitig in der zweiten Hälfte des 2. Jahrhunderts n. Chr. die persönliche Freundschaft eines römischen Kaisers mit Rabbi Jehuda, dem Fürsten, dem Oberhaupt der damaligen Judenheit, – eine Freundschaft, die sich in Zwiegesprächen niederschlug, deren Wortlaut zerstreut an verschiedenen Stellen der jüdischen Traditionsliteratur niedergelegt ist.

Während wir über die Person des Rabbi genau Bescheid wissen (s. o. X, 2), wird der römische Gesprächspartner, der stets als „Kaiser Antoninus" bezeichnet wird, von manchen Forschern als Antonius Pius, von manchen hingegen als Marcus Aurelius Antoninus, der „Philosoph auf dem Throne", identifiziert. Das Vertrauensverhältnis der beiden erhellt ein Bericht, wonach der Kaiser dem Rabbi heimlich anvertraute, er wolle im römischen Senat zwei Gesetze durchbringen: 1) seinen Sohn als seinen Nachfolger einsetzen; 2) die Stadt Tiberias, den Wohnsitz Rabbi Jehudas und vieler anderer Rabbis, als steuerfreie Kolonie erklären, als Zeichen der Anerkennung der jüdischen theologischen Studien. Er, der Kaiser, glaube aber, den Senat nur für *einen* seiner beiden Wünsche gewinnen zu können, es lägen ihm aber *beide* am Herzen. Statt einer Antwort ließ der Rabbi zwei Männer vor den Kaiser kommen und befahl dem einen, auf den Schultern des anderen zu reiten. Hierauf gab er dem Reiter eine Taube in die Hand und sagte zu dem Manne, der das Pferd darstellte: „Sage zu dem Reiter, daß er die Taube fliegen lasse!" Der Kaiser verstand den Ratschlag, der in diesen symbolischen Handlungen impliziert war: er solle zuerst den Senat bitten, seinen Sohn zum Nachfolger zu erklären und dann seinem Sohn sagen, er möge die Stadt Tiberias von Steuerabgaben befreien.[5]

Nach der gleichen talmudischen Quelle erwähnte der Kaiser im Verlauf seiner Unterhaltungen mit dem Rabbi, daß er sehr unter der Opposition einiger römischer Aristokraten leide. Da führte ihn der Rabbi in einen Gemüsegarten hinaus und riß ein Bündel Rettiche aus einem Beet, aber nicht alle mit einem Griff, sondern einen nach dem anderen. Der Kaiser verstand die Andeutung: es sei taktisch nicht klug, alle Gegner gleichzeitig zu bekämpfen, es sei vielmehr am besten, sie einzeln, der Reihe nach zu eliminieren. Daß der Rabbi seine politischen Ratschläge nicht ausdrücklich mit Worten, sei es auch nur im Flüsterton formulierte, wäre in heutigen Zeiten aus Furcht vor Abhörgeräten verständlich, aber auch damals bestand die Gefahr, daß allfällige Lauscher an der Wand die Worte des Rabbi den innenpolitischen Gegnern des Kaisers hinterbrächten. Der Talmud zitiert in diesem Zusammenhang die sprichwörtliche biblische Redensart von den „Vögeln des Himmels, die die Stimme verbreiten", auch wenn die Worte im Geheimen gesprochen wurden. Es war daher auch wohl keine übertriebene Vorsichtsmaßnahme, daß, wie der Talmud berichtet, der Kaiser und der Rabbi durch einen unterirdischen Gang miteinander verkehrten, der die Residenz des Kaisers – gemeint ist wohl seine tiberianische Residenz – mit dem Wohnsitz des Rabbis verband. Heimlich pflegte der Kaiser dem Rabbi auch Goldstaub in ledernen Beuteln zu senden. Obenauf legte er Weizen und sagte zu seinen Sklaven: „Bringt diesen Weizen zum Rabbi." Er wollte so die wertvollen Gold-Sendungen vor seinen eigenen Leuten verheimlichen. Rabbi Jehuda aber bedeutete ihm, er sei selbst reich und bedürfe nicht des Goldes. Da antwortete der Kaiser: „Laß es für deine Nachkommen, damit diese das Unglück, das meine Nachfolger über sie zu bringen drohen, durch dieses Gold abwenden, indem sie es ihnen wieder zukommen lassen."[6] Dies ist eine Anspielung auf den „Fiscus Judaicus" der römischen Kaiserzeit.

Sehr interessiert zeigte sich der Kaiser auch an religiösen Fragen. Er wollte von seinem jüdischen Freund wissen: „Zu welchem Zeitpunkt wird die Seele dem Menschen einverleibt, – zur Zeit der Befruchtung des Eis oder erst zur Zeit, da das Embryo ausgebildet ist?" Der Rabbi antwortete: „Zur Zeit der Formierung des Embryos." Da wandte der Kaiser ein: „Wir sehen, daß ein Stück Fleisch nach drei Tagen zu faulen beginnt, wenn es nicht gesalzen wird; um wieviel weniger ist anzunehmen, daß sich das beginnende Leben im Mutterleib länger als drei Tage halten kann, falls es nicht durch die Seele gestützt wird." Der Rabbi gab dem Kaiser recht und pflegte später stets zu betonen: Diese Erkenntnis hat mich Antoninus gelehrt. – Dieser fragte aber weiter: „Von wann an herrscht der böse Trieb über den Menschen? Von der Zeit an, da das Embryo ausgebildet ist oder erst, wenn das Kind den Mutterleib verläßt?" Der Rabbi, wohl eingedenk dessen, daß er im ersten Fall den Zeitpunkt zu spät angesetzt hatte, antwortete: „Schon von der Zeit an, da das Embryo im Mutterleib ausgebildet ist." Aber auch hier widersprach der Kaiser, indem er argumentierte: „Wäre bereits das Embryo im Mutterleib vom bösen Trieb beherrscht, würde es mit den Füßen stoßen und sich so heftig bewegen, daß es den Mutterleib zu früh verlassen würde." Auch hier gab der Rabbi zu, daß der Kaiser recht habe, und fügte hinzu: Er hätte sogar einen Schriftbeleg anführen können, heißt es doch im 1. Buch Moses: „An der Türe lauert die Sünde" (Gen. 4,7), was bedeuten kann: Bereits am Ausgang des Mutterleibes, bei der Geburt also, lagert der böse Trieb im Menschen.[7]

Ängstlich fragte der Kaiser bei anderer Gelegenheit, ob er als Heide Anteil am ewigen Leben habe, was der Rabbi bejahte. Als der Kaiser starb, rief der Rabbi aus: „Aufgelöst ist der Freundschaftsbund!"[8] So endete diese in ihrer Art einmalige heimliche römisch-jüdische Verbrüderung auf höchster Ebene in Form von Gesprächen – Gipfelkonferenzen, würden wir heute sagen – zwischen dem Kaiser des mächtigen römischen Reiches und dem Oberhirten eines scheinbar schwachen Volkes, das aber den römischen Koloß um Jahrtausende überdauert hat.

3. Weitere Gespräche zwischen den beiden

Wir wollen hier noch einige dieser Gespräche in deutscher Übersetzung präsentieren und, soweit nötig, ebenfalls den weltanschaulichen

Hintergrund aufzuhellen versuchen. Nötig erscheint eine solche Aufhellung beispielsweise für folgendes Zwiegespräch, das auf den ersten Blick belanglos erscheint: Antonius fragte Rabbi Jehuda, den Fürsten: „Warum geht die Sonne im Osten auf und im Westen unter?" Darauf antwortete der Rabbi: „Wenn es umgekehrt gewesen wäre, hättest du mich ebenso gefragt." Hier hat es zunächst den Anschein, als wolle sich der Kaiser einen Scherz leisten. Vielleicht wollte er aber die Tendenz der jüdischen Religion ad absurdum führen, alle Ereignisse des täglichen Lebens und alle Erscheinungen der Natur vom Religiösen her zu deuten. Der Rabbi antwortete zunächst ausweichend: „Wenn es umgekehrt gewesen wäre, – d. h. wenn die Sonne im Westen auf- und im Osten untergegangen wäre, hättest du mich ebenso gefragt", als wollte er dem Kaiser bedeuten, er möge ihn nicht mit solchen dummen Fragen behelligen. Der Kaiser aber wiederholte nun seine Frage in präziserer Form: „Ich meine die Frage so: Warum geht die Sonne im Westen unter?" Darauf antwortete der Rabbi: „Sie geht im Westen unter, um, bevor sie verschwindet, ihren Herrn und Schöpfer zu grüßen, indem sie sich vor ihm verneigt, wie es im Bibelvers Nehemia Kapitel 9, Vers 6, heißt: ‚Und das Heer des Himmels beugt sich vor dir.' "

Diese Antwort ist nun mehr als das Produkt der romantischen Phantasie des Rabbi; vielmehr liegt in dieser Antwort eine Polemik gegen den heidnischen Sonnenkult. Um den Gegensatz zu den Sonnenanbetern zu betonen, die sich nach Osten vor der aufgehenden Sonne verneigten, war bekanntlich im Tempel zu Jerusalem das Allerheiligste, also der Sitz der göttlichen Majestät, auf der Westseite des Tempels angebracht, so daß sich der Beter, wenn er sich vor dem Allerheiligsten nach Westen verneigte, der von den Heiden angebeteten aufgehenden Sonne den Rücken kehrte. Die hier zum Ausdruck kommende Bekämpfung des Sonnenkultes in der Symbolik ist der Schlüssel zum richtigen Verständnis der Antwort des Rabbi: Die Sonne, der angebliche Gott, ist in Wirklichkeit der *Diener* Gottes, was ja auch in der hebräischen Sprache dadurch zum Ausdruck kommt, daß das Wort für Sonne, schemesch, eigentlich *Diener* bedeutet. Diese Rolle der Sonne als Diener Gottes kommt nun, so meint der Rabbi, jeden Tag dadurch zum Ausdruck, daß sich die Sonne, bevor sie untergeht, vor Gott verbeugt, nämlich nach Westen, dem Sitz der göttlichen Majestät. In diesem Sinn also beantwortete der Rabbi dem Kaiser die Frage „Warum geht die Sonne im Westen unter?" mit den Worten: „Sie geht im Westen unter, um, bevor sie verschwindet, ihren Herrn und Schöpfer zu grüßen." Diese Antwort scheint dem Kaiser, der ohnehin dem Monotheismus zuneigte, eingeleuchtet zu haben. Er hatte aber eine skurrile Zusatzfrage: „Wenn dem so ist", meinte er, „sollte sich die Sonne bis zum Zenith erheben, dort den Gruß abstatten – also aus gebührender Entfernung und Distanz – und dann untergehen!?" Darauf antwortete der Rabbi: „Ein solch plötzlicher Untergang der Sonne wäre nicht im Interesse der Arbeiter und der Wanderer. Im Interesse der Arbeiter liegt es vielmehr, anhand der allmählich untergehenden Sonne im voraus berechnen zu können, wann Feierabend sein wird, und im Interesse der Wanderer, rechtzeitig zu wissen, wann sie beginnen müssen, sich nach einer Nachtherberge umzusehen."[9] Hier endet das Zwiegespräch, das trotz der einfachen Form eines Frage- und Antwortspieles, eingekleidet in Gleichnisse vom Sonnenumlauf, wichtige religiöse und soziale Anschauungen zum Ausdruck bringt.

Von rein religiöser Relevanz ist die folgende, vom Gastronomischen ausgehende Unterhaltung zwischen den beiden: Rabbi Jehuda, der Fürst, bekannt für seinen Reichtum und seine Gastfreundschaft, bereitete dem Antoninus ein Mahl am Sabbat, wobei die Speisen kalt serviert wurden, da ja am Sabbat Feueranzünden verboten ist. Die Speisen mundeten aber dem Kaiser ausgezeichnet. Dann bereitete er eine Mahlzeit an einem Wochentage, wobei warme Speisen serviert wurden. Der Kaiser bemerkte: „Jene, die Sabbatspeisen, waren zwar kalt, aber sie schmeckten mir besser." – „Für die Sabbatspeisen", erwiderte der Rabbi, „haben wir ein besonderes Gewürz." Der Kaiser, der glaubte, alle Gewürze der Welt in seinem Keller zu besitzen, fragte nach dem Namen dieses Gewürzes. „Das Gewürz", antwortete der Rabbi, „heißt Sabbat. Von ihm erhalten die Sabbatspeisen ihren Duft und ihren Wohlgeschmack."[10] Mit dem „Gewürz Sabbat" meinte der Rabbi die Sabbat-Stimmung, in der alle Dinge irgendwie sabbatlich verändert erscheinen. An einer Stelle im Talmud (Beza 16a) ist von der „zusätzlichen Seele" die Rede, die der Mensch am Vorabend des

Sabbat erhält und die ihm am Sabbatausgang wieder genommen wird. Mit dem Gleichnis „Gewürz Sabbat" wollte der Rabbi dem heidnischen Kaiser die Segnungen eines Ruhetages verständlich machen.

Ganz in dieses idyllische Bild der Freundschaft paßt die Überlieferung, wonach der Kaiser dem Rabbi einen Leuchter für die Synagoge gestiftet und andererseits der Rabbi für die Gesundheit des Kaisers gebetet hat.[11]

4. Zehn Fragen Alexanders des Großen an die Weisen Israels und deren Antworten

Vom biblischen Pharao über Haman und Titus bis zu Hitler ist die Geschichte reich an judenfeindlichen Diktatoren, doch gab es auch solche, die den Juden gewogen waren. Einer von diesen war Alexander der Große, was sich nicht zuletzt in einer jüdischen Legende spiegelt: Als er auf seinem Eroberungsfeldzug in Palästina einmarschierte, soll ihm der damalige jüdische Hohepriester Simon der Gerechte, eine ehrwürdige Gestalt, in priesterlichem Schmuck entgegengegangen sein, begleitet von einer Priesterschar in vollem Ornat und von den Edlen des Volkes mit Fackeln in den Händen. Die Erscheinung des Hohepriesters, so berichtet der Geschichtsschreiber Josephus und der Talmud, soll auf Alexander einen so großen Eindruck gemacht haben, daß er von seinem Wagen stieg, den Gott Israels pries und sich vor dem Hohepriester verbeugte. Auf das Erstaunen seiner Höflinge äußerte er, daß ihm das Bild dieses Mannes im Traum erschienen sei und ihm große Siege verheißen habe.[12] Historisch belegt ist, daß Alexander den Juden religiöse Freiheit gewährte und daß deshalb der Tag, an dem dies geschah, der 25. des Monats Tewet, als Freudentag eingesetzt und lange Zeit hindurch alljährlich gefeiert wurde.[13] Spätere jüdische Schriften berichten noch: „Alexander verlangte die Aufstellung einer Statue im Tempel. Die Priester erwiderten jedoch, sie wollten ihm ein dauerndes und wirksameres Denkmal errichten; alle Priestersöhne, die in diesem Jahr geboren würden, sollten den Namen Alexander erhalten."[14]

Die jüdische Überlieferung hat Alexander dem Großen die Charakterzüge eines griechischen Philosophen verliehen, dessen Wissensdrang ihn veranlaßte, die jüdischen Gelehrten über ihre religionsphilosophischen und sonstigen Anschauungen zu befragen. Zehn Fragen, so berichtet der Talmud,[15] richtete Alexander, der Mazedonier, an die Weisen des südlichen Palästinas:

Die erste Frage lautete: „Welcher Abstand ist größer, der vom Himmel zur Erde oder der vom Osten zum Westen?" Sie antworteten: „Der Abstand vom Osten zum Westen ist größer, was schon daraus ersichtlich sei, daß ein Blick auf die Sonne im Westen oder Osten die Augen nicht so sehr blendet wie ein Blick auf die Sonne im Zenith des Himmels. Der horizontale Abstand von der Erde zur Sonne sei also größer als der vertikale." Dieser Ansicht widersprachen aber die anderen jüdischen Weisen, nach deren Ansicht der Abstand stets der gleiche ist; das Blenden der Sonne im Zenith habe seinen Grund nicht in der kürzeren Entfernung, sondern in größerer Transparenz der Atmosphäre in vertikaler Richtung.

Die zweite Frage Alexanders lautete: „Wurde der Himmel zuerst erschaffen oder die Erde?" Die Weisen antworteten: „Der Himmel, denn die Bibel beginnt mit den Worten: ‚Am Anfang erschuf Gott den Himmel und die Erde', also zuerst den Himmel und dann die Erde."

Darauf stellte der Feldherr die dritte Frage: „Wurde zuerst die Finsternis und dann das Licht erschaffen oder umgekehrt?" „Diese Frage, sagten die Weisen, kann nicht beantwortet werden." Hier schaltet der Talmud in seinem Bericht ein, daß ein späterer Rabbi sich über die Weisen gewundert habe: sie hätten ja die Reihenfolge dem 2. und 3. Vers des Schöpfungsberichtes entnehmen können, wo es zuerst heißt: „Finsternis herrschte über der Fläche des Abgrunds", und dann erst: „Gott sprach: es werde Licht!" Offenbar sei also erst die Finsternis, dann das Licht erschaffen worden, die Frage Alexanders sei also sehr wohl beantwortbar gewesen. Dieser Rabbi mußte sich aber, so weiß der Talmud, durch seine Kollegen im Lehrhaus sagen lassen, daß den Weisen die Antwort zwar bekannt war, daß sie sich aber absichtlich unwissend stellten, um nicht den Herrscher zu noch weitergehenden tatsächlich unbeantwortbaren Fragen über die Weltschöpfung zu ermuntern. „Wenn die Weisen *dies* befürchteten", konterte

28. Freundschaftlicher christlich-jüdischer Dialog heute: Auf dem Podium der Katholischen Akademie in Bayern bei einem Forum über die Frage antisemitischer Tendenzen im Passionsspiel von Oberammergau (19. November 1978).

der Rabbi, „hätten sie ja bereits die vorherige Frage betreffs Himmel und Erde unbeantwortet lassen sollen!" „Nein", sagten die anderen Rabbis, „bei der ersten Frage über die Weltschöpfung dachten die Weisen, der König sei nur beiläufig an Problemen der Weltentstehung interessiert. Als aber der König zum zweiten Mal eine diesbezügliche Frage stellte, antworteten sie ausweichend, um nicht in weitere Diskussionen über das Oben und Unten, das Vorne und das Hinten hineingezogen zu werden, – wurden doch solche Diskussionen über die Kosmogonie, aus Ehrfurcht vor Gott, selbst innerhalb der jüdischen Gemeinschaft nur ganz selten geführt."

Alexander scheint dieser Zurückhaltung Rechnung getragen zu haben, denn seine übrigen Fragen betrafen zwar ebenfalls die Weltanschauung der Juden, aber mehr praktische als theoretische Probleme. So lautete die vierte Frage an die Weisen: „Wer ist ein Held?" Die Antwort: „Derjenige, der seinen Trieb beherrscht." Die fünfte Frage lautete: „Wer ist reich?" Die Antwort war: „Reich ist derjenige, der sich mit dem freut, was er hat." Auf die sechste Frage: „Was tue der Mensch, daß er lebe" lautete die Antwort antithetisch: „Er töte sich", d. h. er töte seine Begierden. Umgekehrt lautete die siebente Frage: „Was tue der Mensch, um sich zu töten?" und die Antwort darauf: „Er lebe", d. h. er führe einen ausschweifenden Lebenswandel.

Die achte Frage stellte der Herrscher wohl pro domo, sie hieß nämlich: „Was soll man tun, um bei den Menschen beliebt zu werden?" Die Weisen gaben darauf eine Antwort, von der sie wohl wußten, daß sie dem Herrscher mißfallen würde; sie antworteten nämlich: „Um beliebt und populär zu werden, darf man keine Herrschaftsämter und Machtpositionen annehmen." Da protestierte freilich der König: „Ich", sagte er, „habe eine bessere Antwort als ihr: Um populär zu werden, soll man umgekehrt sehr wohl Ämter und Machtpositionen annehmen, da man dadurch die Möglichkeit hat, Menschen Gutes zu tun und dadurch populär zu werden."

Trotz dieser Meinungsverschiedenheit nahm die Befragung nach zwei weiteren, also zusammen zehn beantworteten Fragen ein glückliches Ende: Wie der Talmud berichtet, kleidete der König die Weisen als Zeichen der Anerkennung in purpurne Gewänder und behängte sie mit goldenen Halsketten.

XIII. Erinnerungen an das jüdische Städtl in Osteuropa und an eine jüdische Gemeinde in Deutschland

1. Das osteuropäische jüdische Städtl

Dem untergegangenen osteuropäischen jüdischen Städtchen widmet die Encyclopaedia Judaica unter dem Stichwort „Shtetl"[1] einen längeren Artikel, illustriert mit Reproduktionen Chagalls und anderer Maler, Szenen aus dem Leben im „Städtl" darstellend. „Die Kriterien für die Definition eines Städtls", heißt es zu Beginn des Artikels, „sind sehr vage: Die Größe konnte von 1 000 jüdischen Einwohnern bis zu 20 000 und mehr variieren (wobei der Prozentsatz gegenüber der nichtjüdischen Bevölkerung meist sehr hoch war. L. P.). War die Gemeinde sehr klein, pflegte man sie mit Klein-Städtl oder auch Städtele zu bezeichnen. Die beiden letztgenannten Diminutive konnten aber auch nur ein Gefühl der Geborgenheit oder Nostalgie zum Ausdruck bringen." Wenn wir das jiddische Wort „Städtl" im Hochdeutschen mit „Städtchen" wiedergeben, sind damit also nicht alle Schattierungen des jiddischen Begriffes erschöpft, was einen Ausspruch von Marie von Ebner-Eschenbach bestätigt, daß der Geist einer Sprache sich am besten in ihren unübersetzbaren Worten offenbart. Im erwähnten Artikel der Enzyklopädie heißt es weiter, daß „Jiddischkeit" und „Menschlichkeit" die beiden Werte waren, um die herum das Leben im Städtl kreiste. „Jiddischkeit" – wiederum ein schwer durch eine einzige adäquate hochdeutsche Entsprechung wiederzugebender Begriff – umfaßte, laut Definition der Enzyklopädie, „die traditionellen Ideale von Frömmigkeit und Talmudstudium, von Gerechtigkeit und Wohltätigkeit, ... eingeschmolzen in die Wärme und intime Atmosphäre des Städtls." „Die Jiddischkeit und die Menschlichkeit des Städtls", resümiert Mark Sborowski, der Verfasser des Enzyklopädie-Artikels, „kamen durch zahlreiche Aktivitäten zum Ausdruck, die alle abgestimmt waren auf das Ziel, das Leben eines ‚guten Juden‘, d. h. eines frommen Juden zu führen; Aktivitäten, die sich sowohl in der Synagoge als auch zuhause manifestierten, im Feiern des Sabbats wie im Alltag des Marktes, im Gemeindeleben wie im Kreise der Familie."

Unter den zahlreichen „Städtl"-Romanen und „Städtl"-Erzählungen des Schriftstellers Agnon findet sich eine kleine, noch nicht ins Deutsche übersetzte Erzählung, die in ihrem Symbolgehalt wie ein Nachruf auf das untergegangene Städtl wirkt. Diese Erzählung ist in dem posthum erschienenen Erinnerungsbuch Agnons für sein Heimatstädtchen Buczacz in Galizien enthalten.[2] Die Erzählung trägt die Überschrift: „Zwei Chanuka-Leuchter". Das Chanuka-Fest, angeordnet zur Erinnerung an die Wiederweihe des Tempels nach dem Sieg der Makkabäer über die Syrer, wird bekanntlich im Spätherbst gefeiert, und zwar durch Anzünden der Kerzen des Chanuka-Leuchters, auch Menorah genannt. Nach althergebrachtem Brauch beschenkt man die Kinder an Chanuka mit Münzen, dem sog. Chanuka-Geld. Auch vergnügen sich die Kinder beim Trendel-Spiel, bei dem die Mitspieler der Reihe nach das Trendel drehen, das zuletzt auf einer seiner vier Seiten zu liegen kommt, die beschriftet sind mit Zeichen für „ganz" bzw. „halb" bzw. „nichts" bzw. „stell ein". Je nachdem auf welche Seite das Trendel fällt, erhält der betreffende Mitspieler die *ganze* Anzahl der in der „Kasse" befindlichen Nüsse, die *halbe* Anzahl, oder *gar nichts,* oder er muß gar eine eigene Nuß in die Kasse legen, was als *Einstellen* bezeichnet wird. Wer zuletzt die meisten Nüsse besitzt, ist Gewinner. In seiner Erzählung schildert Agnon zunächst die Schönheit des Chanuka-Leuchters, der an der Wand der Synagoge zu Buczacz hing und fährt dann fort: „Einst geschah es, daß der Synagogendiener kurz vor Chanuka den Leuchter für das Fest herrichten wollte, ihn aber nicht finden konnte. Er durchsuchte alle Winkel, – vergebens. Die Kunde vom Abhandenkommen des Leuchters verbreitete sich bald in der ganzen Stadt und drang bis zu den kleinen Schulkindern. Diese kamen nun auf den Gedanken, ihre Chanuka-Trendel als Material für die Herstellung eines neuen Leuchters zu spenden. Sie brachten die Trendel zu einem Handwerker, dem sie als Arbeitslohn das ganze Chanuka-Geld versprachen, das sie von ihren Eltern und Verwandten geschenkt bekommen wür-

29. *Straßenbild aus einem osteuropäischen jüdischen „Städtl": Munkacz (Karpathen), Bahnhof. Aufgenommen von Roman Vishniac zwischen 1933 und 1938.*

den. Es vergingen keine zwei Tage, manche meinen nicht einmal ein Tag, bis ihnen der Handwerker den Leuchter fertiggestellt hatte. Die Kinder holten ihn ab und brachten ihn in das Gotteshaus. An ihm wurden nun die Chanuka-Lichter angezündet. Kurz vor dem Osterfest, als man das Gotteshaus zu Ehren des Festtages putzte, fand man die verloren geglaubte Menorah unter einer Bank. Man nahm sie und hängte sie an ihren alten Platz. Am nächsten Chanuka-Fest wollte der Synagogendiener die Lichter an ihr anzünden. Da sagten die Synagogen-Ältesten: ‚Die Kinder, die auf ihre Trendel verzichteten und ihr ganzes Chanuka-Geld für die Herstellung eines Leuchters weggegeben haben, sind es wert, daß wir die Lichter an *ihrem* Leuchter entzünden.' Sie ordneten an, daß von nun an der kleinere Leuchter der Kinder zum Anzünden verwendet werde, obwohl der große Synagogenleuchter schöner war. So leuchtete das Licht der Kinder alljährlich in den Chanuka-Nächten. Als aber das Unheil der Verfolgungszeit herannahte, – erlosch das Licht." Mit diesen Worten endet die Erzählung.

In dieser Erzählung symbolisieren die Chanuka-Lichter die geistige Leuchtkraft des traditionsreichen „Städtls" Buczacz. Das Licht der Kinder-Menorah symbolisiert die Hoffnung auf das Fortwirken dieser Leuchtkraft in den kommenden Generationen. Das Holocaust bereitete dieser Hoffnung ein grausames Ende, wie Agnon im letzten Satz seiner Erzählung andeutet. So erweitert sich diese kleine Erzählung bedeutungsmäßig zu einem Nachruf auf das „Städtl" Buczacz und darüber hinaus auf das „Städtl" überhaupt, – mindestens in seiner osteuropäischen Ausprägung.

Unter veränderten Bedingungen ist es in Nordamerika und auch in Form von geschlossenen orthodoxen Siedlungen innerhalb des Staates Israel wieder auferstanden.

2. Die Welt des „Cheder" im Städtl

„Chéder", wörtlich „Zimmer", wurde die osteuropäische jüdische Elementarschule deshalb genannt, weil infolge der materiellen Armut des osteuropäischen Judentums die Grundschule oft aus einem einzigen Zimmer im Hause des Lehrers bestand, der „Rebbe" oder „Melammed" genannt wurde und in dem einzigen Zimmer sogar mehrere Klassen (freilich kleine Klassen) gleichzeitig unterrichtete, indem die einen spielten oder wiederholten, während die anderen beim Rebben lernten. Das Gewicht wurde fast ausschließlich auf jüdisch-traditionelles Wissen gelegt, vom Lesen und Übersetzen der Gebete, der Bibel und deren Kommentare bis zum Studium leichterer Stellen aus dem Talmud. Durch das Vorbild des strengen, aber hingebungsvollen Rebben sowie durch den ethischen Inhalt der gelesenen Texte diente der Cheder nicht nur der Schulung des Verstandes, sondern auch des religiösen und rein menschlichen Charakters der Kinder. Die heimelige Atmosphäre des Cheder wird besungen in einem berühmten Volkslied in jiddischer Sprache, dessen erste Strophe folgendermaßen lautet:

Auf dem Pripetschik (dem Ofen)/ brennt ein Feuerlein
Und die Stub' ist heiß,
Und der Rebbe lernt / mit den Kinderlein
das Aleph-Bais.

„Aleph-Bais" bedeutet: Alphabet. Mit dem Erlernen des hebräischen Alphabetes begann das Lernen im Cheder, in den die Jungen im Alter von 5–6 Jahren eintraten und den sie im Alter von ca. 14 Jahren verließen, um nun in das Lehrhaus, genannt Bet Hamidrasch, einzutreten, in dem sie je nach intellektueller Fähigkeit und materieller Möglichkeit einige oder beliebig viele Jahre dem fortgeschrittenen Studium der Traditionsliteratur, hauptsächlich des Talmud, oblagen.

Für manche hatte das Studium eine solche magnetische Anziehungskraft, daß sie ihr ganzes Leben, sozusagen als ewige Studenten im Lehrhaus verbrachten, vor allem wenn nach der Heirat die Ehegattin bereit war, durch Führung eines Kramladens oder durch andere Tätigkeit für den Unterhalt der Familie aufzukommen und so ihrem Mann ein sorgenfreies Forschen in den heiligen Schriften, ein sorgenfreies „Schwimmen im Meer des Talmud" zu ermöglichen, ohne die Belastung eines Berufes, selbst eines Rabbinats-Berufes, der ja auch allerlei Ablenkung vom reinen Studium mit sich bringt.[3]

Wir wollen nun aber vom Lehrhaus zum Cheder, unserem Hauptthema, zurückkehren und uns fragen: Wie stand es mit der religiösen *Mädchen*-Erziehung im Cheder? Der oben skizzierte Lehrplan (Studium von Gebeten, Bibel und Talmud im Urtext) bezog sich auf Jungen, und gar das Lehrhaus, die Fortsetzung des Cheder, war ausschließlich Domäne der Männer. Das heißt aber keineswegs, daß die Mädchen etwa als Analphabeten heranwuchsen. Es war ihnen vielmehr durchaus freigestellt, sich in den Talmud zu vertiefen, und es hat zu allen Zeiten im Talmud bewanderte Frauen gegeben. Der Lehrplan des Mädchen-Cheders jedoch – einen solchen gab es nämlich – war auf die spätere Aufgabe als Hausfrau und Mutter zuge-

schnitten. Die Lehrerin lernte mit den Mädchen hebräisch und jiddisch lesen und schreiben, sowie Grundlagen des profanen Wissens, vor allem Arithmetik, dies alles mehr oder weniger wie im Buben-Cheder. Statt aber, wie diese, tiefer in die Bedeutung der Traditionstexte einzudringen, lasen die Mädchen Erbauungsbücher in jiddischer Sprache und erhielten Unterweisung in den Vorschriften der jüdischen Religion, vor allem soweit sie Frauen betreffen. Einen breiten Platz nahm der Handarbeitsunterricht ein: Nähen, Stricken und Flicken.

Der Folklorist Y. Shtern beschreibt in seinen Erinnerungen in jiddischer Sprache[4] sehr anschaulich die durch Nazis zerstörte Welt des ostjüdischen Cheders, wobei er ein besonderes Ehrendenkmal einer Lehrerin seines polnischen Heimatstädtchens setzt, namens Binele, die ihren Beruf als Berufung auffaßte und ihren Schülerinnen auch später im Leben als eine Art psychologische Beraterin beistand, auch noch nach deren Verheiratung. Bei bedrohtem häuslichen Frieden riet sie den jungen Ehefrauen: „Ein Mann ist wie ein Kind, man muß wissen, wie man mit ihm umzugehen hat."

Amüsant schildert Shtern, wie diese Lehrerin die Mädchen im Cheder durch das Erzählen von Geschichten zu fesseln wußte, in denen letztendlich immer die Guten, Wohltätigen und Frommen belohnt und die Schlechten bestraft wurden. Die Erzählkunst der Lehrerin war natürlich auch im angrenzenden, nur durch eine spanische Wand getrennten Jungen-Cheder bekannt geworden. Shtern erinnert sich: „Wir Jungen pflegten wie angeklebt an der spanischen Wand zu stehen und mit gespitzten Ohren den Geschichten zuzuhören, für deren Erzählung die Lehrerin absichtlich eine Zeit aussuchte, in der im Jungen-Cheder kein Unterricht stattfand, etwa wenn der Rebbe nach dem Mittagessen etwas schlummerte. Da lauschten wir also, und unser Herz klopfte vor Schreck, wenn wir mit Binele in die Hölle wanderten zu den Bösewichtern und wir atmeten erst wieder frei auf bei den Gerechten im Paradies." Shtern erinnert sich ferner, daß diese Lehrerin jeden Freitag die Armen und Kranken des Städt-

30. *Ein Kind auf dem Weg zum „Cheder", um mit dem Studium des Talmud zu beginnen. Skizze von Abel Pan.*

chens besuchte und sie mit Speise und Trank versorgte. „Diese Lehre-
rin", schreibt Shtern, „hat also sowohl die Körper der Armen und
Kranken im Städtchen erquickt als auch, mit ihren Erzählungen, die
Seelen der Kinder."

Mit dieser liebevollen Erinnerung eines ehemaligen Cheder-
schülers beenden wir den kurzen Blick in die Welt des ostjüdischen
Cheders.

3. Menschentypen im Städtl: Israel, der Weinmacher

Berühmte Schriftsteller haben der traditionell-jüdischen Atmosphäre des ostjüdischen Städtchens literarische Denkmäler gesetzt, Scholem Aleijchem auf jiddisch, Agnon auf hebräisch. Nach der Vernichtung fast aller osteuropäischer Juden durch die Nazis erschienen Ge-
denkbücher an die untergegangenen ostjüdischen Gemeinden, die
auch viele persönliche Erinnerungen der Überlebenden an das
„Städtl" mit seiner armen, aber genügsamen und ungekünstelt frommen Bevölkerung enthalten. Etwas außergewöhnlich ist das Erinnerungsbuch eines sonst wenig bekannten Autors, namens Chaim
Sacks, insofern, als der Verfasser seine Erinnerungen erst 1969 publi-
zierte, selbst aber bereits vor dem ersten Weltkrieg sein litauisches,
damals zum zaristischen Rußland gehöriges Heimatstädtchen Tiktin
verlassen hatte und nach Südafrika ausgewandert war, wo er auch sein
Buch veröffentlichte, in jiddischer Sprache. Die Erinnerungen gehen
also etwa 60 Jahre zurück, die gleichen Typen lebten aber in Tiktin
bis zum 2. Weltkrieg und würden heute noch dort leben, wenn nicht
alle 3 000 Juden dieses Städtchens, wie wir im Vorwort lesen, von
den Nazis an einem einzigen Tag umgebracht worden wären.

Ein verbreiteter Typus des ostjüdischen Städtchens war der arme,
aber fröhliche und naiv-fromme Handwerker. Meist waren es
Schneider, Schuster, auch Wasserträger. Sacks macht uns in seinem
„Es war einmal" betitelten Buch[5] mit einem Tiktiner Juden namens
Israel bekannt, der den etwas merkwürdigen Beruf eines „Weinma-
chers" ausübte.

„Der fröhlichste Mensch im ganzen Städtchen", ich übersetze aus

31. Menschentypen aus dem „Städtl": Der Schuhmacher. Aufgenommen in Polen zwischen dem Ersten und dem Zweiten Weltkrieg.

dem jiddischen Original, „war Israel, der Weinmacher. Er war ein ausgezehrtes, dünnes Männlein, rührig, quicklebendig, ständig in Eile, als fürchte er, etwas zu versäumen. Einen blonden Bart und blonde Schläfenlocken hatte er und ein Paar große blaue, immer lustige Augen. Sein alter Rock glänzte von Alter und von Sauberkeit. Obwohl er an allerlei Krankheiten litt, eine Stube voll hungriger Kinder hatte und eine verbitterte Frau, die ihn anjammerte, weil es manchmal sogar an Brot in der Stube mangelte und die Kinder hungrig in die Schule gehen mußten, – trotz alldem verlor er nicht sein Lächeln und seine Heiterkeit, hegte keinen Groll gegen Gott, und benahm sich so, als ob ihm und seiner Familie nichts fehle auf der Welt.

‚Hab ich denn etwa eine Abmachung getroffen mit Gott?' pflegte er zu sagen, ‚ein Jude muß zufrieden sein, daß er als Jude geboren wurde und so das Privileg hat, Gott dienen zu dürfen durch Ausübung vieler religiöser Gebote und guter Werke.' Israel hatte seine eigene Philosophie, und wenn Selda, sein Weib, ihm seine Armut vorhielt, pflegte er gutmütig zu antworten: ‚Nun, Selda, wenn man nicht zuviel materielle Güter besitzt, was ist schon dabei? Man kann doch nicht alles auf der Welt besitzen! Der Herr der Welt hat uns mit guten Kindern gesegnet, und nicht mit Schokolade und Marzipan.' – ‚Ein Jude', sagte er, ‚ist vor allem geschaffen worden, um geistige, nicht um materielle Güter zu erwerben. Freilich, auf das körperliche Wohl bedacht zu sein, ist auch ein Gebot; man muß essen, um die Kraft zu haben, Gott zu dienen, in den heiligen Schriften zu studieren, zu beten und so weiter. Trinken vor allem ist wichtig als Mittel zum Zweck. Siehst du, Wein erfreut des Menschen Herz, heißt es in der Bibel. Durch Wein gelangt man zur Fröhlichkeit, durch Fröhlichkeit zur Freude am Gottesdienst, durch Freude am Gottesdienst zur Gottesliebe und durch Gottesliebe zur Gotteserkenntnis. So danke ich Gott, daß er mich nicht zu einem Bäcker machte oder zu einem Metzger, sondern zu einem Weinmacher.' Also pflegte er ihr lächelnd zu antworten. Sie aber hatte ihre eigene Philosophie. ‚Wärest du doch nur ein Bäcker geworden', sagte sie, ‚oder ein Metzger. Dann wäre wenigstens ein Stückchen Brot im Haus oder ein Knochen abzunagen. Von deinen frommen Worten und deiner Philosophie und von deinem Wein-Machen laufen wir hungrig herum.' ‚Nun', antwortete er nachsichtig, ‚es ist halt schwer, mit einer Frau über schwierige weltanschauliche Dinge zu diskutieren, wenn bei ihr der Magen und abgenagte Knochen die Hauptsache sind. – Um die Wahrheit zu sagen,‘ fügte er hinzu, ‚tut es mir auch weh, wenn ich die Kinder zerrissen und hungrig herumlaufen sehe. Aber was hilft denn Trübsal blasen. Trübsal kann nur zur Sünde führen.‘

Im Städtchen hat man seine Armut sehr wohl gekannt und man wollte ihm helfen; er hat es aber abgelehnt, Unterstützung anzunehmen, mit der Begründung, daß es noch ärmere Leute im Städtchen gäbe, deren Zuteilung aus der Armenkasse er dadurch verkürzen könnte... Den größten Teil der Woche saß Israel im Lehrhaus und studierte den Talmud oder den ‚Führer der Irrenden‘, d. i. das philosophische Werk des berühmten Maimonides, oder ethische Abhandlungen. Nur jeden Mittwoch verbrachte er den ganzen Tag mit der Herstellung von Wein für Sabbat, von dessen Verkauf er lebte.“

Typisch für den Geist des „Städtls“ ist Israel, der Weinmacher, insofern, als er sich einen Broterwerb aussuchte, der ihm zwar nicht viel einbrachte, aber Zeit ließ für ein gottgefälliges Studium. Auch förderte der Broterwerb selbst ganz konkrete religiöse Handlungen, diente doch die Weinherstellung hauptsächlich der Versorgung der jüdischen Haushalte des Städtchens mit Wein für den sog. Kiddusch, den Sabbatsegen, der die Sabbatmahlzeit einleitet. Nach dem Rezitieren des Kiddusch durch den Hausherrn kosten bekanntlich der Hausherr und alle Tischgenossen vom Weinbecher. In unserem Bericht war es des Weinmachers Stolz, diesen Wein für religiöse Zwecke selbst hergestellt zu haben, wie überhaupt für ihn und die meisten seiner Glaubensgenossen im „Städtl“ in religiöser Tätigkeit die Entschädigung lag für die Unbill eines Lebens in Armut.

4. Die religiöse Atmosphäre im Städtl: Die Begehung des Sabbat

Chaim Sacks beginnt sein uns bereits aus dem vorigen Kapitel bekanntes Buch mit folgenden Worten (ich übersetze aus dem Jiddischen): „Es gab einst jüdische, d. h. zum großen Teil von Juden bewohnte Städte und Städtchen in Osteuropa, darunter auch mein Heimatstädtchen Tiktin. Es ist umringt von Hügeln und Feldern und Wäldern. Wenn man sich dem Städtchen näherte, gewahrte man als erstes die Spitze des Kreuzes des Klosters. Diese Spitze spielte mit dem Wanderer gleichsam Versteck, verschwand immer wieder und tauchte immer wieder auf, als wollte das Kreuz daran erinnern, daß man zwar ein jüdisches Städtchen, aber doch fremde Erde betrete, wo das Kreuz der Herrscher ist, und Juden nur von seiner Gnade leben." Scheinbar im Gegensatz zu diesen einschränkenden Worten steht direkt darüber, als Vorwort-Überschrift: *„Mein* Städtchen". Die ungünstigen äußeren Umstände können eben nicht die Nostalgie des Verfassers dämpfen, seine sehnsuchtsvolle Erinnerung an die heimelige Atmosphäre *seines* Städtchens, seines Heimatstädtchens.

Als Beispiel für diese Atmosphäre übersetzen wir im folgenden aus dem jiddischen Original die Schilderung des Sabbat im Städtchen.[6] Diese Schilderung beginnt mit einem Zitat aus der rabbinischen Literatur: „Gott hat den Juden", heißt es dort, „ein wertvolles Geschenk gegeben, namens Sabbat." „Und niemand", fährt der Autor der Erinnerungen fort, „hat sich mit diesem wertvollen Geschenk mehr gefreut als meine Juden im Städtchen; jeder nach seiner Art, aber alle fühlten sich an diesem Tage seelisch gehoben. Eine ganze Woche hat man mit dem Sabbat gelebt: die halbe Woche vorher, ab Mittwoch also, lebte man im Vorgefühl des kommenden Sabbat, und die halbe Woche nachher, Sonntag bis Dienstag, hat die Sabbat-Stimmung noch nachgeklungen, war, bildlich gesprochen, der Geschmack des Sabbat noch im Munde. – Für zwei Dinge haben sich die Juden des Städtchens notfalls in Schulden gestürzt: für die Bezahlung eines guten Religionslehrers für ihre Kinder und für die Bezahlung einer anständigen Sabbat-Mahlzeit für ihre Familie. Am Donnerstag begannen die Hausfrauen, das Vorgefühl des Sabbat in die Stuben hereinzubringen, durch Saubermachen der Stube und durch Backen und Kochen der Sabbat-Speisen, die einen sabbatlichen Wohlgeruch verbreiteten. Freitag morgens kehrten diejenigen Hausväter, die während der Woche geschäftlich in der nahen Großstadt zu tun hatten, in Pferdekutschen nach Hause zurück, um den Sabbat im Kreise der Familie zu verbringen.

Man hat sich zum Sabbat wie zu einem festlichen Familienanlaß

32. Entzünden der Sabbatlichter durch die Hausfrau. Skizze von Regina Mindlich.

gerüstet: der Vater ging mit den größeren Kindern ins Badehaus; die
Mutter wusch sich selbst und die kleineren Kinder zuhause. Die Kleider wurden gewechselt. Man eilt sich, – der heilige Sabbat naht, –
steht schon vor der Türe. Nun weg mit den Sorgen des Alltags! Kal-
man, der Gebetrufer, geht in den Gassen herum und ruft aus: ‚Juden,
ins Bethaus!' Dieser Ruf treibt alle noch mehr zur Eile an: Krämer ja-
gen die späten Kunden aus dem Laden, die Ladentüren werden verriegelt. Gleich ist Sonnenuntergang, somit offizieller Beginn des
Sabbat, an dem jeder Handel und jede Arbeit ruht.

Die Männer mit ihren Kindern begeben sich nun, sabbatlich gekleidet, ins Bethaus. Dort sind alle Lampen und Hängeleuchter angezündet. Der Vorbeter singt, zusammen mit den Betern, das Lied zum
Empfang des Sabbat. Nach dem Gottesdienst halten die Familienvä-
ter Ausschau nach etwa anwesenden armen Durchreisenden, die sie
als Sabbat-Gäste zu sich nach Hause einladen. Solche Gäste wurden
freudig begrüßt, auch von den Kindern, die bei Tisch ihren Berichten
aus fernen Gegenden lauschten. Wenn der Gast in der jüdischen Tra-

33. *Heimkehr aus der Synagoge am Freitagabend. Zeichnung von M. D. Oppen-heim (1799–1882). Der Vater segnet die Kinder, während die Mutter im Hin-tergrund mit dem Säugling beschäftigt ist. Der aus der Synagoge mitgebrachte Gast wird von dem einen der Jungen bestaunt, der noch das Gebetbuch in der Hand hält. Der Tisch ist für die Sabbatmahlzeit gedeckt mit Wein, Brot (für den Wein- und Brotsegen) und Fisch. An der Wand brennen die Sabbatlichter.*

ditionsliteratur belesen war, konnte er das Sabbat-Mal mit der Erklärung einer schwierigen Bibelstelle oder mit dem Erzählen einer frommen Legende würzen, während er sich seinerseits an den kulinarischen Produkten der Hausfrau delektierte.

Zuhause erwartete die vom Bethaus Heimkehrenden ein mit weißen Tischtüchern gedeckter Tisch in der hell erleuchteten Stube. In der Mitte des Tisches standen die Sabbat-Leuchter mit den Kerzen, die von der Hausfrau noch vor Beginn des Sabbat entzündet worden waren. Ferner zierten den Tisch zwei weiße geflochtene Sabbat-Brote sowie ein mit Wein gefüllter Becher. Der mit den Kindern und dem Gast heimkehrende Vater betrat die Stube mit einem breiten, zufriedenen „Gut Schabbat", faltete die Hände hinter dem Rücken und begann, gemächlich auf und ab schreitend, das biblische Lied vom wackeren Weib zu singen, in hebräischer Sprache natürlich, nach dem Wortlaut der Sprüche Salomos (Kap. 31): ‚Eschet chajil mi jimza, – ein wackeres Weib, wer findet es? Mehr als Perlen ist ihr Wert. Es vertraut ihr das Herz des Gatten‘ etc.

Die Mutter, der das Lied vom wackeren Weib gilt, sitzt währenddem bescheiden in einem Winkel und hört zu. In der Hand hält sie noch das Gebetbuch, in dem sie das Abendgebet gelesen hatte. Auch sie, die die ganze Woche über hart gearbeitet hatte, im Haushalt oder auch etwa im Kramladen, ist wie verwandelt in ihren sabbatlichen Kleidern, in denen sie zufrieden auf Mann und Kinder blickt. Der Hausherr spricht nun, als Einleitung zum Sabbatmahl, den Segen über Wein und Brot. Speisen werden aufgetragen, die Mahlzeit kann beginnen. Beschlossen wird die Mahlzeit mit dem Tischgebet, das am Sabbat gleich lautet wie an Werktagen, jedoch mit sabbatlichen Zusätzen, wie dem folgenden: ‚Der barmherzige Gott lasse die Zeit kommen, die ganz erfüllt ist von Sabbat-Frieden.‘ "

5. Zum Andenken an eine große jüdische Gemeinde: Frankfurt am Main

Von allen in der Zeit des Nationalsozialismus untergegangenen deutsch-jüdischen Gemeinden galt Frankfurt am Main (genannt das Jerusalem des Westens) seit dem frühen Mittelalter als Stätte der Gelehrsamkeit, Frömmigkeit und (was uns hier besonders interessiert) Wohltätigkeit. Wir wollen dieser Gemeinde heute ein Denkmal setzen, nicht durch allgemeine Angaben, wie sie in Büchern und Encyclopädien nachgelesen werden können, sondern durch Wiedergabe der Tagebuchschilderungen eines neutralen Beobachters, der im allgemeinen die Menschen eher kritisch als schönfärberisch beurteilt: wir meinen den (unseren Lesern bereits aus Abschnitt I, 4[7] bekannten) *Rabbi Asulai* aus Jerusalem, der 1753–58 Europa bereiste und bei seinen Glaubensgenossen Spenden für die notleidenden palästinensischen Juden sammelte. In Deutschland hatte er es sehr schwer, da er der deutschen Sprache nicht mächtig war; jedenfalls beklagt er sich in seinem hebräisch geschriebenen Tagebuch bitter über die frostige Aufnahme von Pfersee bei Augsburg, über Fürth und Schweinfurt bis Aschaffenburg, Seligenstadt, Hanau, Boppard.

Das düstere Bild hellte sich erst in Frankfurt auf, wo er per Schiff ankam. Die Beamten der freien Reichsstadt waren grimmig, aber korrekt: „In ihren Helmen standen sie da, blitzenden Blickes, und wenn uns auch ihre Reden so unverständlich waren wie das alte Ägyptisch, so sprach ihr Aussehen eine Sprache, die deutlich genug war, und unter ihren Augenbrauen war abzulesen, daß sie niemand in die Stadt hineinließen, ohne vorher gründlich erforscht zu haben, wer er sei, woher er käme und wohin er ziehe und dergleichen... Da nämlich das Land in viele kleine Herzogtümer und Republiken geteilt ist, hat man Angst vor Spionen. Und ich war bereit, mich auszuweisen; die verschiedensten Pässe fielen von meiner Brusttasche. Ich wurde aber trotzdem nicht hineingelassen, sondern von Soldaten abgeführt, während mein Gepäck im Hafen blieb. Und ich war abgespannt und matt, an Sprache arm, an Ärger satt. Da plötzlich wandte sich das Blatt, es kam der Retter in der Not, den Gottes Huld gesendet hat."

Der hier in Reimform angekündigte Retter war ein Jüngling der Frankfurter jüdischen Gemeinde, der nicht wartete, bis Gäste zu ihm kamen, sondern auf Suche nach Gästen ausgegangen war und dabei Asulai in seiner Bedrängnis fand. Der junge Mann – Wolf Rintel war sein Name – besorgte dem Gast die Einreisebewilligung bei den höheren Beamten, sorgte sich um sein Gepäck, und gab auch den Solda-

34. Das Ghetto in Frankfurt am Main. Frühes 19. Jahrhundert.

ten das Kleingeld, um das sie baten... Vorstand und Mitglieder der Frankfurter Gemeinde hatten für Asulai und seine Mission volles Verständnis und brachten auch entsprechende finanzielle Opfer.

Die Wohltätigkeit der Frankfurter Juden fand später ihren sozusagen symbolhaften Ausdruck im alten Rothschild, dem Stammvater der Dynastie Rothschild, geboren 1743, also 10 Jahre vor Asulais Besuch in Frankfurt. Von diesem Meyer Amschel Rothschild berichtet L. Börne:[8] „Der alte Rothschild... war ein braver Mann, die Frömmigkeit und Gutherzigkeit selbst. Es war ein mildtätiges Gesicht mit einem spitzem Bärtchen, auf dem Kopf ein dreieckig gehörnter Hut, und die Kleider mehr als bescheiden, fast ärmlich. So ging er in Frankfurt herum und beständig umgab ihn wie ein Hofstaat ein Haufen armer Leute, denen er Almosen erteilte oder mit gutem Rat zusprach; wenn man auf der Straße eine Reihe von Bettlern antraf mit getrösteten und vergnügten Mienen, so wußte man, daß hier eben der alte Rothschild seinen Durchzug gehalten hat."

Zurück zu Asulai: das sonst so knappe Tagebuch ist geradezu verschwenderisch mit Lob für den Jüngling Wolf Rintel: „Er stand mir Tag und Nacht zur Verfügung; alles vertrauten wir uns gegenseitig an, keine Geheimnisse gab es zwischen uns." Wolf Rintel lebte im Hause des wohltätigen Ruben Scheyer. Dieser Ruben Scheyer sowie dessen Sohn Juda waren zusammen mit Wolf Rintel die drei Stützen Asulais während seines dreimonatigen Aufenthaltes in Frankfurt. Vor der Abreise kaufte er sich Bücher, deponierte sie in zwei Kisten im Hause Scheyer und bat, ihm die Kisten nach Amsterdam nachzuschicken.

Bei der Abreise aus Frankfurt begleiteten ihn Wolf Rintel und Juda, der Sohn des Ruben Scheyer, zwei Stunden Wegs in der Kalesche nach Mainz. Niemand konnte bei diesem Abschied ahnen, daß dem jungen Wolf Rintel ein schreckliches Ende unmittelbar bevorstand. Im holländischen Nymwegen angelangt, erreichte Asulai die Hiobsbotschaft, daß im Hause des Ruben Scheyer in der Frankfurter Judengasse Feuer ausgebrochen war. Scheyers Frau und Tochter verbrannten. Der junge Wolf Rintel sprang einige Stockwerke aus dem Fenster in die Tiefe und war tot. Ruben Scheyer und sein Sohn stürzten sich ebenfalls hinunter; die brachen sich beide Beine, blieben aber am Leben. „Ich war wie vom Schlag gerührt", schreibt Asulai, „und blieb lange verstört bei der Nachricht von diesem entsetzlichen Brand, mit dem Gott Menschen heimgesucht hat, die doch seinen Willen tun. Welche Herrlichkeit ist da im Erdboden versunken! Mein lieblicher, anmutiger Freund, dem ich mit allen Fasern meiner Seele verbunden war! Vergrämt, verbittert bin ich, und meine Seele ist in einem Gestrüpp von Wehmut und Kummer eingefangen und liegt nun danieder; und ich bete wieder und wieder: Möge die Seele des Wolf Rintel und die Seele der beiden Verbrannten festgebunden sein im Bund des ewigen Lebens, und der Himmel möge sich der beiden Geretteten erbarmen, des Ruben Scheyer und seines einzigen Sohnes Juda und ihnen ihr verbranntes Hab und Gut wieder ersetzen." Asulai vermutet auch, daß die zwei Kisten mit Büchern, die er im Hause Scheyer deponiert hatte, mit verbrannt sind, ebenso wie fast 300 Gulden gesammelten Geldes, das er ebenfalls dem frommen Ruben Scheyer zur Nachsendung nach Amsterdam anvertraut hatte. Jedoch fand er zu seiner größten Überraschung später bei seiner Ankunft in Amsterdam beide Kisten mit Büchern vor. Scheyer hatte sie ihm – welch merkwürdige Fügung des Schicksals! – am gleichen Tag geschickt, an dem abends der Brand ausbrach. Auch das Geld wurde Asulai später nachgeschickt.

Der ergreifende Nachruf Asulais wirkt auf uns Heutige wie ein Nachruf auf die in der Zeit des Nationalsozialismus untergegangene jüdische Gemeinde Frankfurt am Main, genannt das „Jerusalem des Westens".

XIV. Mittelalterliche Legenden

1. *Legenden um Juda den Frommen und Samuel den Frommen*

Im Deutschland des 12. und 13. Jahrhunderts gab es einen jüdischen Kreis von Pietisten und Mystikern, an deren Spitze Rabbi Samuel der Fromme und dessen Sohn Rabbi Juda der Fromme standen, die in Speyer bzw. Regensburg wirkten. Sie wurden im Volk als heilige Männer verehrt, und es bildeten sich um sie herum volkstümliche Legenden. In diesen Legenden fehlt nicht das Element des Wunders, sie spiegeln aber trotzdem das tatsächliche Leben und Streben, die Freuden und Leiden der mitteleuropäischen Juden im Mittelalter. Diese waren oft genug Opfer des Hasses der Umwelt, ließen sich aber dadurch nicht demoralisieren. So ist das von Juda dem Frommen kompilierte sogenannte „Buch der Frommen" (hebräisch: Sefer chassidim) ein Kompendium von Vorschriften ethischen Verhaltens allen Mitmenschen gegenüber, gleich welcher Religion.[1]

Typisch für das „Buch der Frommen" sind etwa die folgenden Ermahnungen: „Der Mensch übersehe das, was andere ihm Leides angetan, damit auch Gott mit ihm Nachsicht in betreff seiner Sünde übe" (§ 55). Ferner: „Einen Sünder kränke nicht und fluche ihm nicht, sondern bete zu Gott, daß er sein Herz bessere... Hat er dir Böses getan, so fordere dafür nicht Rache von Gott" (§ 76). Ferner: „Man übe gegen keinen Menschen, Juden oder Christen, ein Unrecht... (§ 1074). Erfragt ein Christ geschäftshalber Auskunft über Ehrlichkeit und Vertrauenswürdigkeit eines Juden, so bist du verpflichtet, wahrheitsgemäße Antwort zu geben und, wenn es nötig ist, vor einer Geschäftsverbindung mit ihm zu warnen" (§ 1086).

Wir begnügen uns mit diesen wenigen Stichproben aus dem Kompendium des Rabbi Juda, um uns nun den Legenden über ihn und seinen Vater Samuel widmen zu können. Bekannt geworden sind diese Legenden durch ihre Einverleibung in das anonyme, in jüdisch-deutscher Sprache abgefaßte sogenannte Maase-Buch, zu deutsch: Geschichten-Buch, das erstmals im Jahre 1602 in Basel gedruckt wurde.[2]

Eine der Legenden (Nr. 171) im Maase-Buch will am Beispiel des Rabbi Juda des Frommen zeigen, daß der Mensch die Stufe höchster Frömmigkeit erreichen kann, auch wenn er dafür ganz und gar nicht prädestiniert zu sein scheint. Juda der Fromme soll nämlich nach dieser Legende in seiner Jugend ein Taugenichts gewesen sein, der nichts anderes tat, als mit Armbrust und Pfeil und Bogen zu schießen, bis ihn sein Vater, Samuel der Fromme, überredete, an seinen religiösen Lehrvorträgen teilzunehmen. Diese gefielen dem Sohn so gut, daß er eines Tages Pfeil und Bogen seinem Vater brachte. Der Vater zerbrach die Instrumente und sprach: „Diese waren gut für deine physische Standhaftigkeit. Von nun an aber sollst du dich ausschließlich mit dem Studium der Tora, der religiösen Lehre, beschäftigen." „Also", schließt die Legende, „studierte er Tora und es ward aus ihm der Rabbi Juda der Fromme, von dem ihr jetzt manche Wunder hören werdet."

In einer anderen Legende (Nr. 163) spiegelt sich die große Bescheidenheit Samuels des Frommen. Er habe sich einmal auf einer seiner Reisen, die ihn nach Art der mittelalterlichen Scholaren von Lehrhaus zu Lehrhaus führten, bei einem gewissen Rabbi Jakob einquartiert. Er gab sich aber diesem Rabbi Jakob nicht zu erkennen, weil er befürchtete, dann bevorzugt behandelt zu werden, wodurch er aus seiner Gelehrsamkeit Nutzen gezogen haben würde, was er vermeiden wollte. Zuletzt fragte Rabbi Jakob seinen schweigsamen Gast: „Mein lieber Freund, wie heißt ihr?" Er antwortete: „Samuel". „Habt ihr keinen Zunamen?" „Ich heiße Samuel, der Pergamentmacher, nach meinem Handwerk." Als Samuel weiterzog, gab ihm der Hausherr einen jungen Mann mit, der ihn eine Strecke Wegs begleitete. Diesem jungen Mann vertraute Samuel an, er habe sich deshalb als Samuel, der Pergamentmacher, bezeichnet, weil er in der Torarolle, die auf Pergament geschrieben ist, studiere. Dieses Studium sei sein Beruf. Als der junge Mann dies dem Rabbi Jakob berichtete, rief dieser aus: „Dies war gewiß kein anderer als Samuel der Fromme, der inkognito bleiben wollte, damit ich ihm keine besondere Ehre erweise, – ein Ziel, das er, bei Gott, erreicht hat." Er eilte nun seinem Gaste nach, holte ihn ein und bat ihn so lange, zurückzukehren, bis dieser einwilligte. Beide sollen 14 Tage und Nächte gemeinsam in einem Zimmer verbracht haben. Die Legende verrät nicht, womit sie sich dort beschäftigt haben, es ist aber wohl impliziert, daß Samuel den Rabbi Jakob in die Lehren der Kabbala, der jüdischen Mystik, eingeweiht hat. So spiegelt diese Legende einerseits die Bescheidenheit der damaligen rabbinischen Autoritäten, andererseits die Achtung, die ihnen entgegengebracht wurde.

Typisch ist auch die folgende Geschichte (Nr. 176) des Maase-Buches: In Regensburg arbeiteten zwei Maurer in einem Hause der Judengasse. In Abwesenheit der Hausbewohner stahlen sie gemeinsam alle Wertgegenstände. Da erschlug einer der beiden seinen Komplizen mit einem Hammer und floh allein mit der Beute. Als der Hausherr zurückkam, fand er einen Leichnam vor, und schon entstand in der Stadt das Gerücht, die Juden hätten einen Christen getötet. Schon drang Volk in die Judengasse. Ein Pogrom schien unvermeidbar. Da kam Juda der Fromme und erweckte durch die Kraft seines Gebetes den Toten zum Leben. Er nannte den Namen des wirklichen Mörders und versank gleich wieder zurück in den Todesschlummer. Man suchte, fand und tötete den Mörder, und den Juden geschah nichts. Im Gegenteil, der Bürgermeister von Regensburg, ein rechtschaffener Mann, entschuldigte sich bei seinem Freund, Juda dem Frommen, und versprach, in Zukunft den Pöbel besser in Schranken zu halten.

Unabhängig von der Frage, wie weit diese Legende auf einem wahren Kern beruht, ist sie ein Zeitdokument insofern, als die Juden im Mittelalter tatsächlich oft genug, wie in dieser Legende, falschen Anschuldigungen ausgesetzt waren, aber hie und da auf ihrem Weg durch das Tal der Tränen auch Freunde trafen, wie in dieser Legende den Bürgermeister von Regensburg.

2. Die Legende vom jüdischen Papst

Die Legenden des Maase-Buches (s. vorstehendes Kapitel) beziehen sich meist auf lokale Ereignisse, die Freuden und noch mehr die Leiden der jüdischen Gemeinschaft in deutschen Landen während des Mittelalters spiegeln. Auch die Legende vom jüdischen Papst, die hundertdreiundneunzigste des Maase-Buches, beginnt auf lokaler Ebene, mit einem Kindsraub in Mainz am Rhein; sie gewinnt aber historische Bedeutung – genauer: sie wird zu einer Legende mit historischen Prätentionen – durch die spätere angebliche Wahl des geraubten Kindes zum Papst in Rom. Wie bei allen Legenden, hat man auch hier nach einem historischen Kern geforscht. Ein solcher kann hier höchstens in der Tatsache bestehen, daß es einmal einen Papst mit jüdischer Abstammung gegeben hat, nämlich Anacletus II., der 1130–1138 in Rom als Papst wirkte, wenn er auch außerhalb Roms nicht anerkannt wurde. Unsere Geschichte vom jüdisch geborenen Papst ist freilich vom historischen Standpunkt weniger interessant als vom folkloristischen, – vor allem ist sie charakteristisch für den Geist, der aus ihr spricht: der Geist der Frömmigkeit und Gottergebenheit der deutschen Juden im Mittelalter.

Der Beginn der Erzählung führt uns also nach Mainz, und zwar in die Stube des gelehrten Rabbi Simon in der Judengasse. Es ist Sabbat morgen, alle Familienmitglieder befinden sich in der Synagoge, außer dem etwa sechsjährigen Elchanan und der nichtjüdischen Frau, die, wie jeden Sabbatmorgen, auch jetzt den Ofen in der Stube heizt. Bald sollte die Familie heimkehren und sich, wie immer unter Absingen frommer Lieder, des Sabbatmahles erfreuen. Diesmal aber fand die Familie bei der Heimkehr zu ihrem namenlosen Schreck ein leeres Haus vor. Die Frau war mit dem Kind verschwunden. Vergeblich suchte man nach dem Kind, es blieb verschwunden. Die Eltern konnten nur ahnen, was tatsächlich mit ihm geschah: es wurde in ein Kloster gebracht, dort getauft und als Christ erzogen. Das Maase-Buch schildert den Schmerz und die Trauer der Eltern, fügt aber mit bemerkenswerter Objektivität hinzu, daß die Kindsräuberin geglaubt hatte, ein frommes Werk zu vollbringen, denn – so belehrt das Maase-Buch seine Leser wörtlich – „denn vorzeiten haben sie gar viel auf das Taufen gehalten."

Auch die Entwicklung des Jungen und seine geistliche Karriere wird als Schicksalsfügung, ohne Haßgefühle gegen die Kirche geschildert. Wir zitieren nun, stark gekürzt, aus dem Maase-Buch selbst, um einen Eindruck von dessen volkstümlichen Stil zu vermitteln, soweit dieser in der hochdeutschen Fassung zum Ausdruck kommt. „Der Junge zog von einer Hochschule zur anderen, bis er nach Rom kam, und lernte dort ernstlich allerlei Sprachen, bis er ein Kardinal wurde. Eines Tages starb der Papst und er wurde zum neuen Papst gewählt. Nun wußte er wohl, daß er ein Sohn des Rabbi Simon war, der in Mainz lebte. So dachte er einmal, ich will sehen, daß ich meinen Vater von Mainz hierher bringe nach Rom. Da schrieb er einen Brief an den Bischof von Mainz, der ja sein Untergebener war, daß er den dortigen Juden verbieten solle, ihre religiösen Gesetze zu halten. Der Papst nahm an, daß dann sicher sein Vater, der Rabbi, von den Juden nach Rom geschickt würde, um beim Papst die Aufhebung des Dekretes zu erreichen.

Tatsächlich machte sich Rabbi Simon mit zwei anderen Rabbinen zu diesem Zweck auf nach Rom. Inzwischen konnten die Juden trotzdem ihre Gebote ausüben, denn der gut gesinnte Bischof drückte beide Augen zu, – es mußte nur im Geheimen geschehen, denn offiziell war der Bischof an das Schreiben des Papstes gebunden. In Rom angekommen, meldete sich die Mainzer Delegation zunächst bei Mitgliedern der dortigen jüdischen Gemeinde, und erzählte ihnen den Zweck ihres Kommens. Die römischen Juden waren über die Maßen erstaunt, denn sie sagten, sie hätten seit Menschengedenken keinen judenfreundlicheren Papst gehabt, er hätte allzeit Juden um sich und pflegte mit ihnen Schach zu spielen. Sie könnten gar nicht glauben, daß der Papst ein judenfeindliches Dekret erlassen habe.

Der Papst gewährte nun der Delegation eine Audienz und hieß den Ältesten, es war dies Rabbi Simon, zuerst allein eintreten. Gleich nachdem er eintrat, fiel er auf seine Knie. Der Vater erkannte den Sohn nicht mehr, wohl aber der Sohn den Vater und hieß ihn aufstehen und sich setzen. Dann beendete er ein Schachspiel, das er gerade mit den Kardinälen spielte, schickte die Kardinäle hinaus und blieb allein mit seinem Vater. Er fiel dem Vater um den Hals und rief mit tränenerstickter Stimme: ‚Lieber alter Vater, kennt ihr mich nicht?' Darauf Rabbi Simon: ‚Woher soll ich euer Gnaden kennen?' Darauf der Papst: ‚Hattet ihr nicht einmal einen Sohn verloren? Ich bin dein Sohn Elchanan!' " Soweit, mit einigen Kürzungen, die Geschichte des Maase-Buches bis zum Höhepunkt, der Erkennungsszene, die offenbar der biblischen Szene nachempfunden ist, in der sich Joseph seinen Brüdern zu erkennen gibt.

Nach einer anderen Version des Maase-Buches habe Rabbi Simon mit dem Papst Schach gespielt und an einem Schachzug, den er ihm noch zuhause beigebracht hatte, erkannt, daß der Papst sein Sohn sei. Das glückliche Ende der Geschichte ist in einem Satz erzählt: Der Papst verschwindet unerkannt aus Rom und taucht als Elchanan im Kreise seiner Familie auf und lebt weiterhin als Jude in Mainz. In Rom aber wird ein neuer Papst gewählt.

So nimmt diese wundersame Legende für Juden und Christen ein gutes Ende.

3. Die Legende vom Rabbi und dem Kreuzfahrer

Die Legende vom Rabbi und dem Kreuzfahrer, ebenfalls aus dem Maase-Buch, enthält alle Merkmale, die typisch sind für die Geschichten dieses Buches. Der Folklore-Forscher Jakob Meitlis sagt über die Eigenheiten der Maase-Buch-Legenden: „An ihnen (d.i. an diesen Geschichten) ergötzte sich der Sinn und erquickte sich das Herz des schlichten Frommen. Im Zwielicht mancher Dämmerstunde, in den langen grauen Winternächten, wo unheimliche Schatten an den Wänden spielten, lauschte das Volk, die Kinder und die Jugend, zuhause wie in den Gebetshäusern den Vorträgen und den Erzählungen aus dem Sagenschatz vergangener Zeiten. Durch sie verband man die oft trostlose Gegenwart mit einer helleren, freieren Vergangenheit, sie waren das große geistige Erbgut vieler Jahrhunderte, an dem sich schlichte Herzen erfreuten, begeisterten und Erhebung fanden. Diese Erzählungen waren schon sehr lange im Umlauf unter dem Volk, in seiner Umgangssprache erzählt und weitergegeben worden, als sich Schriftsteller daran machten, sie niederzuschreiben, um sie den kommenden Geschlechtern in ihrer Volkssprache zu erhalten."[3]

In unserer Geschichte, die im Maase-Buch die Nummer 189 trägt, sind die beiden Hauptpersonen, wie in Exemplifizierung der Definition von Meitlis, zwei Antipoden, von denen der eine, der Rabbi, die Kraft des Geistes, und der andere, der Kreuzfahrer, die Kraft des Schwertes repräsentiert. Beide Gestalten sind historisch: Der Rabbi ist niemand anderes als Rabbi Salomo, genannt Raschi, einer der berühmtesten jüdischen Geisteslehrer im Mittelalter, an den heute noch die unter Denkmalschutz stehende Raschi-Kapelle zu Worms erinnert.[4] Der Kreuzritter ist der Lothringische Herzog Gottfried von Bouillon, der zusammen mit anderen Herzögen am Ende des 11. Jahrhunderts den ersten Kreuzzug nach Jerusalem leitete. Für die deutschen Juden der Rhein–Main-Gegend, die bis dahin friedlich neben der christlichen Bevölkerung gelebt hatten, war dieser Kreuzzug insofern fatal, als der Pöbel unter den Kreuzfahrern auf den Gedanken kam, den Kampf nicht erst im fernen Jerusalem, sondern bereits an Ort und Stelle zu beginnen, und zwar, in Ermangelung von Mohammedanern, gegen die Juden. Menschlich gesinnte Priester konnten nicht verhindern, daß sich im Mai des Jahres 1096 Scharen über große, friedliche Judengemeinden in rheinischen Städten ergossen, um sie mit Feuer und Schwert zur Taufe zu zwingen oder dem Untergang preiszugeben. Auch in Worms, dem Wohnort Raschis, zählte man nach dem Wegzug der Kreuzfahrer an die 800 Leichen. In Anbetracht dieses Wormser Blutbades, das historisch in allen grausigen Einzelheiten belegt ist, ist es bemerkenswert, daß in der Legende die Beziehung zwischen Raschi und Gottfried von Bouillon in verhältnismäßig idyllischem Licht dargestellt wird, was gleich am Anfang deutlich wird:

„Es geschah in den Tagen Rabbi Salomos, genannt Raschi. Er lehrte zu Worms [wo sich heute noch die Raschikapelle befindet]. Nun geschah es einmal, daß der Herzog von Lothringen, welcher genannt war Gottfried von Bouillon, mit großem Volk nach Jerusalem ziehen wollte, um Krieg gegen die Türken zu führen. Er hatte viel von der

35. Die aus dem Mittelalter stammende, von den Nazis 1938 zerstörte, 1961 wieder aufgebaute Synagoge in Worms. Ganz rechts die Raschi-Kapelle.

Weisheit Raschis gehört, den alle Welt, Juden und Nichtjuden, für einen Weisen und Propheten hielten, – was er auch wirklich gewesen ist. Also schickte der Herzog nach Raschi, um von ihm Rat einzuholen. Aber Raschi wollte nicht zu ihm kommen. Das verdroß den Herzog gar sehr, aber er begab sich selbst nach Worms zum Hause Raschis und rief mit lauter Stimme: ‚Salomo, Salomo, wo bist du?‘ “ Raschi erscheint, und Gottfried erbittet von ihm die Vorhersage des Ausgangs des Kreuzzuges. Raschi prophezeit anfänglichen Sieg, dann Niederlage und Flucht. Mit nur drei Mann und dem Kopf eines Rosses würde er nachhause zurückkehren. Der Herzog hielt dies für einen schlechten Scherz und sagte erbost: „Mag sein, daß du recht hast. Wenn ich aber mit vier Mann zurückkomme, lasse ich dich und alle Juden töten.“ Tatsächlich kam er abgeschlagen zurück, aber mit vier Mann, jeder auf seinem Roß. Da wollte Gottfried seine Drohung wahr machen, und sie ritten nach Worms. Als sie durch das Stadttor

199

ritten, löste sich ein Balken mit eisernen Spitzen vom Stadttor und schlug dem Roß des vierten Reiters den Kopf ab. So war der vierte Reiter ohne Roß und mußte zurückbleiben. In die Stadt hinein ritt der Herzog mit drei Reitern und einem Roßkopf, genau nach der Vorhersage von Raschi. Der verblüffte Herzog begab sich nun zum Hause Raschis, um sich vor ihm zu verneigen. Raschi hatte aber kurz vorher das Zeitliche gesegnet und lag noch unbeerdigt im Sarg. Der Herzog, der nach Worms gekommen war, um Raschi zu töten, trauerte nun umgekehrt, als er erfuhr, daß er tot war.

So endet diese Legende mit der Reverenz des Mannes des Schwertes vor dem Mann des Geistes.

XV. Ein großer Dichter: Agnon

1. „Und das Krumme wird gerade"

Die Romane und Erzählungen des 1970 verstorbenen israelischen Literatur-Nobelpreistärgers S. J. Agnon spielen fast alle im Milieu des polnisch-jüdischen Städtchens, des „Städtls" der Vor-Hitler-Zeit. Dieses Milieu ist liebevoll der Wirklichkeit nachgezeichnet; hinter dem vordergründigen speziellen Habitus der handelnden Personen werden immer wieder allgemeine Existenz-Situationen sichtbar: Die Größe des Menschen in seiner Liebe, seine Erniedrigung in der Armut, seine Ohnmacht gegenüber dem Schicksal, seine Fehlbarkeit und seine Selbstläuterung.

In der 1912 erschienenen Erzählung „Und das Krumme wird gerade" geschieht folgendes: In einem der jüdischen Städtchen Galiziens lebt ein einfacher, gottesfürchtiger Mann, Menasche Chajim, mit seinem Weib Kreindel Tscharne in harmonischer Ehe. Die Eintracht im Zusammenleben der beiden wird zwar manchmal etwas gestört durch eine Gardinenpredigt der energischen Kreindel, die ihrem Mann seine Weltfremdheit in geschäftlichen Dingen vorhält, aber alsbald wieder hergestellt durch Reuebezeugung der im Grunde gutmütigen Kreindel.

Während der Mann morgens im Lehrhaus sitzt, sinniert sie etwa: „Siehe, er sitzt jetzt im Lehrhaus und betet und erforscht die Worte der Tora. Und für wen anders ist alle Herrlichkeit von Menache Chajim als für sie, seine Ehefrau." So sinniert Kreindel und macht sich Selbstvorwürfe: „Nicht einmal ein warmes Getränk hat sie ihm bereitet, und er ging hinaus in die Kälte mit leerem Magen. Und Kreindel schauert zusammen und rückt den Wassertopf mit den Kohlen, die schon begonnen haben zu glühen und zu knistern, von sich fort, wie wenn sie ihn jemandem zuschöbe, der vor ihr stünde. Und was tut sie wirklich für ihn? Gar nichts. Nicht einmal Kinder hat sie ihm geschenkt... und ihre heißen Tränen fallen auf den Topf mit den glühenden Kohlen, zischen und zersprühen." Der heimkehrende Pantoffelheld bekommt nun weiche Worte zu hören und ein warmes Frühstück wird ihm vorgesetzt...

Diese Idylle ist aber nur das Präludium für eine tragische Entwicklung: Eine Verkettung unglücklicher Umstände trennt eines Tages die beiden auf ganz unvorhergesehene Weise für ewige Zeiten. Der Ruin seines Geschäftes, eines Kramladens, der eigentlich nie recht florierte, zwingt Menasche Chajim, sich zu erniedrigen und die Wohltätigkeit seiner Glaubensgenossen in Anspruch zu nehmen. Versehen mit einem Empfehlungsschreiben eines der Stadtrabbiner, das bescheinigt, daß er kein gewöhnlicher Schnorrer ist, beginnt Menasche Chajim seine Wanderung von Ort zu Ort. Aber gerade, weil er kein berufsmäßiger Bettler ist, hat er keinen Erfolg. So verkauft er in einem schwachen Augenblick das Empfehlungsschreiben an einen raffinierten Schnorrer, nur um mit dem Erlös endlich zu seiner geliebten Kreindel heimkehren zu können. Das Geld wird ihm aber gestohlen, so daß er wohl oder übel weiter betteln muß, um das Geld für die Heimkehr zusammenzubekommen. Unterdes stirbt der Käufer des Empfehlungsschreibens, der den Namen Menasche Chajims mißbraucht hat, und er wird unter dessen Namen begraben. Die Kunde, daß Menasche Chajim gestorben sei, erreicht sein Weib, das lange um ihn trauert, aber schließlich doch wieder heiratet. Als Menasche Chajim sich nach langer Zeit dem Heimatstädtchen nähert, erfährt er, was sich dort ereignet hat.

Um Kreindels Glück nicht zu stören, macht er kehrt und irrt von nun an ziellos in der Welt umher, geplagt von Gewissensbissen, weil seine Frau durch seine Schuld in Sünde geheiratet hat und infolge seines Schweigens weiterhin in Sünde lebt. Es überwiegt in ihm aber die Sorge um den seelischen Frieden seiner Frau, und so entsteht die paradoxe Situation, daß er aus Liebe zu seinem Weib nie mehr zu ihm zurückkehrt. Um nicht erkannt zu werden, übernachtet er, ohnehin ein „lebendiger Leichnam", auf Friedhöfen, wobei er eines Abends auf ein Grabmal stößt, das seinen eigenen Namen trägt. Der Friedhofswärter erzählte ihm, daß vor einigen Tagen eine vornehme, fein gekleidete Frau viele Stunden an diesem Grab Tränen vergoß... Als

Menasche Chajim kurz darauf an gebrochenem Herzen stirbt, ist der Friedhofswärter der einzige, den er ins Vertrauen gezogen hat.

Szenen von idyllischer Schönheit wechseln in diesem Buch mit solchen von erschütternder Dramatik. Auch der typische, nie verletzende, stets gütige Humor Agnons ist in reichem Maß vertreten, so z. B. gleich zu Anfang, wo erzählt wird, daß das Ehepaar tief in Schulden steckt, dies aber verbergen muß, um kreditwürdig zu bleiben. Als nun einmal zwei angesehene Männer kommen, um für einen wohltätigen Zweck zu sammeln, wendet die Hausfrau alle möglichen Tricks an, um als wohlhabend zu erscheinen, so z. B. in der Art, wie sie mit Süßigkeiten aufwartet: „Und Kreindel Tscharne steckte einen großen Löffel in das Glas Eingemachtes, verschüttete ein wenig von der guten Süßigkeit, und stellte sich an, als ob sie auf etwas so Wichti-

36. S. J. Agnon mit Namenszug.

Und das Krumme wird gerade,

Geschichte eines Menschen mit Namen Menascheh Chajim,

aus der heiligen Gemeinde Buczacz (fest gründe
sie der Höchste, Amen), der von seinen Gütern
herabsank, und die Armut (der Barmherzige
bewahre uns) ließ ihn weichen vom Wege seines
Herrn, und er warf einen Makel auf Israel,
und war gescholten und verstoßen und umher=
getrieben, und verstörte doch nicht das Leben
anderer, und wurde mit Namen und Andenken
begnadet, wie es in diesem Buche des längeren
erklärt wird. Und auf ihn und seinesgleichen
sagt die Schrift: „Und dann tilgen sie ihren
Frevel," und es erläutert Raschi (sein Andenken
zum Segen): „Sie sühnen ihren Frevel durch
ihre Leiden."

Das hat verfaßt und hat es aufgeschrieben

S. J. Agnon

37. *Titelblatt der Erstausgabe der deutschen Übersetzung der Erzählung: „Und das Krumme wird gerade", Berlin 1918 (Übersetzer aus dem Hebräischen: Max Strauß).*

ges gar nicht achtet, weil sie doch ihr Vermögen übertreiben mußte, wie der Weise sagt: ‚Wenn ein Reicher eine Scherbe nötig hat, zerbricht er einen Krug‘.“

Solche liebevollen Detail-Schilderungen in den Romanen Agnons tragen nicht wenig dazu bei, die Gestalten seiner Comédie Humaine als Menschen von Fleisch und Blut erscheinen zu lassen, in ihrem Jude-Sein und Mensch-Sein. Die *religiöse* Relevanz der Erzählung hat Agnon selbst im langen Untertitel der Erzählung zusammengefaßt: „Geschichte eines Menschen mit Namen Menasche Chajim,... der von seinen Gütern herabsank und die Armut ließ ihn weichen vom Wege seines Herrn, und er warf einen Makel auf Israel, und war gescholten und verstoßen und umhergetrieben, und verstörte doch nicht das Leben anderer, wie es in diesem Buch des längeren erklärt wird, und auf ihn und seinesgleichen sagt die Schrift (Lev. 26, 41): ‚Und sie (die Israeliten) werden ihre Schuld sühnen‘, womit nach dem Bibelerklärer Raschi – sein Andenken zum Segen – gemeint ist: Sie werden ihre Schuld sühnen durch ihre Leiden. Das hat verfaßt und aufgeschrieben S. J. Agnon.“[1]

2. „Eine einfache Erzählung“

Zu den bedeutendsten Schöpfungen Agnons gehört auch ein Familienroman, betitelt „Eine einfache Erzählung“. „Einfach“ ist die Erzählung nur insofern, als hier das ewige, weder örtlich noch zeitlich noch religiös bedingte Thema der unerfüllten und unerfüllbaren Liebe behandelt wird. Wir gewinnen aber gleichzeitig Einblick in das Leben im ostjüdischen Städtchen zu Ende des 19. und zu Beginn des 20. Jahrhunderts, mit den sich dort begegnenden, sich zum Teil widersprechenden kulturellen und politischen Strömungen: Chassidismus, Aufklärung, Zionismus, Sozialismus.

Anläßlich der erfolgreichen Aufführung der Theater-Version des Romans in der Tel Aviver Habimah (Anfang 1979) betitelt der Theaterjournalist Mendel Kohansky seine Kritik[2] „Eine tiefsinnige Geschichte“ (A profound tale). „Wir leben in Agnons Heimatland“, beschreibt der Kritiker den Hintergrund der Story, „einem Städtchen in

Galizien, wo die Juden in einem teils selbstgewählten, teils aufok-troyierten Getto lebten. Sie lebten für ihre Religion, für das Talmud-studium, für ihren Broterwerb. Es ist die Jahrhundertwende, da man-che Juden bereits ihren Blick über die Gettomauern hinüberwerfen, angezogen von Westeuropa, seinem modernen Lebensstil, seiner li-beralen Kultur und seiner sophistischen Denkart."

Vor diesem kulturellen Hintergrund spielt sich folgende Ge-schichte ab: Die arme Vollwaise Bluma Nacht findet im Haus ihrer reichen Verwandten, des Geschäftsinhabers Baruch Horowitz und seiner Frau Zierel, Unterkunft und Nahrung. Erst war ihre Mutter, dann der Vater gestorben. Dieser, Chajim Nacht, war ein idealisti-scher Träumer gewesen, der in dieser „in Erfolgreiche und Ehrliche zweigeteilten Welt" zu den Letztgenannten gehört hatte, zudem eine Neigung hatte zu „Poesie, Parabeln, Philosophie und anderem, was nie im Leben gebraucht wird", und der es deshalb nie auf einen grü-nen Zweig gebracht hatte. Von ihm hatte die Vollwaise Bluma den gutmütigen Charakter geerbt. Im Hause ihrer reichen Verwandten verrichtete sie unaufgefordert alle Hausarbeiten. Als Verwandte kann ihr die Hausfrau nicht gut wie einem Dienstmädchen Lohn anbieten. „Sie ist doch wie eine von uns", sagt sie, gelobt aber bei sich selbst, ihr einst eine Mitgift nach der Zahl ihrer Dienstjahre auszusetzen. Zierel hat also im Grunde keinen schlechten Charakter. Sie ist aber der ihr vom Schicksal zugedachten Rolle als Pflegemutter des sensiblen vier-zehnjährigen Mädchens nicht gewachsen, was Agnon, in seiner Wei-se, durch epische Detailschilderung zum Ausdruck bringt: „Wie Zie-rel gegen jedermann freundlich ist, so auch gegen Bluma. Findet sie ein Kleid, das ihr nicht paßt, gibt sie es Bluma... Was noch Verwen-dung hat, verwendet Bluma, und was zu nichts mehr taugt, kommt aus dem Haus. Dazu sagt Zierel: ‚Mein Lebtag habe ich nichts fortge-worfen, aber unsere Bluma, die ist anders; was ihr nicht gefällt, das wirft sie fort'. Das hört sich wie ein Vorwurf an; aber wer Zierel kennt, weiß, daß es nicht so gemeint ist; sondern so, wie man zu je-mand sagt: ‚Ich bin nicht über dich empört, ich sage dir nur offen meine Meinung'. "[3]

Mit aller erdenklichen Liebe und Zärtlichkeit wird hingegen Her-schel überschüttet, das einzige Kind des Ehepaares, etwa zwei Jahre älter als Bluma. Herschels Einstellung gegenüber der armen Verwandten ist geprägt von der Unvoreingenommenheit der Jugend. Seine Freundlichkeit zu ihr ist echt. Als die Freundlichkeit sich später in heiße Liebe verwandelt, versucht er, ohne daß es ihm so recht gelingt, den spröden Stolz der Armut zu durchbrechen, mit dem Bluma ihn zunächst abweist. Da Herschel aber ein passiver Typ ist, der sich von seiner energischen Mutter diktieren läßt, bricht er gehorsam seine Beziehungen zu Bluma ab, als seine Eltern in Minna, der Tochter eines wohlhabenden Großgrundbesitzers, eine „standesgemäße" Partie für ihn finden.

Hier könnte die Handlung abbrechen, aber in Wirklichkeit beginnt sich der Knoten erst jetzt zu schürzen. Denn einerseits scheint Herschel glücklich verheiratet zu sein, umsorgt von seiner ihn liebenden Minna, die ihm auch Kinder schenkt. Mit Minna scheint sich ihm eine neue Welt aufzutun; ist sie doch in einem Mädchenpensionat mit hohem westeuropäischen Bildungsniveau erzogen worden, trägt elegante Kleider, bestäubt sich mit Parfüm und ruft ihren Mann nicht mit seinem jiddischen Namen „Herschel", – d.h. „kleiner Hirsch", – sondern hochdeutsch: Heinrich. So verläßt Herschel-Heinrich denn die von ihm geliebte Welt des Lehrhauses und des Talmudstudiums, dem er bis zu seiner Heirat hingegeben war, und arbeitet nun, was für ein einziges Kind ja an sich ganz natürlich ist, im Geschäft der Eltern mit, einem florierenden Hühnerfederngroßhandel. Sein Herz aber ist weder bei den dicken Banknotenbündeln seiner Eltern noch bei dem kulturellen Gehabe seiner Frau; sein Herz ist bei den Talmudfolianten, und vor allem ist sein Herz bei seiner ersten Liebe, bei Bluma, dem armen Waisenkind. Vergeblich versucht er sich durch gesellschaftliche Aktivität und einsame Spaziergänge abzulenken. Der innere Kampf bringt ihn zeitweise um den Verstand, und es dauert Jahre, bis er sich, mindestens scheinbar, beruhigt. Was in seinem Innern vorgeht, weiß niemand.

So endet die einfache und doch tiefsinnige Geschichte einer unerfüllten Liebe, eine Geschichte, die sich vor dem speziellen Hintergrund des jüdischen Städtchens abspielt und daher vom geistigen Kolorit des Städtchens gefärbt ist. Diese Geschichte könnte sich aber mit entsprechend verändertem Kolorit zu jeder Zeit und an jedem anderen Ort abspielen. Denn wenn auch die Lebensbedingungen und die Lebensanschauungen nach Ort und Zeit variieren, die Menschen sind überall Menschen mit menschlichem Streben und Hoffen.

3. Eine Episode aus Agnons posthumem Roman „Schira"

Agnons posthum erschienener Roman „Schira", der bisher nur in der hebräischen Originalfassung vorliegt,[4] spielt in den Dreißigerjahren unseres Jahrhunderts in Jerusalem und handelt von der Beziehung des aus Berlin stammenden Universitätsdozenten Dr. Manfred Herbst zur Krankenschwester Schira. Innerhalb dieser Rahmenerzählung bewegen sich Menschen verschiedenster Rassen, Religionen, Stände und Herkunft. Schon damals forderten die jüdisch-arabischen Unruhen Todesopfer, was sich im Roman in der Episode der Ermordung eines aus Persien eingewanderten jüdischen Arbeiters spiegelt, dessen Tochter Phirdaus im Hause Herbst als Dienstmädchen beschäftigt ist. Sie wird uns von Agnon vorgestellt als Sechzehnjährige, hübsch und hurtig, voll unaufdringlicher Dienstfertigkeit, Alleinernährerin einer großen Familie, seit ihr Vater, der Müllabfuhrmann, auf dem Heimweg von der Arbeit von einem Unbekannten aus dem Hinterhalt erschossen wurde.

„Wie können nun", fragt Agnon,[5] „sechs Personen mit den drei palästinensischen Pfund auskommen, die Phirdaus monatlich verdient?" und gibt die Antwort: „Nun, durch zusätzliche Arbeit: Während die meisten ihrer Freundinnen müßig umhersaßen und durch Loswerfen zu erkunden versuchten, was ihnen die Zukunft bringt, oder ihre Haare flochten, saß Phirdaus mit ihrer Mutter und beschäftigte sich mit dem Einbinden von Broschüren, für einen halben Groschen pro Broschüre." Für die natürliche Intelligenz des Mädchens gibt Agnon folgendes Beispiel: „Es war im Hause Herbst eingeführt, daß das Dienstmädchen mit der Herrschaft am gleichen Tisch ißt. Als Phirdäus am ersten Tag ihres Dienstes mit der Familie speiste, klopfte sich der Backfisch Tamara, die Tochter des Hauses, mit dem Finger auf den Nasenrücken, um ihren Eltern anzudeuten, wie unschön sich diese da doch beim Essen benehme. Es verstrichen kaum ein paar

Tage, bis Phirdaus lernte, mit Messer und Gabel umzugehen, vielleicht noch besser als Tamara. „Herbst und seine Frau", fährt Agnon fort, „waren keine Ethnographen und beschäftigten sich nicht wissenschaftlich mit den Eigenheiten der verschiedenen jüdischen Volksgruppen. Zwar pflegten sie kurz nach ihrer Einwanderung an Sabbaten und Feiertagen in das Viertel der Bucharen zu gehen, um sich deren malerische Festgewänder anzusehen. Auch pflegten sie Touristen in die Bethäuser der Jemeniten zu führen. Allmählich aber verlor sich ihr Interesse an den verschiedenen jüdischen Landsmannschaften Jerusalems so weit, daß sie kaum mehr *eine* Volksgruppe von der anderen zu unterscheiden vermochten, und ich glaube nicht fehlzugehen in der Annahme, daß Herbst in der ethnographischen Gruppierung Deutschlands besser Bescheid wußte als in derjenigen Jerusalems. Wann immer er aber Vorurteile gegen die angeblich primitiven jüdischen Einwanderer aus afrikanischen und asiatischen Ländern zu hören bekam, pflegte er zu sagen: ‚Gegen alle mögt ihr sagen, was ihr wollt, aber auf die Perser lasse ich nichts kommen!' "

38. Agnon empfängt den Nobelpreis für Literatur in Stockholm, 1966. Links König Gustav VI., applaudierend.

An einer anderen Stelle[6] schildert Agnon das gute Verhältnis zwischen Dienstmädchen und Herrschaft auf die ihm eigentümliche trockene Art: „Einmal wollte Phirdaus ihren Freundinnen die Vorzüge der Herbst schildern, sie fand aber keine Worte; da sagten die Freundinnen: ‚Du weißt es also selbst nicht.‘ Phirdaus aber weiß, daß sie es weiß, nur weiß sie nicht, wie man es den anderen gegenüber in Worte fassen kann.“

An anderer Stelle des Romans[7] werden die Besucher des Hauses Herbst vorgestellt, hauptsächlich Professoren und Studenten: „Einige Studenten“, schreibt Agnon, „waren wohl elegant gekleidet, aber Phirdaus entging es nicht, daß die Anzüge abgeschabt waren, manchmal auch Knöpfe fehlten. Einmal vergaß ein Student seinen Mantel. Als Phirdaus sah, daß er keine Knöpfe mehr hatte und zerschlissen war, nähte sie neue Knöpfe an und reparierte die schadhaften Stellen. Als der Student kam, um den vergessenen Mantel abzuholen, dachte Phirdaus, er würde ihn nicht wiedererkennen oder mindestens über die Verwandlung erstaunt sein. Der Student aber nahm den Mantel, zog ihn an und merkte nicht einmal, daß er keine Risse, wohl aber Knöpfe hatte.“

Kurz vor dieser idyllischen Schilderung hatte Agnon Näheres über die Ermordung des Vaters der Phirdaus mitgeteilt. „Am Tag seiner Ermordung trug er“, schreibt Agnon,[8] „einen Hut, wie ihn Europäer tragen. Diesen hatte er in einer Mülltonne gefunden und glaubte, da er noch gut erhalten war, er sei aus Versehen weggeworfen worden. So wollte er ihn dem Besitzer zurückerstatten. Dieser aber lachte nur und sprach: ‚Er sei dir geschenkt, trage ihn an Sabbat- und Feiertagen!‘ Und so tat er. Nach einiger Zeit trug er ihn auch an Werktagen nach Feierabend, und nach einer weiteren Zeit auch bei der Arbeit. Der Tag seiner Ermordung war der dritte der Tage, an denen er den Hut auch während der Arbeit anhatte.“ Mit der Hut-Geschichte will Agnon auf die Harmlosigkeit des Hut-Trägers und die völlige Sinnlosigkeit seiner Ermordung hinweisen. Das tragische Ereignis wirft nochmals seine Schatten an einer Stelle des Romans, an der dies am wenigsten zu erwarten wäre[9]: Frau Herbst fiel es auf, daß ihr dreijähriges Töchterchen Sara, das Nesthäkchen, ganz unkindliche Worte vor sich her summte, wie „Gazelle der Berge“ und „Augen, sanft“. Ein Liebeslied also? Aber auch makabre Worte wie „Särge" waren herauszuhören. Es stellte sich heraus, daß Sara das Klagelied nachzusummen versuchte, das Phirdäus während der Hausarbeit zu singen pflegte, – das Klagelied ihrer Mutter um den verstorbenen Gatten, mit Strophen wie der folgenden:

> „Augen, sanft wie die Gazelle der Berge,
> Jetzt deckt sie die Erde auf einem der Särge."[10]

Diese in den Dreißigerjahren spielende Roman-Episode zeigt uns auf eindringliche Weise die Sinnlosigkeit alles Tötens im jüdisch-arabischen Konflikt, der sich seither in bekannter Weise noch zugespitzt hat, aber hoffentlich in absehbarer Zeit beigelegt wird.

Anmerkungen

I. Vom Glauben

1 Maimonides, Mischna-Kommentar Sanhedrin X, 1; abgedruckt in den meisten Gebetbüchern; hier übersetzt nach L. Stern, Lehrbuch der jüdischen Religion, Frankfurt am Main 1882, S. 38 f.

2 Rhythmische Nachdichtung von G. (= Galinski) in der Zeitschrift „Beth Hamidrasch", Heft 2, Montreux 1943, S. 2

3 Isidore Epstein, Judaism, London 1945, S. 75.

4 Midrasch Leviticus rabba, Kap. 1.

5 Sifre und Raschi zu Deut. 1, 12.

6 Awoda sara 3 b; Genesis rabba, Beginn.

7 Sifre zu Deut. 32,2.

8 R. Travers Herford, Die Pharisäer, Köln 1961, S. 128.

9 Das hebr. Original des Tagebuchs wurde von Aron Freimann, Jerusalem 1934, herausgegeben; die Übersetzungen stammen vom Verf. dieses Buches.

10 J. W. Goethe, Westöstlicher Divan, Beginn.

II. Die Eschatologie

1 Vgl. Encyclopaedia Judaica, Jerusalem 1971, Bd. V, S. 1 427, s. v. Death, kiss of.

2 Moed katan 26 a.

3 Erschienen posthum in der Zeitung Maariw, 11.8.78; übersetzt vom Verf. dieses Buches.

4 Vgl. Ketubot 77 b.

5 Sanhedrin 98 a; vgl. auch Moritz Zobel, Gottes Gesalbter, Schocken-Bücherei, Berlin 1938, S. 79.

6 Sanhedrin 105 a; Tosefta Sanhedrin XIII.

7 Hilchot Teschuwa III,5.

8 Sanhedrin 56 a.

9 Boccaccio, Decamerone, 1. Buch, 2. Geschichte.

10 Maimonides, Ende seines Gesetzeskodex (hebr. Mischne Tora), vgl. die gängigen Ausgaben; auch: Hauptwerke der hebr. Literatur, herausg. von Leo Prijs, München 1978, S. 51.

11 Y. Shtern, „Cheyder and Beys-Medresh. A Study in Traditional Jewish Education", YVO-Institute, New York 1950.

12 Ibid., S. 34 ff.

13 Ha-maschiach (= der Messias), erschienen posthum im Band Ir u-meloah (= Die Stadt und was sie füllt), Jerusalem/Tel Aviv 1973, S. 22.

III. Altes Testament

1 Zvi Adar, The Biblical Narrative, Jerusalem 1959, S. 39.

2 Thomas Mann, Joseph und seine Brüder, Fischer Bücherei, Frankfurt/ Hamburg 1967, 3. Bd.: Joseph der Ernährer, in Kap. „Ich bin's" (S. 1253 ff): S. 1260.

3 Heinrich Graetz, Geschichte der Juden, Bd. II, 1, Leipzig 1875, S. 2.

IV. Tora und Talmud

1 Baba Kamma 113 a und passim.

2 Schabbat 32 a.

3 Arnold Toynbee, A Study of History, Oxford 1939, Vol. V, S. 76.

4 R. Travers Herford, Die Pharisäer, Köln 1961, S. 84.

5 Ibid., S. 172.

6 Rabbi Eleasar aus Worms, Rokeach, zitiert nach G. Scholem, Jüdische Mystik in ihren Hauptströmungen, Frankfurt am Main 1957, S. 103.

7 Zu Rabbi Akiba: Berachot 61 b.

8 Zu Rabbi Chananja: Awoda sara 18 a.

9 Nedarim 50 a; Ketubot 62 b u. a.

10 Pesikta rabbati 106 b; Echa rabba 3, 7.

11 „Der Talmud", Miniaturbibliothek Nr. 1047, Leipzig s. a., ohne Angabe des Verfassers, S. 34 f.

12 Reinhold Mayer, Der Babylonische Talmud, Goldmann-Taschenbücher, München 1962, S. 32.

13 Heinrich Graetz, Geschichte der Juden, Bd. VII, Leipzig 1863, S. 111.

14 Sanhedrin 105 b.

15 Heinrich Graetz, Geschichte der Juden, a. a. O., S. 112.
16 Ibid., Bd. VI, Leipzig 1861, S. 115.
17 Ibid., Bd. VII, Leipzig 1863, S. 111 f.
18 Berachot 28 b.
19 Ibid.
20 Ibid.
21 Megilla 29 a.

V. Einige Beispiele aus Gesetz und Brauchtum

1 Ludwig Basnizki, Entstehung und Aufbau des jüdischen Kalenders, Frankfurt am Main 1938, S. 19.
2 In der Verballhornung „Jahrzjat"; vgl. Abraham Berliner, Sechs Monate in Italien (hebr.), Jerusalem 1945, S. 31.
3 Elieser Ladier, Gedichte, Verlag Heinrich Glanz, Wien 1933. Abgedruckt auch in: Leo Deutschländer, Westöstliche Dichterklänge. Jüdisches Lesebuch, Breslau 1918, S. 17.
4 Mischna Makkot, I, 10; vgl. Encyclopaedia Judaica, Bd. V, S. 145.
5 Sanhedrin 37 b.
6 Makkot 6 b.
7 Mischna Sanhedrin, IV, 5.
8 Sanhedrin 45 a; vgl. Encyclopaedia Judaica, Bd. V, S. 142.

VI. Ethik

1 H. L. Strack, Die Sprüche der Väter, Karlsruhe u. Leipzig 1882, Einleitung S. 1.
2 Jahadut wa-enuschiut; vgl. M. und A. Brawer, Erinnerungen von Vater und Sohn (hebr.), Jerusalem 1966, S. 619.
3 Sanhedrin 59 a.
4 Awoda sara 23 b; Jerusalemer Talmud Pea I, 1.
5 Chagiga 14 b.
6 Kidduschin 29 b.
7 Ibid.
8 Chagiga 15 b unten.
9 Chagiga 15 b.
10 Chagiga 15 a.

11 Chagiga 15 b.
12 Ibid.
13 Ibid.
14 Zur Elischa-Erzählung vgl. auch Ruth rabba VI, 1.
15 J. H. Hertz, Pentateuch mit Kommentar (deutsche Ausgabe), 3. Band: Le-
    viticus, Berlin 1938, S. 279.
16 Ketubot 67 b.
17 Schabbat 151 b.

VII. Gebete und Stätten der Gebete

1 Berachot 3 b.
2 Abgedruckt bei M. Brann, Geschichte der Juden, Bd. II, Breslau 1911,
   S. 72.
3 Berachot 34 a.
4 Einer der frühesten synagogalen Dichter; lebte im Frühmittelalter; sonst
   ist fast nichts über ihn bekannt.
5 Übertragen aus dem Hebräischen von Michael Sachs, Festgebete der Israeliten, übersetzt und erläutert, 7. Teil, 4. Aufl., Berlin 1860, S. 180 f.
6 Salomo Ganzfried in seinem 1864 erschienenen Gesetzeskompendium,
   Kizzur schulchan aruch, Kap. 6, § 1, im Namen eines früheren Sittenbu-
   ches (Übersetzung des Kompendiums ins Deutsche durch S. Bamberger,
   Basel 1969).
7 M. Brann, Geschichte der Juden, Bd. II, Breslau 1911, S. 29 f.
8 Martin Buber, Die Erzählungen der Chassidim, Zürich 1949, S. 342.
9 Naftali Ben-Menahem, Beschaare sefer (hebr.), Jerusalem 1967, S. 83.
10 Der Verfasser dieses von Ben-Menahem publizierten volkstümlichen
   Gebetes ist unbekannt.
11 Megilla 29 a.
12 Sukka 51 b.
13 Vgl. Harry Rabinowicz, Jewish Tribune, London, März 1979, in seinem
   Artikel über Rabbi Israel von Rizhin.
14 I. Manitsch, Kraft des Glaubens, Tel Aviv 1968, S. 44 ff.
15 Abbildung dieser Synagoge: Encyclopaedia Judaica, Bd. XVI, S. 686, s. v.
   Wyszogrod.

VIII. Sabbat und Feiertage

1 Ismar Elbogen, Der jüdische Gottesdienst in seiner geschichtlichen Entwicklung, 3. Aufl., Frankfurt am Main 1931, S. 388.
2 Schabbat 119 a.
3 M. Brann, Geschichte der Juden, Bd. III, Breslau 1913, S. 21.
4 Berachot 57 b.
5 Vgl. J. H. Hertz in seinem Pentateuchkommentar zur Stelle.
6 Mischna Joma, VIII, 9.
7 Rosch haschana 17 b.
8 Taanit II, 1.
9 Benzion Führer, Israel und die Festzeiten (hebr.), Tel Aviv 1957; vgl. das Kapitel: Die soziale Bedeutung des Jom Kippur.

IX. Zionismus und der moderne Staat Israel

1 Zitiert bei H. G. Adler, Die Juden in Deutschland. Von der Aufklärung bis zum Nationalsozialismus, München 1960, S. 132.
2 J. Wassermann, Mein Weg als Deutscher und Jude, Berlin 1921, S. 123.
3 M. Naumann, Sozialismus, Nationalsozialismus und nationaldeutsches Judentum, Berlin 1932, S. 5; vgl. auch ibid., S. 9 f.
4 K. Blumenfeld, Erlebte Judenfrage. Ein Vierteljahrhundert deutscher Zionismus, Stuttgart 1962, S. 114.
5 Vgl. seine Autobiographie „Streitbares Leben", München 1960.
6 R. Straus, Wir lebten in Deutschland. Erinnerung einer deutschen Jüdin 1880–1933, Stuttgart 1959, S. 160.
7 M. Tau, Das Land, das ich verlassen mußte, Hamburg 1961, S. 188.
8 Zitiert bei H. G. Adler, a. a. O., S. 106.
9 A. Leschnitzer, Saul und David. Die Problematik der deutsch-jüdischen Lebensgemeinschaft, Heidelberg 1954, S. 9.
10 K. Blumenfeld, a. a. O., S. 169.
11 Zitiert bei E. Simon, Aufbau im Untergang. Jüdische Erwachsenenbildung im nationalsozialistischen Deutschland als geistiger Widerstand, Tübingen 1959, S. 30.
12 Zitiert bei K. Blumenfeld, a. a. O., S. 203.
13 E. Simon, a. a. O., S. 23 f.

14 Zitiert bei W. Heynen, Deutsche Briefe des zwanzigsten Jahrhunderts, München 1962, S. 194.

15 Zitiert bei H. Lamm, Juden in München, ein Gedenkbuch, München 1958, S. 277. Vgl. zu diesem und dem vorigen Kapitel Eva Zipora Prijs, Die Einstellung der Münchner Jugend zu Israel, Sonderdruck der Zeitschrift Schule und Psychologie, München/Basel 1965, Heft 2.

16 Baba kamma 60 b.

17 Sohar, III, fol. 6 a–6 b. Übersetzung von Ernst Müller, Der Sohar und seine Lehre, Zürich 1959, S. 127 f.

18 In deutscher Übersetzung erschienen im Manesse Verlag, Zürich 1966.

19 Übersetzung von Seligmann in: J. Höxter, Quellenbuch zur jüdischen Geschichte und Literatur, Bd. II, Frankfurt am Main 1928, S. 37 ff.

20 In seinem Gesetzeskodex, Abschnitt „Hilchot issure biah", Kap. 21, § 32.

21 Kap. 1. Ende (s. bereits oben, S. 73).

22 Awot di-rabbi Natan, I, 12.

23 Sanhedrin 30 a.

24 Frank Arnau, Gelebt, geliebt, gehaßt. Ein Leben im 20. Jahrhundert, München 1972, S. 40 f.

25 Zitate aus: „Einstein, The Jew and the Zionist", von Ronald W. Clark, in: Jewish Chronicle, London 16. 3. 79, S. 27.

26 Vgl. Jewish Tribune, London, 6. 4. 79.

X. Persönlichkeiten des Altertums, des Mittelalters und der Neuzeit

1 Awoda sara 8 b.

2 Schabbat 33 b.

3 Nach einer Tradition, mitgeteilt bei Heinrich Graetz, Geschichte der Juden, Bd. IV, Berlin 1853, S. 213.

4 Schabbat ibid.

5 Jerusalemer Talmud, Berachot 13 d.

6 Baba batra 8 a.

7 Zitiert bei M. Braunschweiger, Die Lehrer der Mischna, Frankfurt am Main 1903, S. 255, Anm. 2.

8 Jerusalemer Talmud, Pea I, 1.

9 Baba mezia 85 a.

10 Ketubot 104 a.

11 Berachot 16 b.

12 Heinrich Graetz, Geschichte der Juden, Bd. III, Leipzig 1863, S. 308 f.

13 Josephus, Altertümer, zitiert bei Graetz, ibid., S. 311.
14 Mischna Nasir III,6.
15 Graetz, ibid. S. 311.
16 Mischna Joma III, 6.
17 Altertümer XX, zitiert bei Graetz, ibid., S. 312.
18 Baba batra 11 a.
19 Jahrbuch der Jüdisch-Literarischen Gesellschaft, III, 1905, S. 206.
20 Jewish Tribune, London, 17. 11. 78.
21 F. Friedländer, „Moses Mendelssohn", in: Information, issued by the Association of Jewish Refugees in Great Britain, Vol. XXXIV, Nr. 9, Sept. 1979, S. 1 f. Unsere Ausführungen beruhen zum Teil auf diesem Artikel.

XI. Beziehungen zwischen Juden und Nichtjuden

1 C. Lehrmann, Jüdische Geschichte und Weltgeschichte, in: Neue Deutsche Hefte, Mai 1957, S. 131.
2 E. I. Bornstein, Die lange Nacht. Ein Bericht aus sieben Lagern. Frankfurt am Main 1967, S. 195.
3 Vgl. oben Abschn. II, Anm. 6.
4 Jakob Emden, hebr. Kommentar zu den „Sprüchen der Väter", IV, 14.
5 Baba mezia 32 b.
6 Vgl. Encyclopaedia Judaica, Bd. III, S. 7 oben, s. v. Animals, cruelty to.
7 Berachot 40 a. Zur Methode des Schächtens vgl. jüdischer Pressedienst, Düsseldorf, Nr. 1/2, 1978, S. 31–35 (aus: Deutsche Tierärztliche Wochenschrift); Jewish Chronicle, London. 26. 3. 82, S. 28; The Jerusalem Post Weekly 18. 5. 76, S. 13.
8 K. Blumenfeld, Erlebte Judenfrage. Ein Vierteljahrhundert deutscher Zionismus, Stuttgart 1962, S. 54.
9 Katalog der Ausstellung „Freistaat Bayern", München 1976, S. 97.
10 F. Schiller, Wilhelm Tell IV, 3.
11 Joma 23 a.
12 Grimmelshausen, Simplicius Simplicissimus, Kap. 17.
13 Fritz Kortner, Aller Tage Abend, München 1959, S. 8.
14 Megilla 10 b.
15 Text hebräisch und englisch: Alex. Marx. Studies in Jewish History and Booklore, New York 1944, S. 100 ff.

XII. Freundschaftliche Gespräche zwischen Rabbinen und Königen

1 Berachot 56a.
2 Sanhedrin 98a.
3 Sukka 53a.
4 Sanhedrin 46b; Heinrich Graetz, Geschichte der Juden, Bd.IV, Berlin 1853, S.425.
5 Awoda sara 10a/b.
6 Ibid.
7 Sanhedrin 91b.
8 Awoda sara ibid.
9 Sanhedrin ibid.
10 Genesis rabba 11,4; Schabbat 119a.
11 Jerusalemer Talmud Megilla 3,2; ibid. Sanhedrin 11,4.
12 Joma 69a; Josephus, Altertümer XI, 8.
13 Joma ibid.; Josephus ibid.
14 Vgl. M.Braunschweiger, Die Lehrer der Mischna, Frankfurt am Main 1903, S.271, Anm.1.
15 Meila 31b.

XIII. Erinnerungen an das jüdische Städtl in Osteuropa und an eine jüdische Gemeinde in Deutschland

1 Encyclopaedia Judaica, Bd.XIV, S.1466–1473.
2 Aus diesem Band übersetzten wir bereits die Geschichte „Ha-maschiach", s. oben II, Kap.3: „Der Messias in der jüdischen Folklore".
3 Vgl. die Formulierung von Graetz, Geschichte der Juden, Bd.VI, S.115 (s.o. Kap. IV, Text zu Anm. 16).
4 Zu den Erinnerungen von Y.Shtern an die Lehrerin Binele vgl. bereits oben II, Kap.3: „Der Messias in der jüdischen Folklore".
5 Chaim Sacks, S'is gewen a mol (Es war einmal), Johannesburg 1969, S.35ff.
6 Ibid. S.25ff.
7 Bibliographische Angaben s. dortselbst.
8 Laut Bericht von H.Heine in: Heinrich Heine, Prosa, ausgewählt von H.Kesten, München 1961, S.534.

XIV. Mittelalterliche Legenden

1 Auszugsweise Übersetzung ins Deutsche durch A. Sulzbach, Die Ethik des Judentums. Auszug aus dem „Buch der Frommen", Frankfurt am Main 1923.
2 Übersetzung des Maase-Buches ins Deutsche durch Bertha Pappenheim, Frankfurt am Main 1929.
3 J. Meitlis, Das Maase-Buch, Berlin 1933, S. 109.
4 Über Raschi vgl. bereits oben IV, Kap. 5: „Das Lehrhaus, Stätte des religiösen Studiums".

XV. Ein großer Dichter: Agnon

1 Übersetzung der Erzählung aus dem hebräischen Original ins Deutsche durch Max Strauss, in verschiedenen Ausgaben, u.a. im Sammelband: S. J. Agnon, Im Herzen der Meere und andere Erzählungen, Zürich 1966.
2 Erschienen in: Jerusalem Post, International Edition, 4.–10. März 1979.
3 Übersetzung aus dem hebräischen Original ins Deutsche durch K. Steinschneider, Frankfurt am Main 1967.
4 Tel Aviv 1974.
5 Ibid. S. 202.
6 Ibid. S. 364.
7 Ibid., S. 369.
8 Ibid., S. 367.
9 Ibid., S. 409 f.
10 Ibid., S. 390.

Bildquellennachweis

Akademie, Katholische, München: 28.

Beck Verlag, München: 7, 13, 14, 37.

Chronicle, Jewish, Colour Magazine, London, 24.3.81, S.24: 29; S.41: 35.

Encyclopaedia Judaica, Jerusalem 1970, Bd.XI, S.1409: 6; Bd.VIII, S.288: 24; Bd.XIII, S.746: 31; Bd.II, S.370: 38.

„Hakerem", Jerusalem: 11.

Hazofe (Tageszeitung), Tel Aviv, 20.2.70: 36.

History, Pictorial, of the Jewish People, hrsg. von Nathan Ausubel, New York 1979, S.159: 26; S.110: 27; S.122: 34.

Israel, Face of a People, hrsg. von David Pedhazur, Ramat Gan, Israel 1978, S.126–127: 23.

Israel-Forum, Zeitschrift für Kontakte mit Israel, 12.Jahrgang, Heft 5, Rothenburg ob der Tauber 1970, S.28: 25.

Jahr, das Jüdische, dargestellt am Ausstellungsgut des jüdischen Museums der Schweiz in Basel, von Naftali Rosenan, Zürich 1976, S.10: 1; S.63: 4; S.20: 8; S.11: 9; S.7: 17; S.41: 20.

Landesamt, Bayerisches für Denkmalpflege, München: 5.

Life, Jewish, in Art and Tradition, hrsg. von Yehuda L.Bialer, New York 1975, S.58: 3; S.136: 12; S.94: 15; S.147: 19; S.91: 30.

Machanajim (Zeitschrift für die israelische Armee), Bd.85/86, Israel 1963, S.29: 32; S.117: 33.

Le Monde Juif, hrsg. von Elie Kadouri, Antwerpen 1980, S.197: 2; S.208: 16; S.293: 21; S.299: 22.

Nachrichten, Neue Jüdische, München, 16.9.1981: 18.

Prijs, Leo, Die Jüdische Religion. Eine Einführung, München 1977, S.57: 10.

Verfolgung der Juden

Niza Ganor
Wer bist du, Anuschka?
Die Überlebensgeschichte eines jüdischen Mädchens
Aus dem Hebräischen übertragen von Wolfgang Jeremias
1996. 123 Seiten. Klappenbroschur

Else R. Behrend-Rosenfeld
Ich stand nicht allein
Leben einer Jüdin in Deutschland 1933–1944
Mit einem Nachwort von Marita Krauss
1988. 270 Seiten mit 2 Porträts der Autorin. Paperback
Beck'sche Reihe Band 351

Deborah Dwork
Kinder mit dem gelben Stern
Europa 1933–1945
Aus dem Englischen von Gabriele Krüger-Wirrer
1994. 384 Seiten mit 39 Abbildungen und 1 Karte. Leinen

Wolfgang Benz (Hrsg.)
Die Juden in Deutschland 1933–1945
Leben unter nationalsozialistischer Herrschaft
Unter Mitarbeit von Volker Dahm, Konrad Kwiet,
Günter Plum, Clemens Vollnhals, Juliane Wetzel
4., unveränderte Auflage. 1996. 779 Seiten mit 27 Abbildungen. Leinen
Beck's Historische Bibliothek

Wolfgang Benz (Hrsg.)
Das Exil der kleinen Leute
Alltagserfahrungen deutscher Juden in der Emigration
1991. 344 Seiten. Leinen

Alfred Heller
Dr. Seligmanns Auswanderung
Der schwierige Weg nach Israel
Herausgegeben von Wolfgang Benz
1990. 354 Seiten mit 2 Abbildungen. Paperback
Beck'sche Reihe Band 414

Verlag C. H. Beck München